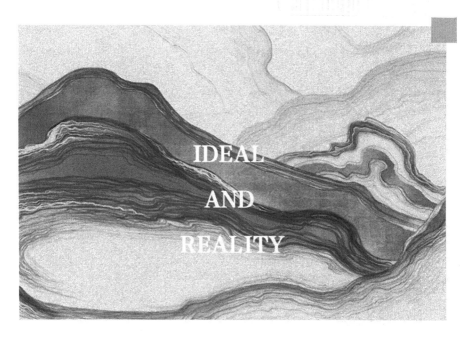

IDEAL

AND

REALITY

理想与现实

新时代大学治理理论与实践研究

张坚强　著

江苏大学出版社
JIANGSU UNIVERSITY PRESS

镇　江

图书在版编目(CIP)数据

理想与现实：新时代大学治理理论与实践研究 / 张坚强著. -- 镇江：江苏大学出版社，2023.8
ISBN 978-7-5684-1951-2

Ⅰ.①理… Ⅱ.①张… Ⅲ.①高校管理—研究 Ⅳ.①G647

中国国家版本馆 CIP 数据核字(2023)第 014100 号

理想与现实——新时代大学治理理论与实践研究
Lixiang yu Xianshi——Xinshidai Daxue Zhili Lilun yu Shijian Yanjiu

著　　者/张坚强
责任编辑/常　　钰
出版发行/江苏大学出版社
地　　址/江苏省镇江市京口区学府路 301 号(邮编：212013)
电　　话/0511-84446464(传真)
网　　址/http://press.ujs.edu.cn
排　　版/镇江文苑制版印刷有限责任公司
印　　刷/江苏凤凰数码印务有限公司
开　　本/890 mm×1 240 mm　1/32
印　　张/8.5
字　　数/224 千字
版　　次/2023 年 8 月第 1 版
印　　次/2023 年 8 月第 1 次印刷
书　　号/ISBN 978-7-5684-1951-2
定　　价/40.00 元

如有印装质量问题请与本社营销部联系（电话：0511-84440882）

新时代大学治理的多维观照

　　2013 年，党的十八届三中全会提出了国家治理体系和治理能力现代化的重大命题。2019 年，党的十九届四中全会审议通过了《中共中央关于坚持和完善中国特色社会主义制度 推进国家治理体系和治理能力现代化若干重大问题的决定》，对推进国家治理体系和治理能力现代化做出顶层设计和全面部署。正如教育部副部长吴岩所说，强大的高等教育是一个国家经济硬实力、文化软实力、影响巧实力、技术锐实力、科学元实力的关键推动力、主要贡献者和重要策源地。大学一头联系着望子成龙的千家万户，另一头关系到国计民生的创新发展，治理好一所大学，是高等教育发展的基础，也是国家治理体系与治理能力现代化的重要环节。

　　2022 年，党的二十大报告将教育、科技、人才单列为一部分，强调"教育、科技、人才是全面建设社会主义现代化国家的基础性、战略性支撑"。大学作为科技第一生产力、人才第一资源、创新第一动力的交汇点，发挥着举足轻重的战略作用，必须以高质量发展全面服务支撑中国式现代化。与此同时，党的二十大报告还提出了"坚持以人民为中心发展教育""全面提高人才自主培养质量""推进教育数字化"等诸多重大论断。落实这一系列命题，是大学责无旁贷的使命。然而，大学作为一个组织，通过有序高效的运行来实现这一光荣使命，是大学治理的本质要义。

　　回望近十年，大学治理体系和治理能力现代化的实践，值得学术界梳理总结；前瞻第二个百年伟业，如何呼应新时代对大学的新要求，更是学术界应当面对的重大课题。作者的这本新著，正是回望与前瞻新时代大学治理的新声。拜读之后，深感其研究的思路框架既包含了阐述大学治理体系与治理结构究竟是什么的本体论，又包含了剖析如何具体治理一所大学的治理论，还包含了利用大数据推进大学治理的工具论，体系较为完整。其研究价值则体现在以下几个与众不同的方面：

一是不同于以往学者从教育逻辑、行政逻辑、政治逻辑"三重逻辑"出发研究大学治理，作者从知识生产与传播逻辑、市场经济逻辑、情感文化逻辑、历史逻辑、数字技术逻辑、政治逻辑"六重逻辑"出发，更加全面系统地阐述了大学治理的逻辑体系。

二是不同于从大学治理结构视角研究大学治理问题，作者从权利分配视角剖析了大学治理各利益主体关系，比较了个体与集体、外部与内部主体权力关系，提出了分权、赋权、用权三个关键环节的注意事项。

三是不同于一般性的大学治理研究，作者结合中国特色的国家治理模式和大学自身特点，基于价值理论和结构功能主义理论，构建实现中国特色大学治理现代化的"主体—结构—机制"三维一体的解释性框架，将大学治理的中国特色融入全球大学治理的话语体系。

四是不同于单纯社会属性的大学治理研究，作者将数字技术纳入大学治理研究框架，试图探讨基于社会技术一体化视域下的数字治理模式，发现影响数字赋能大学治理的因素，找到数字赋能大学治理的有效方式。

就其研究结论而言，作者也提出了一些新锐观点，如：大学作为学术共同体，首先意味着是学术自治或学术自主的共同体；学术自主性是大学学术共同体的根本组成要素和本质属性，也是大学建制赖以存在的基础。

从权力分配的视角出发，作者提出了大学治理的三个权力：一是从分权的角度，即通过落实党委领导下的校长负责制，统揽现代大学制度；二是从赋权的角度，即建立符合知识生产与传播逻辑的治理体系；三是从用权的角度，即从解决制度失效问题入手，提升大学治理能力。

管理的本质在于一致性和均衡性。大学治理的重点是处理好外延发展与内涵发展的关系、教育产业化与教育人本化的关系、行政权威与学术权威的关系、人文精神教育与科学技术教育的关系、教师与学生的关系等诸种内部关系，达到均衡和谐的发展状态。

社会主义核心价值体系是党和人民现实地位、利益、需要和实践能力的客观反映，是党的主张和人民意愿的高度统一。大学文化治理必须捍卫和发展马克思主义意识形态。

在本书中，作者发现了大学道德教育困境的根源，即德育模式与品德形成规律的断裂、道德教育与智力开发的断裂、大学文化与社会文化的断裂、现实道德与网络道德的断裂，提出了构筑新型德育模式、德育理论、德育途径、德育技术的创新思路。

作者阐述的这些研究论点并非一个个孤立的闪光点，而是始终致力于围绕一个核心理念，即中国式现代大学制度。研究中国的大学治理体系，一定是在具体的历史和现实条件下开展的，一定是在中国的大学治理体系和治理能力现代化所面临的问题情景中展开的，同时也一定是在新时代深度改革开放所要求的全球视野、世界眼光、人类命运共同体的格局中展开的。作者的这本著作，充分体现出了这样的学术风格。

这本著作彰显出作者深厚的理论功底和广博的知识与学识，其研究方法包含了社会学的价值理论和结构功能主义、管理学的组织激励理论、马克思主义哲学、中国传统文化等多种人文社会科学的方法范式，并将之与高等教育学合理地进行融合，而非生搬硬套。而在实证性研究方面，作者长期从事党建工作和思想政治工作，长期关注师生关系、从事大学思想政治理论课实践教学研究等，后来又专门从事继续教育管理工作，将学术视野拓展到了教育经济学。丰富的大学管理工作经验，使研究有据可信，体现出其理论与实践相互支撑的研究特长。

实践是检验真理的唯一标准。大学治理的理论研究绝非空中楼阁，既要有哲理意义上的思辨性、前瞻性，也要通过实践来验证其科学性、可行性，并通过实践进一步升华其创新性、普适性。在本书中，作者除提出了一系列鲜明的研究观点外，还基于实践对大学治理的若干具体问题建构了一系列足资借鉴的路径模型，如大学的发展目标与战略选择、大学的发展路径与特色发展、大学的发展思维与机制创新等。这与作者对其所在单位——江苏科技大学的发展经验的总结密不可分。江苏科技大学是一所以船舶与海洋工程装备产业为主要服务对象的行业特色型大学，享有"中国造船工程师摇篮"的美誉。该校近年的发展实绩，可以印证作者所总结和建构的一系列大学治理路径模型的有效性。

我于 2014 年至 2018 年与作者在江苏科技大学共事 4 年，如何办好一所特色鲜明的大学，是我们共同思考的问题。我认为，要实现这个目标，要做到以下几点：首先，应当明确其办学理念、办学目标，通过共同的价值理念与奋斗目标，实现组织（大学）与个人（师生）发展的同向同行；其次，应当对办学理念的落实和办学目标的实现进行具体的推进与把控，其核心是人才、成果、资源与管理这四大要素的管理；与此同时，还要对目标完成情况及目标责任者的状态进行评估，对责任者给予充分的激励。理念与目标、管理与把控、评估与激励，可以构成大学治理的一个完整闭环。我的这些观点，也与作者的观点不谋而合。

相信作者的这本著作一定能够在当代大学治理的实践中起到很好的借鉴作用。

是为序。

（河海大学教授，博士生导师，江苏科技大学原党委书记）

目　录

第一章　绪论

本章梳理了大学治理的研究背景及已有研究的贡献，构建了研究框架，提出了大学治理研究的创新之处与意义所在，旨在为大学治理研究的必要性与可行性进行分析和阐述。

一、研究背景

（一）世界高等教育发展趋势

联合国教科文组织自 1947 年开始，对世界各国的教育数据进行搜集、统计和发布，1971 年建立了信息化统计数据库。联合国教科文组织统计研究所（UNESCO Institute for Statistics，UIS）是目前世界上能提供最全面的教育数据资源的机构，每年参与其教育调查的国家和地区超过 200 个。世界高等教育发展经历了三个时代，即精英化时代、大众化时代和普及化时代。

1. 世界高等教育精英化时代

19 世纪以前，欧洲大学保持着中世纪大学的基本形态，并不具备现代高等教育的特征，招生类型和数量都十分局限，只发挥了传统教育功能。为满足新兴社会阶层对高等教育的需求，适应科技和产业发展的需要，19 世纪初期，柏林大学、伦敦大学等现代大学应运而生，开启了世界现代高等教育的新纪元。20 世纪 40 年代，现代高等教育体系初步形成，但依然保留了规模小、服务特定阶级等特点。到 20 世纪 50 年代，欧洲也只有不到 5% 的适龄人口能够接受高等教育①。

19 世纪中期以后，以德国、英国和法国为代表的欧洲国家高等教育模式逐渐传播到欧洲以外的其他国家和地区，美国、日本等国逐步建立起现代高等教育制度。1862 年，美国颁布了《莫里尔法案》，将接受高等教育的对象从社会富裕阶层扩展到农工阶层，为美国高等教育的进一步发展奠定了基础。即使这样，美国的少数人种、女性及工人阶级依旧没有享受美国高等教育的权利，世界其他国家高等教育发展的过程中也出现了这一现象。

2. 世界高等教育大众化时代

高等教育大众化即高等教育的规模扩大，其中伴随着一系列的变革。二战结束以后，由于快速重建经济社会的迫切要求，各国对高科技人才的需求增大，美欧国家逐渐将高等教育建设作为一项重要战略。同一时期，苏联也出台了教育政策，致力于发展科学技术并培养专业科学技术人才，高等教育规模由此得到了极大的提高，苏联的高等教育在 1965 年完成了从精英化到大众化的过渡。

20 世纪 60 年代，高等教育大众化运动开始向全球蔓延。与此同时，美国高等教育大众化进一步拓展，澳大利亚、法国、意大利和加拿大等国步入了高等教育大众化阶段。1970 年，部分发展中国家也积极推进高等教育大众化，全球高等教育规模出现了大幅扩张。

3. 世界高等教育普及化时代

高等教育普及化是大众化阶段的深度发展。1975 年，美国率先步入高等教育普及化阶段，加拿大在之后的 10 年里也完成了从大众化到普及化的过渡。紧随其后的是芬兰、新西兰、澳大利亚、挪威等国。1975—1999 年，全球共有 20 个国家先后进入普及化阶

---

① 高书国. 全球高等教育普及化进程分析 [J]. 高校教育管理, 2007 (3): 44.

段，高等教育在学总规模明显扩大，发达国家高等教育平均毛入学率大幅上升。

21 世纪以来，全球高等教育普及化进程进一步加快。2000—2014 年，世界高等教育在学总规模大幅上升，这是由于以中国和印度为代表的发展中国家致力于发展高等教育，在很大程度上推动了世界高等教育在学总规模的增长。随后，阿根廷、古巴等发展中国家也进入高等教育普及化阶段。总体来看，世界高等教育发展迅速，普及化成为 21 世纪世界高等教育发展的主要趋势和成就。

(二) 国内大学管理新问题

虽然近年来国内学者对于大学治理问题进行了深入研究，国家也对大学教育体制进行了改革、调整和创新，但是当前我国高等教育领域还存在治理理念不够先进、权责不清晰及治理方式有待改进等问题。

1. 大学治理的理念有待更新

长期以来，教育主管部门采用自上而下的方式管理大学，在大学人事任免、经费划拨、编制核定等方面实行统一管理。与此同时，大学内部组织机构与政府部门的设置较为相似，普遍实行科层管理，这无疑强化了大学行政管理的中心作用，大学教授治学的作用却难以发挥。伴随着现代化建设的推进，以及政府职能的转变和大学内部的改革，传统的管理只能趋于弱化，大学内部行政化管理的思想理念短时间内难以彻底转变。

一方面，大学政策的贯彻落实得益于大学内部自上而下的管理逻辑；另一方面，大学在探索"党委领导、校长负责、民主管理"的运行机制上尚未完全将政治权力、行政权力、学术权力理顺，往往沿用"决策与执行一体化"的运作范式①。此外，大学

---

① 仲杉，董鑫. 新时代大学治理现代化的路径构建 [J]. 安康学院学报，2022，34 (3)：48-52.

治理仍然受制于权力本位的思想理念，未能实现向权利本位的转变，依法治校的治理理念在落实过程中仍未能完全实现，大学治理的主体、取向、过程及结构等正处在过渡转型期，在新的治理理念和规范机制能够成熟运行之前，传统管理与现代化治理之间仍旧存在现实张力。

2. 大学治理的权责有待厘清

权力分配问题是大学治理结构的实质问题，其中包括政府与大学之间、学校和院系之间、行政与学术之间的权力分配等。当前，权力分配、权力结构和权力实现方式等问题在大学治理的实际运行中仍存在诸多问题。

首先，在大学外部治理层面，政府与大学之间权责关系的焦点是大学办学自主权问题。在大学办学治校过程中，政府掌握了大量办学资源，直接决定大学办学经费拨款数额、发展规划审批等重要事项，行政管理权重偏大，行政隶属关系的痕迹依旧存在，越位管理问题突显，这不仅削弱了大学的自治能力，也在一定程度上削弱了社会多元主体参与大学治理的积极性。

其次，在大学内部治理层面，大学治理的关键问题是决策权与执行权的制衡。党委领导下的校长负责制是推进大学治理现代化的重要保证。"从法人治理结构的角度看，党委领导下的校长负责制存在的最大问题是：没有建立决策与执行分权制衡的制度。"①

3. 大学治理的方式有待改进

近年来，数字技术的迅速发展深刻地改变了人们的生活方式和行为方式，以5G和人工智能为代表的新技术正在引起大学治理的深刻变革，大学治理现代化的实现更是离不开信息技术的支撑。新冠肺炎疫情暴发以来，现代信息技术在大学内部治理尤其是线上教学、校园疫情防控等方面发挥了巨大的作用。但在大学治理

① 周光礼.中国高等教育治理现代化：现状、问题与对策［J］.中国高教研究，2014（9）：19.

的过程中，仍旧存在着高校信息化治理能力不足的问题，信息技术之于大学治理的作用并未完全发挥。

究其原因，一是网络治理尚未实现全覆盖，智慧校园建设存在明显短板。"高校需要以信息化机制作为动力源，将其渗入高校教学、科研、管理、服务的每一条脉络，打造高效、智慧的大学治理新模式。"① 但很多高校受限于办学资源，缺乏健全的信息化建设推进机制和信息化基础设施建设能力。二是大数据治理尚未实现。打造大数据资源平台、掌握大数据的分析技术有助于进一步优化大学治理决策。但当前很多高校的数据管理制度化有待加强，数据采集、存储传输、使用处理有待进一步规范。如高校往往存在互不兼容的数据平台并行，导致了不同部门之间存在数据壁垒，大大削弱了数据的流动性和共享性，抑制了数据治理效能的有效发挥。

(三)　新时代对高等教育提出的新要求

以治理理论为指导，形成具有中国特色的现代大学治理体系已经成为中国式现代化的一项应有之义。2022 年，国家布局的新一轮"双一流"建设方案给建设高校提出了"加强组织领导，提升建设高校治理能力"② 的改革目标，意味着我国高等教育的发展迈上了新的台阶。大学只有体察外部环境变化，明晰这种变化给自身治理带来的影响，才能实现治理决策的优化和治理效能的提升。在新的发展阶段下，国家服务重心的转变、数字化应用带来的颠覆效应等都对高等教育的发展提出了新的要求。新时代，大学治理应从以下三个方面进行完善。

---

① 王向阳. 推进高校治理能力现代化的实现路径 [J]. 福州大学学报（哲学社会科学版），2021（2）：103.

② 教育部　财政部　国家发展改革委. 关于深入推进世界一流大学和一流学科建设的若干意见 [A]. 2022.

第一，坚持更新观念，以新理念引领大学治理。党的十八届五中全会提出了创新、协调、绿色、开放、共享的发展理念，这是我国发展在新时代的应有之义。党的十九大报告指出，要"坚持新发展理念"，并将其作为新时代坚持和发展中国特色社会主义的基本方略之一加以强调。新发展理念致力于破解发展难题、增强发展动力、突出发展优势，是新时代高等教育发展的必然选择和应有之义，也是大学治理健康发展需要坚持的基本思路和着力点。创新强调的是治理的动力和治理主体的主动性，协调强调的是各种治理关系的平衡，绿色强调的是治理的和谐与可持续，开放强调的是治理的内外联动，共享强调的是共同参与和共同创造。大学治理要坚持贯彻落实新发展理念，把握新时代高等教育发展的脉络与精髓。

第二，大学治理要突出质量和特色，做好顶层设计。质量是大学教育发展的核心，办学质量尤其是人才培养质量是衡量一所大学办学水平的重要指标之一。特色是大学竞争的优势，"提升质量，强化特色"是顶层设计的重要目标。为了实现这个目标，大学要做到以下三点。一是坚持以质量为先，资源的配置、制度的设计、权力的运行、机制的改革都有助于人才培养质量的提升，在进行人才培养和大学治理的过程中，要始终牢牢把握质量意识。二是坚持走特色发展道路，由于不同类型学校的办学层次不同、人才培养方向不同，所以大学应从办学理念出发，确立办学定位，坚持办学特色，并以此为基础对学科布局、人才培养模式、社会服务方向等问题做出有针对性的安排①。三是依托国家"双一流"建设的发展战略和资源投入，提升高水平学科的质量，推动大学教育健康持续发展，还要从中国国情、文化传统和学科特色出发，培养具有自身特色的核心竞争力。

第三，提升治理服务的数字化水平。大学数字化治理要深入

---

① 缪劲翔. 大学内部治理问题与中国特色现代大学治理体系建设 [J]. 北京教育，2017（3）：65-69.

贯彻"数字中国"战略部署，加快数字校园、智慧校园建设进程，探索"以数感知、寻数决策、依数治理"的数字治理途径，实现数字信息技术在大学教育领域的有效应用，推动数字化治理服务水平的提升与大学治理现代化。要把握住国家新基建这一发展机遇，实现校园信息化引领建设，完成校园数字信息化基础设施的建设，为校园数字化建设打下坚实的基础，并将 5G、人工智能等新一代数字信息技术运用到大学教育管理服务中去。全面建成教育管理服务数字平台，系统整合校内各类信息平台，打破数据壁垒，同时对参与大学共同治理的各类主体进行数字化赋能。

二、研究述评

长期以来，我国部分大学存在学术水平不高、行政效率低下等问题，出现这种问题的根本原因在于这些大学未能结合我国实际情况合理构建大学治理结构和治理制度。文献资料显示，学者们对大学治理的研究主要集中在大学治理内涵、治理主体、治理结构、治理模式和治理制度 5 个方面。从研究内容出发，研究大学治理存在的问题，能够缓解各利益相关者之间的矛盾冲突，规范权力运行，促进大学治理健康发展。

（一）大学治理研究内容

1. 治理内涵

"大学治理"一词在西方国家已经成为一个具有确切内涵且频繁使用的关键词。1973 年，卡耐基高等教育委员会对"大学治理"做出如下定义：大学治理是一个决策的机构和过程，与行政和管理具有不同的内涵①。美国学者伯恩鲍姆在此基础上进一步解释了

----

① Carnegie Foundation for the Advancement of Teaching. Governance of higher education: six priority problems [M]. New York: McGraw-Hill, 1973: 11.

大学治理的内涵，他认为："大学治理是平衡两种不同的但都具有合法性的组织控制力和影响力的结构和过程。这种控制力和影响力一方面来自董事会和行政机构拥有的基于法定的权力，另一方面来自教师拥有的基于专业的权力。"①

我国对于大学治理的研究起步于21世纪初。2003年，北京大学张维迎教授在其《大学的逻辑》一书中首次提出了"大学治理"。在此之后，有关大学治理的研究便迅速展开了。刘献君认为大学治理是大学内外部的权力结构及其运行，核心是大学组织决策权力的分配②。在高等教育研究协会（Association for the Study of Higher Education，ASHE）系列丛书关于21世纪大学治理的讨论文集中，对大学治理的含义进行了简要概括："大学治理是大学内外部利益相关者参与重大事务决策的结构和过程。"③ 大学治理作为一个复杂的系统，既包括正式的制度和规则，也包括符合人们利益的非正式的制度和规则。赵成、陈通在前人的研究基础上提出："大学治理是内外部利益相关者参与重大事务决策的结构和过程，是各治理主体的权责划分及其在参与过程中相互关系的安排，是为更好地实现大学目标而建立的一整套制度安排。"④

2. 治理主体

大学最基本的职能是教育，教师和学生作为最重要的参与者，在大学治理中也相应地扮演着重要角色。Johnston认为："教师主体的参与对大学治理有着重要的现实意义，通过参与大学治理教

---

① BIRNBAUM R. The end of shared governance: Looking ahead or looking back [J]. New Directions for Higher Education, 2004 (127): 5-22.

② 刘献君. 论大学内部权力的制约机制 [J]. 高等教育研究, 2012, 33 (3): 1-10.

③ GAYLE D J, TEWARIE B, WHITE JR A Q. Governance in the Twenty-First-Century University: approaches to effective leadership and strategic management [M]. San Francisco: Wiley Periodicals, 2003.

④ 赵成, 陈通. 治理视角下的大学制度研究 [J]. 高等教育研究, 2005 (8): 19.

师积累了一定的管理经验。"① 阿特巴赫从政治经济学的角度研究了学生权利的行使途径，他将大学教育进行分层，并重点研究了教授和学生阶层。Bateson，Taylor 和 Maassen 在他们的论文中都强调了大学内外部各利益相关者在大学重大事务中的有效参与，突出了参与的制度路径与实际成效。

基于治理理论，陈金江研究和探讨了社会力量在大学治理中的参与现状，并指出了社会力量有效地参与大学治理的实现路径②。陶军明、庞学光认为，多元共治既要满足不同利益相关者的需求，又要促使各利益相关者对治理权利进行共享，并引导各利益相关者积极参与事务的管理③。魏小松认为，大学多元治理是指政府、社会、公民及大学等多元相关利益主体，为达到共建共享而通过协商、合作等方式来实现共同参与大学治理的一系列制度安排④。贺佩蓉指出，应"让政府与社会强干预，而让市场保持弱介入"⑤，通过协商等多种方式建立多元治理格局。

3. 治理结构

Kaplan 认为，教师治理和行政治理是大学治理的主要方式，而教师治理与行政治理之间几乎不存在冲突，因此大学治理结构与效果之间的关系十分微小⑥。Clark 在《高等教育系统——学术

① JOHNSTON S W. Faculty governance and effective academic administrative leadership [J]. New Directions for Higher Education, 2003 (124): 57-63.

② 陈金江. 我国高等教育管理中的社会参与与反思 [J]. 理工高教研究, 2004 (2): 39-41.

③ 陶军明，庞学光. 职业教育治理：从单维管理到多元共治 [J]. 中国职业技术教育, 2016 (21): 18-24.

④ 魏小松. 走向多元共治：我国大学治理模式变革研究 [D]. 西华师范大学, 2018.

⑤ 贺佩蓉. 政府·市场·社会：大学外部治理的权利要素与模式创新 [J]. 江苏高教, 2015 (3): 45-47.

⑥ KAPLAN G E. How academic ships actually navigate [M] //EHRENBERG R G. Governing academia: who is in charge at the modern university. New York: Cornell University Press, 2016: 165-208.

组织的跨国研究》一书中指出，大学治理结构中政府权力、学术权威、市场力量三者之间是协调互动的。Cohn 和 March 提出的"有组织无政府状态"，以及 Bidwell 等人提出的"科层制与松散联结的混合体"等观点，均阐述了大学结构的复杂性且在学院组织中体现得尤为明显。

在大学治理结构的委托代理问题上，李福华和尹增刚提出，要把代理人的权利约束在一个合理的范围内，这样最有利于大学治理①。龚怡祖则阐述了什么是大学治理结构、大学治理需要什么样的结构，接着分析了大学的利益相关者是哪些群体及其如何影响大学试图架构能够体现利益相关者组织属性和委托代理关系特点的决策权结构②。张应强和蒋华林对改善大学内外部关系及治理结构改革效果提出了建议和对策③。

目前，对大学治理结构的研究已取得了一定进展，对外部治理结构、内部治理结构、利益相关者共治结构等都有深入的研究，但大多侧重于经济利益关系，理论框架多借鉴作为市场主体的企业治理结构，缺乏真正把大学作为知识生产和传播的组织来阐明其治理结构的特点。大学治理结构虽然是功能性的，但从知识创新的角度来看，更应当重视主体间关系互动结构和权力互动的模式研究。

4. 治理模式

Friedland 在 *The University of Toronto：A History* 一书中认为，现有的"两院制"治理模式导致决策中的"两张皮"（double innocence）现象：学术参议会和大学董事会不能各自兼顾学术问题和财务问题，而单一的决策治理机构能够把不同利益集团的代表召集

---

① 李福华，尹增刚. 论大学治理的理论基础：国际视野中的多学科观点 [J]. 比较教育研究，2007（9）：51-56.
② 龚怡祖. 漫说大学治理结构 [J]. 复旦教育论坛，2009（3）：47-53.
③ 张应强，蒋华林. 关于中国特色现代大学制度的理论认识 [J]. 教育研究，2013（11）：35-43.

在一起进行协商，因此他提出成立一个大学理事会对大学事务进行治理，大学理事会下设一系列的专门委员会，以实现治理模式向"一院制"转变。学者自治模式主要以牛津大学和剑桥大学为代表，Eustance指出，大学内部治理缺少外部力量的参与，而是由大学高层管理人员掌握，教师对学术权力具有垄断性。从结构上看，学校是由院系组成的联邦式松散结构，学院属于大学但不归大学管理，教师在学院内享有自治权。伯恩鲍姆从文化模式的角度，认为领导要想在学校组织中发挥更大的作用，就要去影响学校成员对组织生活的理解，因此他强调了大学文化的重要性。

从有关大学治理模式研究的文献来看，我国多数研究成果是基于国外大学治理模式展开的，其中也包括翻译国外的著作及介绍国外的经验等。吴云香、熊庆年研究并介绍了英国大学的治理模式，主要包括学者自治型、民主治理、共同治理等模式并存①。王晓辉指出，法国大学治理以教授治校为基本特点，保证了教授治校和学术自由，但可能造成大学决策的缓慢与闭塞②。随着大学治理理论的发展，我国的学者开始尝试用治理理论研究国内大学治理的相关问题。任奉龙认为，合理地运用利益相关者理论分析我国大学治理模式是建立现代大学制度的基本问题③。韩春晖、常森等将大学章程放在一个至关重要的位置，认为大学章程的制定和修改是我国大学治理模式变革的关键所在④。刘永芳、龚放认为，大学治理模式的变革是在坚守学术核心价值和追求学术卓越的基础上，

---

① 吴云香，熊庆年.英国大学治理模式的多样性及其存在基础 [J].重庆高教研究，2013，1（6）：77-83.

② 王晓辉.法国大学治理模式探析 [J].比较教育研究，2014，36（7）：6-11.

③ 任奉龙.利益相关者理论视域下大学治理模式研究 [J].教育现代化，2015（9）：42-46.

④ 韩春晖，常森，卢霞飞.大学章程：我国大学治理模式变革的呼唤 [J].中国高等教育，2011（9）：21-23.

对现有组织结构、制度内涵的一种改进、丰富和完善①。

5. 治理制度

Rimbaum 立足于控制论，研究并分析了学术组织和学术评议会机制。在组织文化与大学绩效方面，Smart 和 John 提出了文化类型和强文化假设②。Salipante 则分析了学校传统与长期适应性的关系，提出渐进的制度变迁思想③。

在大学内部治理方面，王向华、王金燕指出，大部分大学治理制度都是借鉴国外经验，我国缺少本土化的大学治理制度创新④。史静寰认为，在大学制度建设中，大学治理体系所支撑的大学组织体系与运行机制是其制度建设的骨架，对现代大学建设具有重要意义⑤。李立国认为，大学治理的关键在于通过融通"大学之制"与"大学之治"，使得大学制度通过体制机制建设转化为治理体系，并使得制度优势转化为治理效能⑥。刘尧提出，当下中国要推进民主管理，一方面要扬弃"官本位"管理体制与机制，行政官员要树立"管理就是服务"的理念；另一方面要尊重和提升师生的权力，通过健全组织机构与指定组织制度来畅通民主渠道，切实保障师生在大学治理中的主体地位⑦。

---

① 刘永芳，龚放. 打造"学科尖塔"：创业型大学治理模式的创新及其启示 [J]. 中国高教研究，2014（10）：32-36，61.

② SMART J C, ST JOHN E P. Organizational culture and effectiveness in higher education：a test of the "culture type" and "strong culture" hypotheses [J]. Educational Evaluation and Policy Analysis, 1996：87-112.

③ SALIPANTE P. Providing continuity in change：the role of tradition in long-term adaptation [J]. San Francisco：Jossey-Bass, 1992：73-132.

④ 王向华，王金燕. 我国大学治理研究的问题与趋势 [J]. 当代教育科学，2010（1）：37-39.

⑤ 史静寰. 现代大学制度建设需要"根""魂"及"骨架"[J]. 中国高教研究，2014（4）：1-6.

⑥ 李立国. 大学治理的制度逻辑：融通"大学之制"与"大学之治"[J]. 华东师范大学学报（教育科学版），2021，39（3）：1-13.

⑦ 刘尧. 大学治理：制度比校长更重要 [J]. 高校教育管理，2015，9（1）：6-10.

大学治理制度研究注重的是治理功能、绩效和制度变迁，但是中国大学制度研究除了规范性和追求绩效的维度外，一定还有思想解放的维度（即制度创新的维度），还应当有中国化或中国特色的维度。制度建设当然是为了规范运行、控制质量，但其实所有的制度也是对人的解放，其中天然包含人的民主和自由精神。知道了限度和底线所在，就获得了行动的自由，从这个意义上说，好的治理制度一定是对人的解放。

（二）大学治理研究现状的评述

目前，国内外学术界对大学治理的研究主要围绕大学治理内涵、治理结构、治理模式等方面展开，国内学者对于大学治理的研究有所创新，但相较于国外学者仍然存在一些局限性。对已掌握文献进行梳理，可以发现：

经过近年来国内外学者的广泛探讨和研究，大学治理的概念和理论逐渐准确化和丰富化。学者们对于大学治理提出了新的观点和建议，对高等教育事业的发展具有借鉴意义。首先，随着大学治理理论的丰富，我国的大学治理也逐步迈向了多元化，多元化逐步成为现代大学治理的新特征，大学不再由单一的群体管理—治理，而是由各利益相关者共同管理—治理，同时关于大学治理的研究视角也在不断拓宽，研究内容逐步深入；其次，学者们不再拘泥于大学内部关系的研究，而是更多地从外部关系着手，研究大学在外部力量下健康发展的路径。这启示我们要多角度关注大学治理对现代高校可持续发展的影响。

相较于国外学者对大学治理的研究，国内学者对大学治理的研究不仅起步晚，在深度与视角等方面均存在一定的局限性。总的来说，包括以下几个方面：第一，研究视野。国内学者仍然局限于制度、结构与机制等现行的制度层面，而忽略了制度背后的"人本"及组织文化等因素。第二，研究视角。有关大学治理结构和模式的研究较多，而对大学治理理论基础的研究较为缺乏。国内研究虽然趋于多元化，如基于利益相关者视角及委托代理视角等，但研究的深度仍旧不够，在实际的具体应用中没有起到预期的作用。第三，研究方法。国内学者研究大学治理问题采用的方法十分单一。国内学者主要采用了理论分析法，在研究中回答"应该是什么"的问题，或者借鉴国外研究成果，或者在比较国内外研究成果中借鉴共同之处。但是，国内外的文化及社会制度存在差异，导致了国外的研究成果并不总是适用于国内大学治理。第四，研究深度。国内学者没有结合不同类型的大学进行深入研究。实际上，有针对性地进行大学治理，可以更好地解决大学发展中的问题，实现资源合理有效配置及有效制度的构建。因此，国内学者应当通过具体的案例分析、实验研究、实证研究等，构建符合我国国情的大学治理模式，为我国的高等教育事业发展提供有效的理论指导。

三、研究框架

新时代高等教育治理结构的研究模型，可以"屋顶结构"进行构建。大学治理必须遵循六重逻辑，即政治逻辑（这是决定性、方向性的意识形态逻辑）、知识生产与传播逻辑、市场经济逻辑（或者说资本逻辑）、人性逻辑（或者说情感文化逻辑）、数字技术逻辑（或者说治理现代化的工具逻辑），以及中国化的历史传承逻辑（或者说中国话语、中国特色逻辑）。在这六种逻辑中，政治逻辑是大学治理的"屋顶"，也就是必须坚持党的领导、坚持社会主义办学方向、坚守马克思主义意识形态，这是中国大学治理的引领力量，所有大学治理的逻辑都处于政治逻辑的覆盖之下。知识生产与传播的逻辑对应大学功能的人才培养，市场经济逻辑对应大学功能的社会服务，人性逻辑对应大学功能的文化传承，数字技术逻辑对应大学功能的科技创新，这四个逻辑在"屋顶"之下，构成了支撑大学职能的四根柱子，唯有这四根柱子的支撑，大学才成其为大学。中国化的历史传承逻辑是大学治理"屋顶结构"的基础，大学必须根植于中国传统与中国的现实社会环境中，按照习近平总书记所说的"扎根中国大地办大学"，开展大学治理。

四、创新之处与研究意义

（一）创新之处

大学治理体系是内外部利益相关者参与重大事务决策的结构和过程，是实现现代大学价值追求的基本前提和保障。本书从大学治理的现状与困境出发，从目标导向和手段导向双重逻辑出发，采取"提出问题—分析问题—解决问题"的逻辑思路，系统梳理了大学治理的逻辑，深入分析了大学治理过程中的权力关系，围绕思想政治治理、文化治理、数字治理等问题，结合江苏科技大学实践提出了系统性的解决方案。本书对于促进大学回归其组织特性和本质属性，坚持依法办学、依法治教，推进大学的内涵建设和可持续发展具有重要价值和意义。

（1）不同于以往从教育逻辑、行政逻辑、政治逻辑"三重逻辑"出发研究大学治理，本书从知识生产与传播逻辑、市场经济逻辑、人性逻辑、历史传承逻辑、数字技术逻辑、政治逻辑"六重逻辑"出发，更加全面系统地阐述了大学治理的逻辑体系。

（2）不同于从大学治理结构视角研究大学治理问题，本书从权力分配视角剖析了大学治理各利益主体的关系，比较了个体与集体、外部与内部主体权力的关系，提出了分权、赋权、用权三个关键环节的注意事项。

（二）研究意义

本书基于价值理论和结构功能主义理论，围绕大学治理各理论进行融合，构建用于解释大学治理体系模式的"价值—结构—

功能"三维一体的分析框架，弥补了既有研究就价值和结构功能分开讨论的不足；结合中国特色的国家治理模式和大学自身特点，构建实现中国特色大学治理现代化的"价值—结构—功能"三维一体的解释性框架，将大学治理的中国特色融入全球大学治理的话语体系。

　　本书以江苏科技大学为研究对象，揭示其大学治理的现状，厘清与大学治理现代化要求之间的差距，为大学治理改革提供了政策建议。本书对于引导、激励管理层和大学教师生产高质量的知识产品，理顺权利分配、师生关系，提升文化治理、思想政治治理效能，充分发挥治理体系在大学高质量发展中的作用等都有切实的指导意义。

第二章　中国化大学治理的困境：主体、结构与机制

　　中国的现代化不是西方式的现代化，是中国式现代化。中国现代大学制度也不是西方式的现代大学制度，是中国式现代大学制度。因此，研究中国化大学治理体系的建构，一定是在具体的历史和现实的条件下展开的，一定是在中国化大学治理体系和治理能力现代化所面临的问题情景中展开的，同时也一定是在新时代深度改革开放所要求的全球视野、世界眼光、人类命运共同体的格局中展开的。

　　问题创造现实。曾经读到过一句话：我们会看到要寻找的东西，而错失不去寻找的东西，虽然它就在那里。我们的阅历和实践被我们的关注点深深地影响着。我们问什么问题，我们就会关注什么。要多问积极的问题而不是消极的问题，积极的问题会增值放大，消极的问题也会增值放大。如果只关注、欣赏起作用的问题，不关注大学自身的独特性要求、市场经济、文化情感、历史传承、数字技术和意识形态价值，不关注这些在社会中或夸大或贬值的价值理念，我们就会错失机遇。

　　没有问题导向，理论建构就没有具体的切入点和抓手；没有理论建构，问题的性质、价值和学理逻辑就没有着落。对照大学治理的六重逻辑，笔者认为，中国的大学治理面临以下一系列问题：学术共同体的制度和精神缺乏；治理主体能力和意愿不足；

重物质，轻精神；重刚性的制度约束，轻柔性的人文关怀；重体制，轻机制；重管理，轻治理（管理—治理同时性问题）；重集中，轻分权；重个体，轻共同体；等等。这些问题基本上可以归入治理主体、治理结构和治理机制的范畴。

针对以上这些问题，笔者尝试提出中国大学治理的重点建设方向及对策。

一、共治：学术共同体的重构

（一）对学术共同体的理解

"学术共同体"这一概念是 1942 年由英国科学哲学家布朗依（Polanyi）在《科学的自治》一文中首次提出来的。他把全社会从事科学研究的科学家作为一个具有共同信念、共同价值、共同规范的社会群体，以区别一般的社会群体与社会组织，这样的一个群体就被称为"学术共同体"。

1988 年，里弗斯（Reeves）曾将"学术共同体"定义为"对价值规范具有共同认知"的教师共同体，这种共同认知使他们能够抵抗过度的外界压力及缺少责任心的个人主义。也就是说，学者要有维系和培植他们专业价值观的责任，从而保护自己不受内外势力的挤压。2001 年，著名高等教育学家克拉克（Clark）认为："所谓'学术共同体'最经常的是指学术人员之间的相互尊重，或者是指一组专业人员的自我治理。学术共同体作为一种治理形式，倡导一种'我们'意识，我们对于我们自己的选择负责。"

简言之，学术共同体就是具有相同或相近的价值取向、文化生活、内在精神和具有特殊专业技能的人，为了共同的价值理念和学术目标，遵循一定的行为规范而构成的一个群体。

大学作为学术共同体，首先意味着大学是学术自治或学术自主的共同体。学术自主性是大学学术共同体的根本组成要素和本质属性，也是大学建制赖以存在的基础。很难设想一个没有自主性的大学学术共同体还能继续屹立于社会。自主或自主性本来的字面含义是一个系统"自我管辖"和独立于其他外部影响的能力和意愿。大学与其他社会组织是不同的，从知识生产和传播的逻辑出发，大学是具有自身的独特性和独立性的。相对于政府、社会和市场，大学要与之保持一定的距离，或者说要拒绝它们对大学的不合理的直接干预。换句话说，就是大学的独立性、自治性要与来自政府、社会、市场的正当干预之间保持适度的平衡。其次意味着大学是一个价值信仰共同体，是建立在对知识和真理共同追求基础之上的，因此有自己的评判标准和行为规范。大学的自尊或者说尊严是建立在知识生产权和教育权基础上的。大学是共同体成员的精神家园。再其次意味着共同的生活方式，大学生活公共领域的管理应该是民主基础上的管理权对被管理者的全面开放，即共同治理、共同管理，是自由与责任的共担。大学对知识分子有强大的吸引力，因此大学是可以安身立命的场所。最后意味着一整套的治理方式和治理体系，这种治理制度体系是以知识生产和传播为中心的，是平等对话的，是协商一致的。领导是民主推选的，因此是贤能治理的，是分享思想的，是权利共享的，是责任共担的，是忠诚于学术和学问的，是自由宽松的，是合作大于竞争的。

（二）学术共同体的解构

　　大学作为学术共同体的治理文化传承，在西方有800多年的历史，有深厚的学术自治势力，而在中国只有100多年的历史，中国的学术自治或自主办学的传统影响力较弱，是弱共同体治理、强行政治理。面对资本逻辑的全方位渗透，全球的大学都受到不同程度的冲击，中国的大学也难免承受资本逻辑侵蚀的考验。

　　首先，对大学学术共同体来说，最强大的解构者就是资本及其市场竞争。

在资本逻辑的影响下，中国大学早就低下了高傲的头，呈现出一定程度的同质化现象，越来越产业化，越来越成为市场竞争主体，越来越不易保持自己的独立性和自主性，与社会高度粘连在一起。在"一体化"的社会里，社会上发生的所有现象都会在大学里重演，大学与政府、社会、市场的关系始终处于一种并不从容的状态，大学不再从容优雅，而是急功近利，有的大学师生变成了所谓的"精致的利己主义者"。

其次，国家主导的科层化行政治理体系的深化也在解构大学学术共同体。

在这一强大的习惯势力运作下，大学成为高度行政化的组织，"学而优则仕"已经成为一种制度化的管理干部选拔方式，甚至"仕而优则学"也露出了不小的苗头。大学的行政权威高于学术权威，学术权威式微，个别教授以有个一官半职为成功的象征。

在这两者的共同挤压下，大学学术共同体处于实质性的解构状态。这种解构主要表现如下：

一是大学学术共同体或者说大学公共领域的空洞化、形式化。大学学术看起来似乎有个共同体，实际上大都是原子化的个体，管理权掌握在少数管理者手中，政治、思想、组织的权力与学术的权力，以及经济的权力相对集中，这些权力掌握者把大部分的利益掌控在手中，有的甚至形成利益链。共同体成员在价值取向、文化生活、内在精神和行为规范上全面散漫化、物化、功利化。

二是在知识面前不平等。学生在老师面前不平等，导师被称为"老板"；老师在管理干部面前不平等，干部有真实的优越感；校长在企业家和政府官员面前不够自信，资本和权力为大。笔者认为，学术共同体治理或者说大学公共领域的管理是民主平等基础上管理权对被管理者的全面开放，即共治共享。但日渐强化的行政与技术掌控趋势，从各方面排挤了师生和群众在公共领域管理的优势地位，学术共同体异化为"表演型"公共领域，主体不是主动参与而是客体化的被动参与。

三是显性的学术腐败。在学术共同体被解构的同时，学术腐败便汹涌而来，这是在资本和市场、物化和功利的多重挤压下的必然的铤而走险，是共同体责任转化为个人利益情景下的投机取巧，大学教师从学者变成了经济人。学术腐败的另一种表现是金钱和权力对学术的侵害，仕而优则学，商而优则学，利益交换一度盛行，这是社会与大学共谋的越轨行为。

市场经济的影响就是利益相关方共治。中国的大学学术共同体治理体系在当前还是一种理论期待，目前主导的治理体系还是以追求绩效为主的科层化行政治理体系。从治理主体的视角看，可以说是贤能治理体系。从政府、市场、大学共同参与的视角看，已经迈入跨体系治理的阶段。大学治理体系和治理能力现代化呼唤学术共同体的重构。

(三)　重构大学学术共同体

就强调互动共治的共同体思想资源来说，中国并不缺乏，有墨家的尚同思想，儒家的五伦思想，等等。五伦作为社会道德结构，是交互的，在每一伦的层面都是互动自主的共同体。西方国家是理念论、逻各斯中心主义的思维方式。中国是生活论、生成论的思维方式。中国人强调情理和人情，五伦就是以情感价值为基础的。在竞争与合作的关系中，中国人更强调合作精神；在二元对立中，中国人更强调转化和统一。

中国大学学术共同体的理论和实践资源相对不足，宋明书院文化制度可以算是雏形，近代大学特别是辛亥革命以来兴起的现代大学实践并创立了学术共同体治理的体系（包括港澳台），可以作为我们今天重构的参照系和历史借鉴。

老子说，"反者道之动"。提出问题的思路与解决问题的思路是不一样的。重构大学学术共同体首先应当从调理大学与政府、大学与社会、大学与企业的关系出发。

从大学与政府的关系来看重构学术共同体：政府要继续下放办学自主权，要赋予大学在法律规定范围内的自主权或者说自治权，尽可能克制自己过多行政干预的冲动。大学为国家服务主要是通过人才培养、科学研究功能的发挥来实现的，而教育和科研都是复杂劳动，是相对独立的领域，有自己内部的结构和行动过程，要遵循自身独特的规律才能取得高质量的发展，才能更好地服务国家战略。减少层层考核，减少不必要的行政扰动，大学学术共同体才可能真正成长起来，大学才不会千人一面，才会充满活力。

从大学与社会的关系来看重构学术共同体：社会作为大学外部的约束，其影响力始终存在，难以避免。在今天这样一个开放的社会，大学很容易受商业利益、公众需求、媒体舆论和其他社会控制机制的扰动，甚至伤害。大学要与社会之间形成良性的互动关系，就要社会承认大学的相对独立性和自主性，与社会之间保持适当的距离，反思社会、反哺社会并发挥文化引领作用。大学要在获得社会有利的支持和摆脱社会不利的控制之间寻找恰当的平衡。大学作为学术共同体的自主性特征正是这种张力关系所造就的。大学及其学者应该充分发挥其理性品质，以自身特有的核心价值观与社会责任担当来批判和推动社会发展。

从大学与企业（主要的市场主体）的关系来看重构学术共同体：企业是遵循资本逻辑的，是直接功利性的。企业是市场主体，但我们不能把大学当作市场主体，要求大学的知识创新和人才培养也像企业一样去运行。大学需要企业的投入，企业的资金最好通过基金会来支持大学的发展，否则容易形成对大学的扰动甚至胁迫。大学是通过坚守学术自主精神，提升学科能力并形成学科特色，改革人才培养模式、提升育人品质、培育大学文化精神及开发原创性科研成果来服务企业发展的。企业应该从整个知识创新体系的要求出发来参与大学学术共同体建构。一个得到市场主体支持的具有学术自主权的大学，才能更好地服务并促进企业的发展。

学术共同体归根到底还是要在大学内部重构。从大学内部治理的视角来看，学术共同体的重构需要从以下几个方面着力：

第一，大力加强学术自治与共同体文化建设。大学应学习并传承世界范围内的学术共同体文化，倡导平等对话、忠诚于学问的学术共同体文化精神，树立学术权威。

第二，着力培育建构学术共同体治理体系。管理者应淡化行政管理，在现有科层制治理体系中培育出学术共同体的建制规范，以制度和组织的形式保障师生参与大学各项事务的治理—管理权利，同时保障政府和市场通过大学行政所提出的社会需求与期望在大学的重大决策中得到体现。

第三，从学院开始恢复大学的公共生活领域。大学早就不是象牙塔，也不是私密社会，但大学的私密性依然较强。在一个私密社会里，制度是无效的，公共权力难以公共化。在一个相对封闭的私密化的组织中，公共权力也会变得私密化。"程门立雪"这个典故表面上表达了对老师和求道的恭敬忠诚，其实也是公共权力结构的私人情感化。如果大学的公共权力私密化，就会出现只感激领导不感激组织和制度的现象，干部之间、干群之间、教师之间、师生之间的关系联结就会从应然的制度联结、效率联结、公共忠诚的联结转变为私人忠诚联结。如果一个学校、一个学院由私人情感纵向结构主导，那么公共生活领域的公共性就难以构建。这就意味着大学必须淡化行政色彩和行政权力，以教师和学生为主体成立各负其责的各种委员会，赋予其实质性的决策和治理权限，变私人忠诚为制度化的公共忠诚。

第四，赋能治理主体。召唤恢复各类治理主体的主体性，召唤恢复治理主体的共同体意识和价值追求、情感依归，召唤赋予治理主体的治理能力和实践能力。

二、赋能：治理主体的重塑

（一）沉默的大多数

在大学的科层制管理体系中，广大师生事实上已成为沉默的大多数。大学矛盾的根源之一就在于个体的原子化和对大学行政的过度依赖。沉默的大多数本来是喻指不识字的底层百姓，那么传道授业解惑的大学老师和求学问道的大学生怎么会成为沉默的大多数呢？语言是存在之家，你怎么说就怎么存在。其实大学里所有的事务都和师生紧密相关，但他们为什么不关心、不表达、不参与呢？

1. 主体性的陷落

个人与社会的关系日趋紧张。之所以会这样，一是因为生存发展的竞争越来越激烈，人们越来越焦躁不安；二是因为专业机构、行政机构、媒体机构缺乏公信力，其结果就是人们产生了疏离感和冷漠感。一体化的各种社会压力传递到大学，在大学同时呈现。大学本来应该是浮躁社会中一个相对安静的地方，今天在资本和市场逻辑的弥漫性网罗中，象牙之塔"倒塌"了。从表面上看，教师好像已经不能安心地教书，学生也不能安心地学习了。教学不是相长，而是"相降"。教师理直气壮地照本宣科、"挣工分"创收，学术的批判力、创造力、独立性减弱，甚至某些教师在自毁形象，影响师道尊严。在教师平庸化的同时，学生也在陷落。一些大学生早就不会说属于自己的话了，浅薄化、工具化、倦怠化的背后是缺乏坚定的信仰，缺乏追求的目标与动力。当主体心中只有物、金钱和功名，没有人和生动的生活时，主体就被物化、货币化了。紧接着，一定是大学公共领域的离场。

2. 治理主体公共精神的陷落

公共精神的缺乏有三个标志：一是缺乏公共意识。主体放弃了对公共事务的关心和热情，结果我们只能诉诸私人理由——我愿意。二是缺乏对制度缺陷的批评。主体不愿意改良制度而愿意在制度的服从和不合作之间徘徊。人们往往有私德而缺乏公德，所以我们才大力倡导公德。三是个体生存的欲望化和功利化。日常生活和私人生活脱离了真实性轨道。

教师和学生为什么会丧失公共精神？首先，他们在科层制治理体系中主要是作为被管理者在场的，在实践中的地位和权利得不到充分保障；其次，他们在共同体中的平等性不够，缺乏有效的制度和载体保障他们的平等权利；最后，他们曾经言说，曾经表达，但在他们的感觉中说和不说是一样的，所以不如沉默。他们沉默的时间长了，就习惯于依赖、不自主。民主参与也是需要成本、需要能力的，他们习惯于不参与治理实践，能力和自信都难以建立。公共意识和公共精神就是这样消解的。

3. 走向虚拟现实

如果不能诉诸公共制度、舆论和平台，那就转向私人领域。许多师生在一些正式场合沉默寡言，在私人场合却经常滔滔不绝。今天，数字网络虚拟世界成了最大的舆论场。人们的思维方式、交往方式正在被网络重塑。我们貌似获得了更便捷、更自由的言说，其实我们变得很难集中注意力，我们通常失去耐心、焦躁不安、不关注他人。我们在网络上花的时间越多，在其他事情上花的时间就越少，尤其是在阅读和研究上。现在的年轻人花在阅读上的时间要比十年前少四分之一，他们的闲暇时光几乎完全被网上活动所占据。网络是颠覆求知的特有过程，只需轻触鼠标，超链接便会带你在网络中无数的网页间遨游。它们不只给我们指向相关的或补充的信息，而且会积极地将它们推送到我们眼前。最后，我们从单向度的人变成了隐身人。

治理结构是治理主体之间的关系结构，当治理主体不在场或者心不在焉时，治理结构就是一个空洞的形式。围绕知识生产与传播的逻辑重塑主体性，重建主体间的良好互动关系，重建个人与大学共同体的关系变得日益紧迫。

（二）召唤什么样的主体

1. 召唤教育家型的大学校长

中国 100 多年的现代大学发展史上，涌现出许多一流的大学校长，北京大学蔡元培、清华大学梅贻琦、东南大学郭秉文、南开大学张伯苓、浙江大学竺可桢、大夏大学（今华东师范大学）王伯群、华中科技大学杨叔子、复旦大学杨福家、西交利物浦大学席酉民、南方科技大学朱清时等，这些名字可以开列一长串。美国哲学家、教育家杜威对北京大学校长蔡元培有过这样的评价："（不妨把）全世界各国大学校长比较一下，牛津、剑桥、巴黎、哈佛、哥伦比亚等等，这些校长之中，他们有的在某一学科确有成就；但是，以一个校长的身份而能领导那所大学，对一个民族、一个时代起到转折作用的，除了蔡元培，恐怕找不出第二个。"①

一流的大学校长都有共同的大学理念价值追求和使命感。他们都坚守大学，承担着民族文化和精神的积淀与传承的使命，为民族、国家和人自身的发展，为思想文化学术的发展，提供精神资源、新思维、新的想象力与创造力的使命。他们都坚持大学的自主性和独立性，坚决维护学术自由和学术共同体的健康发展。他们都尊重教师，不拘一格广揽人才。他们都有大爱精神，为师生营造一个有利于大师辈出、优秀人才涌现的自由宽松的学习研究环境。

好的校长有不同类型，比如"学术型"校长、"管理型"校长、"政治型"校长与"领袖型"校长，但不管哪种类型，校长首先必须是教育家。作为教育家，校长就必须心中有人，就必须人文精神与科学精神并重，就必须捍卫大学的尊严和自主，坚守大学这座精神、文化、文明的堡垒。今天的大学校长们还应当具备

---

① 钱理群，高远东. 中国大学的问题与改革［M］. 天津：天津出版社，2003.

五大特质，即全球化的思维、跨文化或跨体系的视野、治理技术纯熟、善于结盟或协同，以及共享领导力（领导者作为辅导者让他人成长成功）。

2. 召唤"四有"好老师

在现代大学的物质、师资和文化三大资源中，教师是大学的第一资源，是现代大学治理的关键主体。

清华大学校长梅贻琦在就职典礼上留下了中国大学史上著名的一句话："所谓大学者，非有大楼之谓也，乃有大师之谓也。"哈佛大学校长科南特说过："大学的荣誉不在它的校舍和人数，而在它的一代代教师的质量。"

大学教师应当具备三个品格：理性精神，即爱真理；人格魅力，即"虽千万人，吾往矣"；创新品质，即要能创造知识。对大学教师来说，只擅长传播知识而不能创造知识是残缺的。研究与教学并重是大学的首要原则，最好的研究者才是最优良的教师。以上三个品格同时具备是非常困难的。出于情感召唤和人生安顿的需要，我们的学者和教师太容易转移理想和目标方向了。但是大学教师担负着知识创新和人才培养的使命，因此修身养性就特别重要，大学教师的道德标准高度必须高于社会其他群体。

在新时代背景下，国家、社会和人民对大学教师提出了新的要求，集中体现在习近平总书记提出的"四有"好老师的要求中。"四有"好老师是指有理想信念、有道德情操、有扎实学识、有仁爱之心的老师。"四有"好老师一定是有使命感和责任感的，一定是具备理性精神、人格魅力和创新品质的，一定是积极参与大学学术共同体治理的。

3. 召唤朝气蓬勃的大学生

雅斯贝斯认为，自由是大学之生命的首要原则。从学生方面来说，他们必须具有自我负责的观念，并带着批判的精神从事学习，因而他们必须具有学习的自由。学生应当满怀理想与激情，即使现实生活中有种种束缚，还是要活得自由自在，在思想上始终坚持一种自由的状态，永远对自己的爱好、学业、生命充满激情。

鲁迅曾经对青年这样寄语："青年又何须寻那挂着金字招牌的导师呢？不如寻朋友，联合起来，同向着似乎可以生存的方向走。你们所多的是生力，遇见深林，可以辟成平地的；遇见旷野，可以栽种树木的；遇见沙漠，可以开掘井泉的。"

毛泽东主席在苏联接见中国留学生时这样说："世界是你们的，也是我们的，但归根结底是你们的。你们青年人朝气蓬勃，正在兴旺时期，好像早晨八九点钟的太阳。希望寄托在你们身上。世界是属于你们的。中国的前途是属于你们的。"

习近平总书记寄语："希望全国广大青年牢记党的教诲，立志民族复兴，不负韶华，不负时代，不负人民，在青春的赛道上奋力奔跑，争取跑出当代青年的最好成绩！"习近平总书记还说过："人是要有一点精神的，这种精神就是'四股气'：志气、勇气、正气和才气。"

领袖和导师的希望和寄托就是青年大学生努力的方向。一要朝气蓬勃，二要谦虚谨慎，三要有创新创造精神，四要担负中华民族伟大复兴的使命。青年大学生是面向未来生成的，大学生的理想信念和人生航向，从一定意义上就代表了我们这个民族、这个国家未来的走向。

（三）重塑治理主体

1. 主体的文化重建

文化重建就是主体价值观、理想、信念与信仰的重建。通过文化重建，召唤恢复大学治理主体的主体性。从社群主义理论来分析，作为学术共同体成员的大学治理主体不是原子化的个体，其自我主体性是由社会或者说社群构成的，同时个人也有能力参与，此时的个人是互为主体的自我、共同体中的自我。大学已经出现了"碎片化"现象，表现为三种隐忧：个人主义；工具理性的优先性；因为不愿意参与大学的自治和共同治理、失去对自身命运的控制而面临的自由失落，即被动化、边缘化。

大学共同体成员必须意识到："我们都属于各种相互依存的重叠的社群。如果置身这些社群之外，人类就不能长久生存，个人自由也不能长久维护。不论哪个社群，假如它的成员不关注并将精力和资源奉献给共同的事业，它亦不能长久生存下去。单纯追求私利会腐蚀我们赖以生存的社会环境体系，并将破坏我们共同进行的民主自治实验。"

虽然在任何治理模式下领导和必要的专业化管理都不能丢弃，但是现代大学治理体系的建构更需要大学的领导和管理者，绝对不能假定个人能独立于大学共同体之外并且完全自足，应鼓励广大师生关心大学的治理，积极参与治理实践。主体的精神面貌价值追求与主体在实践中的地位、条件和能力是密切相关的。大学的领导和管理者必须自觉地担当起共同体成员道德教育的责任，通过一系列赋能举措召唤恢复广大师生的共同体意识和价值追求、情感依归，培养他们参与大学治理的意识和能力。在进行相关治理结构制度安排的设计时，必须充分了解和考虑被管理者的真实需求，而不是试图指挥或控制他们并抱怨他们"上有政策，下有对策"，甚至通过强制考核来改变其行为。学术共同体的管理者应当通过促进平等来促进个人权利的实现，促进公共利益的最大化。新时代我们特别要强调，管理就是服务，领导就是成就他人。

在当下环境中，要重构责任—回报体系。当共同体成员都倾向于认为一切靠货币与权力就能搞定时，责任—回报体系就失效了。教育者拥有了普通公众不能分享的公共权力，就必须要承担普通人所不必承担的公共责任，其行为和话语就要检点了。也许我们成不了大师，但首先必须做一名称职的教育工作者。德行是教师的执业资格，"师者，有德者居之"，这在传统文化中是一个基本的理念。教师是有道德要求的，教师不仅仅是遵纪守法的模范，更是社会道德的榜样，要关注社会教化，关心下一代，具有崇高的使命感和价值追求。教育家与教书匠的区别：教育家关心下一代；教书匠只关心自己的饭碗，以及自己能不能评职称、涨工资。在责任—回报体系中，主体的尊严感、获得感、积极性、主动性就自然涌现出来了。

2. 重建互动与对话的场域

大学治理的核心其实是再组织化和激发内在的活力。我们可以借鉴沟通行动理论，把教育转化为重塑主体的实践。

在哈贝马斯看来，大学理念的核心是一种以大学为形式的学习过程。"而这种学习过程的核心，就是合理的交往行动，也就是平等自主的不同主体之间以生活世界为背景，以日常语言为媒介、以'更好论据'为权威的达成有关'世界'（客观世界、社会世界，在一定程度上也包括主观世界）的共识的过程。这既是一个学习过程，也是一个研究过程——科学家共同体对于科学真理的合作的探索，在哈贝马斯那里是交往合理性的一个典范。"①

我们可以把大学共同体的治理当作治理主体之间平等自主的、合理的交往行动。这样的共同体不是想象的共同体。在这种交往行动中，主体间是平等自主的，主体性呈现出来的交往合理性的核心就是主体之间的无强制的、自由的交往。而现实场域中的交往时常倾向于对主体的思想与行为实施控制，而不是承诺去激励这些思想与行为。在这种场域中，主体性反转为客体和工具。

因此，重塑主体性就必须建构平等自主的沟通交往范式，在上下级之间、平级之间要实行平等对话，建立伙伴关系。这样才可能很大程度上打破大学生活的私密性，建立健康的公共生活领域，形成真实的学术共同体。这种平等的、开放的互动对话，在领导与群众之间，在老师与学生之间，在老师之间，在学生之间，在大学的职工之间要经常性开展。这种平等的互动对话有正式的

---

① 童世骏. 大学的理念［M］//李伟国. 辞海新知：第5辑. 上海：上海辞书出版社，2000：8.

也有非正式的，有严肃的也有活泼的，有自发的也有专门组织的，要让这种互动对话成为发现问题、分析问题、解决问题的场域，成为制度化的大学生活常态。

当以货币为媒介的市场经济系统和以权力为媒介的科层制行政系统从以语言为媒介的生活世界分离出来并日益膨胀的时候，大学注定要在"生活世界"和两大系统之间矛盾性发展，既要承认大学的功能，又要捍卫大学的理想。因此，合理的交往沟通场域必须有条件资源的投入，必须有治理管理权的分配，除了可以有思想共识的纽带，还可以形成共同的利益纽带。这样，主体参与的效能感就突显出来了。

激发内生的主体活力，还必须将岗位之间开放、校务、院务公开。自主管理制度和流程的完善与发展，意味着各类治理主体对于管理公共领域的运作与经营，意味着个体觉悟和组织能力的发掘和学习培训。人们参与公共领域的活动，永远不需要为此取消私人利益目标或者有各种私人领域的考虑，而是要在真实社会关系网络与个体实际的基础上，破除管理权垄断并培养个体参与共同体事务的能力，从而把管理事务的解决和个体的政治主体性表达与成长联系在一起。其实现路径就是要把消极被动的群众转化为具有自觉努力方向和积极主动的群众，正如毛泽东主席所说的"破除雇佣思想"，挖掘内在于人自身的自觉支持力量，治理主体就以主体而不是以客体和工具的面貌在场了。这样，大学公共领域才会有活力。

3. 情感治理：人本主义回归

情感治理意味着满足大学共同体成员的情感文化需求，意味着从情感上重塑主体性。上述三种隐忧，即个人主义、工具理性的优先性，以及因不愿意参与大学的自治而被动化和边缘化始终笼罩着大学。实际上，作为学术共同体，大学承受着现代与后现代的双重焦虑。为了掩饰这种焦虑，我们都成了戴着面具的人，看不到真性情；我们成了情感放逐的人，身在曹营心不知在哪里。

生活和生命的成长需要意义，大学校园生活的"意义感"来自哪里？如果大学生活缺乏意义，缺乏终极关怀，那么我们如何安放自己的心灵？大学从何时开始变得不是我的家园、不是我的故乡、不是我安身立命的福地了？当我们日渐与社会疏离的时候，也就开始与大学疏离了。所谓"内卷"和"躺平"，都是由于"意义感"丧失了。

在中国传统的思维方式和生活方式中，情感文化是极其重要的。中国传统哲学就是生活哲学，基本上是诉诸情感逻辑和情感伦理的。我们说人之常情，人情练达即文章；我们说情理之中，情在前，理在后，这个"理"也不是理性的意思，而是情感的脉络、情感的秩序和情感的道理。受西方哲学思想和管理思想的影响，如今的大学忽视情感文化治理，强调竞争控制，强调绩效考核，治理缺乏温度，导致主体间情感冷淡、冷漠、虚伪。

弘扬传统文化，构建家园文化。家园文化意味着有家的温馨，那么如何营造这种温馨的氛围和文化呢？一要改善学习和生活条件，当办公室、工作室比家里还舒适时，教师就会分配更多的时间在学校。学生为什么愿意在图书馆，也是一个道理。二要改善服务态度，实行首问负责制。下情上传与上情下达要及时快捷，生日有蛋糕，节日有慰问，教授到一线，校长进学生宿舍，平时情感交流充分，真正的强硬管理手段就很少用了，相互之间就更亲近了。三要推行书院制，弘扬书院精神，注重师生之间的情感沟通和理解。家的和谐氛围一旦形成，主体的情感归属就增强了，主体的主人翁意识也就增强了。

积极倡导生活教育。生活教育就是要超越功利主义，不把人当作人力资本、人力资源，而是回归教育的人本性。教育是对人生的成就，是对心灵的浇灌，这是教育的初心使命。教育的目标就是培养人，一个"大写"的人。人才，先有人后有才，先成人后成才。人本主义的回归在今天是一种自觉的反抗，是对资本主义教育的反对。资本把人变成物、变成工具、变成商品，生活教育就是要反对资本逻辑对人的物化、对人的异化。我们倡导生活教育，就是为生活而教，为生活而学。目前，这是一种国际潮流。在国内，这是与 20 世纪陶行知先生倡导的生活教育一脉相承的。生活教育其实也是一种具体的情感场景的教育，情感只有在生活中才能得到抒发和满足，只有在交往互动中才能得到表现，只有在社群中才能凝聚成放大公共利益的力量。

以尊重与爱构建大学关系模式。大学需要健康的人际关系，大学需要柔性的人文关怀，管理者不要迷信于如何提高管理效率，大学需要有大爱，需要包容不同个性和不同学术追求的人。这里引用复旦大学原校长杨福家在《一流大学需要大楼、大师与"大爱"》中所说的一段话作为本节的结尾："正是因为她的宽容和'大爱'，安德鲁·怀尔斯教授才有可能 9 年不出 1 篇论文，埋头苦干、静心研究，解决了困扰世界数学界长达 360 余年的一大难题——费马大定理，最终获得历史上唯一的菲尔兹特别成就奖；她也允许患有精神病的天才数学家约翰·纳什静心地生活在校园内，并给予极大的关爱，终于使他在与疾病搏斗 30 年后获得了诺贝尔经济学奖，充分体现了人类应该具有的'美丽心灵'。我想，这恐怕就是普林斯顿大学成为美国第一大学的真谛！"①

三、确权：治理机制的优化

外部治理重在体制，内部治理重在机制。要把想象的大学的共同体转化为生动活泼、运转流畅的实质共同体，明确共同体的权责分配框架、建立职责体系配置表就是必由之路。

中国大学的内部治理结构与治理方式、运行方式的同质性是和我们的大学历史文化传统紧密联系在一起的。通过对我国现行大学运行机制的分析，我们发现，由于传统行政体系与传统行政

① 杨福家.一流大学需要大楼、大师与"大爱" [N].上海文汇报，2002-09-17.

文化的互动及制度变迁过程中的路径依赖，使得我国大学治理存在着一种内在的自稳机制，容易陷入一种循环不前的状态。基于政治学的分析视角，大学内部治理权力的失衡是其症结所在。治理权力之间越位、错位或失位的状态是一种相对劣势的状态。因此，规范大学治理中各项法定权力的边界及其运行，明确界定各治理主体的权利和职责，治理重心向基层下移，发挥学术组织和群众性组织的作用，实现学校管理和民主调节、学生自治的良性互动，实现大学内部治理机制的优化，是现代大学治理体系和治理能力现代化建设的重点任务。

（一）怎么理解治理机制

治理的理念基于全体的参与、所有组织成员的参与，是建立在优质管理的基础上的治理，我们要改变重体制轻机制的思维和行为习惯。当体制变革缓慢困难时，微观层面的机制创新就越来越重要，很多时候深化、细化、具体化就可能是一种机制创新了，因为我们的管理常常是大而化之的，缺少数据统计依据。目前，还是要肯定有为有效的大学行政在大学治理—管理过程中的重要作用，这种有为有效的行政应该是发展型、管理型而不仅仅是服务型的。要做到有所为有所不为，基本原则就是"职责优化、行政主导、注重绩效、规模适度、制约有力、敏捷灵活"。治理—管理方式上要做到：软的更软，硬的更硬，敢于在职责的承担上说不，要注重发挥各类治理主体的主动性，更加注重"活力校园"建设。

大学内部治理一般意义上的体制机制问题。从大学内部的治理—管理体制来看，体制问题主要表现为内部机构设置和职责明确，以及治理主体的管理权限划分。国内大学目前主要实行党委领导下的校长负责制，同时积极推行校院二级治理—管理体制，既要激发学院的办学积极性和活力，又不能弱化学校的调控能力。好的体制还要有好的运行机制，机制是决定治理—管理功效的核心问题。约束条件一定的情况下，能否有效达成目标，关键在运行机制。

什么是机制？机制就是为实现目标而采取的运行方式，包括目标、主要机构的职责界定、选人用人、防错纠错、会议制度、议事规则、流程、政策、激励等。不管是哪种类型的机制，其中最核心的要素是目标、流程和激励。一个优良的机制可以把运行中的不确定性降到最低——自主运行。

流程和制度完善是有效运行的基础。诺贝尔经济学奖得主道格拉斯·诺斯认为：制度的主要作用就是消除或降低社会交往中的不确定性。管理在本质上就是把企业生产经营活动中的不确定性降到最低。其实大学的治理—管理运行制度也是为了发挥这一作用。

只有做到流程化、明晰化、操作化（或者说规范化、表格化、模板化），才能把事变成平常的事、可控的事。依靠流程不依靠能人，这也是信息化何以可能的原因所在。制度流程要简洁精练，要便于理解，更要便于执行。

现代大学的治理—管理机制主要有三大机制：运行机制、动力机制、约束机制。

运行机制是大学的基本运行方式（一般的、普遍的）。重点是围绕治理理念和治理目标设计合理的流程或再造流程。同时，在规范管理的基础上进一步完善重点工作牵引机制，提升运行效能。

动力机制的关键词是激励、主动性、自动化。一般来说有三大驱动力：权力、利益、精神文化。作为知识分子，大学的治理—管理主体应该是更加具有理性精神的，这三大驱动力都发挥着不可或缺的作用。有效的动力机制，就是对这三大驱动力的现实运用，具体表现为选人用人制度、人事分配制度、大学精神引领制度等的建设和改革。

约束机制主要发挥内部调节把控的作用。一般来说有四大约束力：权力、利益、责任、精神文化。

机制运行的四要素：人、财、物、信息。这四大要素缺一不可，有效的机制运行就是人才流、财务流、物流、信息流的融合流通。

机制调节的四要素：权力、利益、责任、精神文化（社会心理）。这四要素既是驱动力、约束力，也是调节治理—管理机制的工具和手段。大学内部机制运行不畅的原因不外乎这四个方面。大学的治理—管理主体必须深入研究这四大要素的作用机理，才能真正发挥好它们的调节作用。

（二）民主平等的治理机制

当前需要重点研究设计的机制问题。实现高质量发展，体制机制的系统设计非常重要，必须在综合改革中大力推进，建立一套与国内一流大学发展要求相适应的治理—管理体制和机制。在下列机制建设中，需要制定一系列制度，需要全体教师和管理干部参与制定，把个人和组织的成长与成果融合起来思考。

（1）投入—产出机制（外部和内部两个层面的）。

考核学校、部门、学院，调动各级组织的积极性。

（2）贡献—回报机制（贡献与待遇的关系）。

考核个人（教职工），调动各类人员的积极性。

（3）用人机制（干部的选拔培养使用机制，特别是退出机制）。

（4）协同机制（分享体制下的分享机制）。

相互开放，整合资源，团队建设机制。

大学的教育综合改革就是要以激发人的主体性和积极性为目标，以资源配置为抓手，突破利益固化的藩篱，实现校院两级的办学活力竞相迸发。

提升治理—管理效能的6个思路：

（1）进一步贯彻落实党委领导下的校长负责制；

（2）进一步加强规范管理，厘清内部治理体制（系统），明确管理权限职责和机构设置，改进校院二级管理体制；

（3）进一步构建（完善）高效的快速响应的治理—管理机制（运行机制、动力机制和约束机制）；

（4）进一步增强协同意识，构建大协调工作机制，提升统筹协调服务水平（三个组的协调运行）；

（5）进一步构建督查督办工作机制，提升贯彻落实党政工作的执行力；

（6）以信息化推进管理现代化。

对信息资源的掌控和利用能力日益成为影响高校竞争力的重要因素。学校应加快管理信息化进程，按照应用驱动、需求导向的原则，整合校内各种管理信息资源，规范数据采集与管理流程，建立事务处理、业务监管、动态监测、评估评价、决策分析等教育管理信息系统。支持师生参与学校内部质量保障与评价机制建设，支持学校服务与管理流程的优化和再造，为各项改革和发展提供大数据支撑，提高决策水平、管理效率，推进治理—管理现代化。

服务意识和服务能力建设问题。在管理队伍职业化、专业化建设方面，华东理工大学的实践探索值得借鉴。该校提出了关于管理队伍职业化建设的措施，要求校领导、部处领导、学院领导努力成为高等教育管理的专家。该校从下列五个方面着力推进措施：

（1）制定党政管理人员任职标准、岗位规范和考核评价办法；

（2）制定行政管理服务质量评价方案；

（3）关键管理岗位人员的专业化水准要求；

（4）从制度层面保证行政领导将足够的时间与精力投入管理工作；

（5）提高管理骨干待遇，吸引组织管理能力强的同志从事管理工作。

评估考核与整体把控（形成防错纠错机制）。管理的理想状态就是用最少的资源实现最大数目的功能、目标成果。要深入研究如何判断和把控学校的运行状态，如何判断和把控学院的运行状态；要真正调动主动性、积极性，明确成果获取的导向，形成科学合理的考核与绩效奖励评定办法。

(三) 明确职责，分工合作

从大学作为国家的事业单位、国家的高等教育机构来看，大学的职责非常明确。大学的根本管理制度就是党委领导下的校长负责制，这是一个制度体系。但在具体的执行过程中，还是需要每个大学自己再细化，再分工确权。这实际上也为大学自主办学留下了空间。

从大学治理现代化的视野看，大学应该是法治、德治、自治、共治相统一的，是以大学治理主体主人翁精神和积极主动参与为支撑的。因此，对各类公共治理组织的权利和职责必须进一步明确。比如，校务委员会应该由哪些人组成，协商决定什么事务，具体议事规则；各级学术委员会应该由哪些人组成，有什么权力，具体议事规则；教师代表大会的权力应该扩大，把教师的民主管理和民主监督的权力做实；学术自治组织的权利和议事规则；等等。除了上述现有体制内的组织形式外，还可以根据学术共同体治理的需要在行政治理体系中嵌入新的鼓励主体参与的组织形式和平台。当下，大学内设的各类委员会基本上很少开会，很少真正研究问题，近似于荣誉性或者说表演性的职位和机构也需要进行改革，赋予其应有的功能。

从大学治理理念出发，大学需要深化细化分工职责，明确各主体的权利和责任。干群和师生密切互动，最小化自上而下的控制与激励手段，充分实现管理权和管理事务对所有人的开放。合理的公私划界，不以私害公，公共领域不侵害私人领域，维护和修复私人领域的健康发展，给日常生活更多的安全与秩序。

任何自上而下的过度管理，都必然走向反面。在市场经济的冲击下，大学引入市场竞争机制，竞争越来越激烈，导致大学的生态劣质化，学术泡沫、学术浮夸、学术腐败现象严重。我们不反对适度的竞争，但原有的建立在主人翁责任基础上的奉献—回报机制被丢弃了，荣誉资本被转化为经济资本，以经济利益为导向的考核使所有的合作和团队难以成立。然后，管理者从管理的需要出发制定一系列客观上不尊重、不信任、不灵活的刚性的制度，把大学拉入尘埃。大学要从管理向治理转型，在适度竞争的基础上强调合作。作为学术共同体，合作的精神越来越重要，学术研究的自由越来越重要。要落实习近平总书记的要求，把论文写在中国大地上，建立中国的学术话语、学科体系，走出一条有中国特色的世界一流大学之路。不改变这种急功近利紧跟西方的风气，不倡导合作、自由及严谨务实的学风，是难以实现的。

从学术共同体治理体系出发明确分工职责和权限，就是为了激发大学秩序自我生成，这就是大学内生的秩序生产功能，学生的自治也是建立在这个机理上的。治理与管理的区别有点类似礼俗社会传统与法理社会职能的区别，前者体现的是非正规化、自治、低成本、生态化，后者体现的是正规化、强制、高成本、内卷化。

管理与制度的"非人格化"是社会科学研究常见的路径方法，与中国学问的路径方法不一样。大学教育更多地内化了这个部分的思考与想象力，落实到具体管理过程中就是更少关注活生生的人，以及面对实际进行具体纠偏的各种需要和事务。虽然不是全部，但是在这样的思考和想象力中很容易把人工具化和客体化看待，从而引入各种最大化的"价值榨取"方法。大学共同体治理体系并不是相对于法治或人治而言的，法治与人治都是自上而下的行政管理方式，而共同体治理体系是根本相反的——是一种自下而上的、积极的、群众参与的、领导权起作用的机制。

多元角色、矩阵结构：大学知识应该是交叉交融发展的，大学不同的群体应该有机会充分对话沟通。从教学和研究并重、科学与人文并重、知识与生活并重的理念出发，大学应该建立这样的运行机制：建立不同专业学生和教师可以选择的共同生活的社区性书院，在教研室的基础上围绕研究方向建立不同的科研所，教师自由选择。这样就做到了师生有多元角色，参与多个社群，有机会得到全面发展。对教师来说，既在专业学院又在特定书院，既在某个教研室又在特定的研究所。

作为治理主体，我们应该认识到：在复杂的社会分工中，我们不去追求分工的事业是不可能的。选择了一种分工就选择了一种职业道德和精神。虽然我们面临着许多不确定性、风险和挑战，但必须要放下包袱，准备战斗。社会分工必然产生交换，交换创造价值。今天的复杂社会中，没有分工和角色，社会一天也运作不下去。放弃你所承担的角色，你的人格就无从着落，就会成为这个社会的失败者、流浪汉。

四、均衡：内部治理结构的调适

内部治理结构就是主体之间、主体与大学事务之间的关系模式。大学内部治理的重点在于处理好诸种内部关系，达到均衡和谐的发展状态。我们选了五组重要的关系展开论述。

（一）外延发展与内涵发展的关系

这是大学办学事业发展的两个基本方面，实际上就是规模与质量的关系。外延发展是阶段性目标，而内涵发展是长远性目标。从规模与质量的关系来说，这就意味着一个学校规模的发展是有限度的、有止境的，而质量的发展是无止境的、永恒的主题。也就是说，质量是一所大学的生命力，是教育事业的根本。

但是，不能因为质量是根本、是生命就忽视规模的发展。首先，一般来说，办学总有一个规模效益，达不到一个合适的规模，办学成本就高，就缺乏竞争力，在没有达到最佳规模之前，规模的发展还必须保持一定的速度。其次，在一定条件下，规模的发展也是大学的生命力所在，甚至比质量更加重要，关系到学校的生死存亡。比如，前几年，在国家教育管理体制大调整和高等教育大众化的浪潮面前，如果一些大学不执行外延发展优先的策略，不采取合并合作的低成本扩张策略，不采取银行融资、自筹资金等办法加快基本建设，不积极争取指标逐年扩大招生数量，这些大学就很可能生存得非常艰难，甚至会被教育资源重组，被其他学校合并。

无论规模发展多么重要，它总是短期的、阶段性的。目前，绝大部分大学采取了"以内涵发展为主，外延发展为辅"或者说"质量建设优先"的发展战略和政策。一旦大学达到基本的效益规模，就迅速将发展重点转移到内涵发展和质量建设上来。即使没有教育部的评估，大学仍然会坚持质量建校的方针，稳步发展。教学评估一方面可以促进大学的质量建设，另一方面也可能影响大学的发展步骤，影响大学的从容协调发展，带来某种程度的浮躁、不安和形式主义。因为质量建设绝对不是一蹴而就的，而是一个长期的过程。

（二）教育产业化与教育人本化的关系

"教育产业化"的提法始于 1998 年，是因应对亚洲金融危机后的经济形势，为拉动内需，促进国民消费而产生的。从 1999 年开始，中国高等教育经历了一场跨越式的发展。到 2004 年，中国的高等教育已经进入大众化阶段。作为发展中国家，中国正在创办世界上规模最大的高等教育，教育投入难以满足教育发展需求已经成为常态。为了满足人民群众日益增长的高等教育需求，教育投入的筹资方式、教育成本的分担方式必然呈现多样化的趋势，比如享受优质教育资源的受教育者承担部分教育成本、鼓励民间资本办学等政策陆续出台。2004 年 1 月 6 日，虽然教育部前部长周济在国务院新闻办召开的 2004 年第一个新闻发布会上强调："中国政府从来没有提出教育要产业化。教育具有公共属性和公益性，这是教育的本质属性。"但在实际办学运行过程中，办学主体常有教育产业化的冲动和追求，特别是我国加入 WTO 后，由于WTO 的贸易条款将教育作为服务贸易逐步开放，教育在一定程度上的产业化、市场化就不可避免。

但是，高等教育能不能产业化？当然不能。产业化就意味着教育商品化、市场化，意味着大学成为教育市场的营利主体。周济部长明确指出，教育具有公共属性和公益性，这是教育的本质属性。也就是说，教育是社会公共服务产品，绝不能当作一般意义上的商品。阿特巴赫说得好，"任何层次的教育都不能被简单地视为一种可以在市场上买卖的商品""我们要充分认识到，一切形式的教育不只是一种简单的商品，而是一种文化和一个社会的核心部分，需要将它与市场中的其他部分区别对待"①。

2004 年 9 月 2 日，新学期开学之际，教育部前副部长张保庆在接受采访时明确表示："教育部历来坚决反对教育产业化，教育产业化了，就毁掉教育事业了。"同年 11 月，张保庆在西安举行的全国高校教代会民主评议领导干部工作研讨会上又疾呼"高校的收费不能再提高了"，大学不能办成谁有钱谁就能上的学校，社会主义的大学必然注重教育的公平性。2007 年 10 月 16 日，周济部长在回答澳门澳亚卫视记者有关教育产业化和高考三十年的相关问题时说，十七大报告当中明确指出，要坚持教育公益性质，加大财政对教育的投入，我们坚决反对教育产业化。这一系列表态引起舆论强烈反响和社会高度关注。

为什么这一系列表态会引起社会高度关注呢？因为教育产业化受到比较普遍的反对。反对的理由很多，但我们分析下来认为，教育（高等教育）不能产业化的理由主要有以下几个方面：

第一，这与我国的教育方针是相背离的。社会主义的大学要

---

① 菲利普·G.阿特巴赫.作为国际商品的知识与教育：公共产品的消解 [J]. 北京大学教育评论，2003（1）.

培养社会主义的合格建设者和可靠接班人（即"成人"与"成才"教育），教育产业化必然导致办学主体（学校）成为市场营利主体，营利与育人的矛盾就会凸显并激化。教育的人本化意味着教育要以人为本，以育人为本，以人的全面发展为本。是以育人为本，还是以营利为本，这关系到教育的本质和对教育价值的追问和界定。实际上，高等教育的产业化倾向及某种程度的乱收费现象已经严重影响了我们的"成人"教育和教育声誉。

第二，教育公平、社会正义要求教育不能产业化。社会公共产品不能产业化，那就意味着教育必须主要由国家、政府用国有资产的收益和纳税人的钱来投资。产业化的趋势如果不能得到控制，社会主义的大学就很可能变成有钱人的大学，这既有违教育公平，又会激化社会矛盾，不利于社会主义和谐社会的构建。产业化对教育公平的损害，是公众反映最强烈的。但矛盾的是，由于没有有效地贯彻执行科学发展观，一段时期内各地基本上仍然是单纯追求 GDP 的增长，因此教育投入不足，教育乱收费，教育主体的市场化、产业化动机依然存在。

第三，在全球化浪潮面前，民族核心文化价值的传承和发展要求教育不能产业化。

第四，教育不能产业化是教育人本化的逻辑结论。具体表现为人本化管理和企业化管理的矛盾。以人为本追求的是人的全面发展，是教育活动的综合效益，而不是单纯的效率，是更加合乎人性的伦理化的管理。教师是育人者，不是机器。他们的工作不是产品制造者的机械动作，他们面对的是一个个充满活力和灵性的生命。这需要创造性地开展工作，需要爱的氛围。任何对教师和学生的轻视与不尊重，都是一种极大的伤害和刺痛。绝对不能把人才的培养当作现代工业的流水线生产。所以我们向来反对将人才写为"人材"，将毕业生称为"产品"。

大学有些部分是应该而且必须产业化的，比如校办产业、后勤服务、科技服务（含成果转化）。但是更多的部分是不能产业化的，因此在引进市场竞争机制时要慎之又慎。

（三）行政权威与学术权威的关系

要理解行政权威与学术权威的关系，必须对大学功能的定位或者说大学这一组织系统的性质有一个明确的认识。从功能的角度来说，大学有四大功能，即培养人才、科学研究、服务社会、引领文化。从这些功能可以看出，大学主要是一个知识创新的组织，而不是事业行政组织或者市场营利组织，那么相应的应该是学术权威要高于行政权威，或至少应是并行不悖的。但在处理两者的关系上，中西方大学呈现出显著的差别：中国是行政权威大于学术权威；西方总体上是学术权威大于行政权威。其实，我国的大学制度最初是从西方横向移植过来的，新中国成立后又接受了苏联的影响，改革开放以来又有了中国特色的发展。

制度安排固然重要，但制度安排的文化背景也非常重要。我国大学一方面生存在集中程度较高的管理体制中，一方面浸润于悠久的"官本位"的科层制文化背景下。这一双重的力量导致我国大学的高度行政化。大学应该哪种权威优先，是行政，还是学术？衡量标准是什么？关键看哪一种更有利于教育资源的合理配置，更有利于育人目标的实现，更有利于人才资源的开发（教师和学生的积极性、主动性、创造性的发挥），更有利于教育公平的实现，更有利于教育创新、知识创新、科技创新。

大学高度行政化的最大弊端是导致许多大学教师无心学术、无心教学科研，一心想当官，大学的办学理念和大学的精神被扭曲，大学知识创新、科技创新、文化创新的活力被严重抑制。

在中国的教育管理体制和传统科层制文化背景下，如何强化大学学术权威，如何正确处理行政权威与学术权威的关系，是重大的现实课题，需要我们通过制度创新来解决。

（四）人文精神教育与科学技术教育的关系

人文与科学其实本是辩证统一的，随着西方工业革命和科学技术革命的不断推进，西方科学技术主义迅速膨胀，导致"两种文化"的分化。20世纪50年代，英国学者斯诺在《两种文化》的演讲中指出，科技与人文正被割裂为两种文化，科技知识分子和人文知识分子正在分化为两个言语不通、社会关怀和价值判断迥异的群体，这必然会妨碍社会和个人的进步和发展。当前，两种文化的分裂非但没有缓解，反而有愈演愈烈之势，主要表现为"科学主义"的盛行，崇拜科学，轻视人文。在大学中表现为重科学技术教育，轻人文精神培育。其实对一个人的全面发展、社会的全面发展来说，人文与科学两者缺一不可，不可偏废，不可分离。

人文文化与科学文化的交融是时代发展的必然趋势。杨叔子院士作为工科大学的博导，要求他的博士生必须要背诵《论语》和《老子》，他倡导在全国理工科院校中开展和加强大学生文化素质教育，这在国内引起强烈反响。杨叔子认为，人文精神对科学有三大作用。第一，人文精神为科学引导方向。科学求真，但科学不能保证其方向正确。第二，人文精神为科学提供动力。第三，人文精神为科学开辟原创性源泉。科学讲逻辑、讲分析、解决问题，但科学发现、发明中最重要的是发现问题，这就需要直觉和灵感，需要丰富的想象力。直觉、灵感、想象力从哪里来？很多是来自人文书籍和艺术的。怎么理解人文精神和科学技术各自的重要性，两者不可偏废？笔者认为，还是杨叔子先生说得深刻、精辟："人文文化是一个民族的身份证。没有先进的科学技术，我们会一打就垮；没有人文精神、民族传统，一个国家、一个民族会不打自垮。"

德国哲学家黑格尔说，一个民族有一些关注天空的人，他们才有希望；一个民族只是关心脚下的事情，那是没有未来的。温家宝总理在 2007 年 9 月 4 日的《人民日报》上发表了题为《仰望星空》的诗作，希望大学生经常地仰望天空，学会做人，学会思考，学会知识和技能，做一个关心国家命运的人。

要促成科技与人文的融合，首先应给科技一个准确的人文定位，破除对科技的盲目崇拜；其次要将人文精神教育学术化、理论化、情景化，而不是将其政治化、功利化。一个全面的大学教育应该是将人文与科学这两种教育内容进行整合创新，在专业和课程设置上要平衡发展、统筹考虑，在教育方式方法上要相互融合、取长补短。

对以工为主的多科性大学来说，必须下力气持续推进人文精神的教育。大学要从整体的学科专业布局上考虑向人文社科倾斜，加大投入，优先发展人文社科的专业、学科，要适当引进艺术类师资和专业人才为开展有效的人文素质教育和大学文化建设创造条件。

（五）教师与学生的关系

师生关系作为教育活动过程中的核心关系和学校生活中的核心内容，是国内外专家学者共同关注的研究课题。正确处理师生交往、优化师生关系的过程，也是教师与学生建设共同的大学生活和学术共同体，提高生命质量的过程。苏霍姆林斯基说过："我坚持，常常以教育上的失败而告终的学校内许许多多的冲突，其根源在于教师不善于和学生交往。"阿莫纳什维利也指出："师生关系和师生交往的方式是学校生活赖以建立的支柱。"

师生关系是一个由教学关系、社会伦理关系、情感（心理）关系等三个层面的关系所构成的关系体系。教学关系有三种情况：以教师为中心、以学生为中心、教师主导学生主体。社会伦理关系大致呈现三种状态：专制型、放任型、民主型。情感关系可分为三类：紧张型、冷漠型、亲密型。师生关系是一种隐性的教育资源，大学中的师生关系直接影响着学生创新素质的形成，直接影响着教育目标和教育效果的实现。

　　普及化背景下的师生关系并不乐观，由于生师比大大提高，加上多校区办学，师生的互动和交流受到严重的制约。大学的师生关系在教学关系上仍然是以教师为中心，在社会伦理关系上处于专制与放任之间，在情感关系上呈现的主色调还是冷漠。在一个调查中，笔者曾经询问过千余名大学生：一学年中是否与班主任老师有过谈话？回答几乎总是令人遗憾的一致：没有或有一次。与其他任课教师的交流除了课堂教学时段外几乎没有，教完课就"形同陌路"。我们的教师教过那么多学生，路遇时又有几位学生喊一声"老师您好"的？笔者还曾经询问过学生一个问题：当你们遇到困难或问题时，首先想到求助谁？回答也同样令人遗憾，很少有提到老师的，不是家长就是朋友。笔者经常反思，我们的师生关系究竟怎么了？异化的师生关系必然严重影响教师和学生的人格与精神生活。因此，一个成功的教育、和谐的大学，必须构建一个平等、民主、自由、健康的师生关系。

　　20世纪90年代以来，国内对师生关系的研究得到深入发展：在研究内容上不断深入，包括师生关系内涵的界定、师生关系的本质特征、师生关系的结构与模式、影响师生关系的因素、新型师生关系或者理想师生关系的构想等；在研究角度上，开始走向多学科，心理学视角、社会学视角、文化学视角、法学和哲学视角都开始出现。

　　但是，目前国内对师生关系的研究仍有不足之处，主要表现在：其一，大多数研究还是比较抽象的认识论上的一般意义上的阐述，对符合时代需要的新型师生关系的研究力度不够，缺少如何建构的策略分析，未能适应教育改革和发展的需要；其二，大学德育是社会主义大学的核心价值，思想道德教育过程中的师生关系却少有人研究，即使有论述也不系统、不全面，缺乏有针对性的实证研究，鲜见对具体德育情景中的师生关系研究，因此对具体的道德教育实践缺乏指导意义。

当一个像中国这样的社会在经济、政治、文化等方面发生巨大的转型时，我们必须弄清楚，在培养社会主义建设者和接班人中担负着关键作用的大学德育之师生，他们的关系发生了怎样的变化？影响师生关系的众多变量因素发生了巨大改变，师生关系的实然状态究竟发生了怎样的变化？又在多大程度上阻隔了德育目标的实现，亦即大学德育效果的滑坡与师生关系的异化之相关程度到底有多大？

师生关系和师生交往方式是学校教育和学校生活赖以建立的支柱或基石，构建和谐生动的师生关系对大学德育的成功实施尤为重要。可以毫不夸张地说，和谐生动的师生关系就是大学德育的直接表现，因为德育不是一般意义上的课程，而是师生主体间的共建共享的实践，交往就是德育，忽视甚至脱离交往的德育是注定要失败的。因此，探讨建立德育交往中应然的师生关系，或者说重建德育过程中理想的师生关系具有十分重要的现实意义和理论价值。

虽然师生关系对大学德育如此重要，而且社会转型期师生关系的变异已经对教师和学生造成了双重的伤害，但是在大学的实际德育过程中，学校和教师并没有要将师生关系规范化处理的意识，也不知道用什么具体的策略构建和谐生动的师生关系，大多数情况下是"听其自然"或者凭经验处理，这必然导致师生关系的错位。因此我们要加强具体德育情景中的师生关系的构建策略研究，从而扎实推进师生关系的建设。

普及化背景下，大学办学过程中不同层次的矛盾关系很多，除了本章分析的五对矛盾外，还有贡献与待遇的关系（即回答如何创造一个公平、公正的工作和学术环境，如何设置岗位、考核业绩），引进人才与培养人才的关系，集权管理与分权管理的关系，当前利益与长远利益的关系，改革发展与稳定的关系等诸多关系，限于篇幅这里就不一一分析了。普及化背景下构建和谐发展的大学，要坚持问题导向，不能回避矛盾，要敢于迎着矛盾，正视矛盾，勇于创新。我们妥善处理好了一对矛盾，就离目标更近了一步。

五、追求卓越：开放办学的视野

开放办学理念是以我国经济发展方式转变、对外开放水平提高为时代背景的，是大学主动适应社会主义市场经济、积极服务国家战略和地方经济社会发展的需要，是不断提高自身社会贡献度的重要发展思路。大学治理体系现代化的根本目的是释放办学活力，推进教育治理体系、治理能力现代化。大学的开放办学，可以界定为大学与外界之间，以及大学内部各要素之间不断进行全面的沟通、交流和互动。

习近平总书记非常关心中国大学的发展和治理之道，他多次赴大学考察调研，提出了很多深刻而明确的指导意见。

2020 年 9 月 11 日，习近平总书记在科学家座谈会上发表重要讲话，指出要加强创新人才教育培养，把教育摆在更加重要的位置，全面提高教育质量，加强数学、物理、化学、生物等基础学科建设，鼓励具备条件的高校积极设置基础研究、交叉学科相关学科专业，加强基础学科本科生培养，注重培养学生创新意识和创新能力。

2021 年 4 月 19 日，习近平总书记在清华大学考察时发表重要讲话指出，建设一流大学，关键是要不断提高人才培养质量。要想国家之所想、急国家之所急、应国家之所需，抓住全面提高人才培养能力这个重点，坚持把立德树人作为根本任务，着力培养担当民族复兴大任的时代新人。要构建一流大学体系。高等教育体系是一个有机整体，其内部各部分具有内在的相互依存关系。要用好学科交叉融合的"催化剂"，加强基础学科培养能力，打破学科专业壁垒，对现有学科专业体系进行调整升级，瞄准科技前沿和关键领域，推进新工科、新医科、新农科、新文科建设，加快培养紧缺人才。要提升原始创新能力。一流大学是基础研究的主力军和重大科技突破的策源地，要完善以健康学术生态为基础、以有效学术治理为保障、以产生一流学术成果和培养一流人才为目标的大学创新体系，勇于攻克"卡脖子"的关键核心技术，加强产学研深度融合，促进科技成果转化。要坚持开放合作，加强国际交流合作，主动搭建中外教育文化友好交往的合作平台，共同应对全球性挑战，促进人类共同福祉。

2022 年 4 月 25 日，习近平总书记在中国人民大学考察时发表重要讲话指出，要扎根中国大地办大学，走出一条建设中国特色、世界一流大学的新路。

习近平总书记的讲话为我们大学追求卓越、开放办学指明了方向。

（一）文化的维度

从大学文化建设的历史要求和逻辑来理解开放办学的理念。大学的文化来源于大学发展的历时过程中所积淀的菁华。现代大学起源于 1088 年在意大利成立的博洛尼亚大学。它最早提出了传播知识、培养人才的理念，那个时代大学教育的内容以神学、法学、医学、文学为主，就是教书育人，就是教学。1810 年，德国的洪堡创建了柏林大学，给大学注入了新的内涵，即大学要有科学研究，要有独立的学术精神、学术自由，要进行学术自治，这就是洪堡精神，增加了大学科学研究的功能。20 世纪 30 年代，美国的大学以威斯康星大学为代表，提出"踩在牛粪上的教授才是最好的教授"，增加了社会服务功能，以培养人才服务社会，以提供的技术服务社会。

从上述大学的发展历程可以看到一个清晰的大学文化脉络：意大利博洛尼亚大学—柏林洪堡大学—美国威斯康星大学。这是一个走出象牙之塔，不断世俗化，不断向社会开放的过程。大学的使命从保存解释（宗教）经典到科学研究（学术卓越），再到服务社会，也是一个不断走向社会生活、经济生活中心的过程。

现代社会具有相当高的复杂性。从社会科学的观察者的视角出发，大学确实从属于社会这个大系统，必须履行它在这个系统之中的功能，必须同其他功能部门发生互动。大学根本上需要的三种要素资源（"物质资源""人力资源""文化内涵"）都来自与社会其他功能系统的交互作用或者说价值交换。按照哈贝马斯的观点，大学是生活世界的建制，当以货币为媒介的市场经济系统和以权力为媒介的科层行政系统从以语言为媒介的生活世界分离出来并日益膨胀的时候，大学就被迫放下自身的自负，游走于三者之间，在矛盾的辩证运动中开放发展。

从主体建构成长发展的视角来看，我们认为文化就是关于个人、组织、民族成长发展和幸福的设计（规划）。因此从文化的维度来看，我们要转变心智模式。开放应当成为我们的基本文化态度和行为方式、生活方式、思维方式，即构建开放的大学文化，以开放的文化引导师生。我们要做好开放办学的顶层设计、战略规划，即做好对使命和奋斗目标的设计和追求。使命一定是向外求的，是为了他人，为了社会、国家、民族乃至人类。还有开放的视野，开放的胸襟，开放的思路，开放的机制，开放的平台，等等。从大学精神文化传承来看，开放是大学的内在要求。

（二）市场的维度

市场经济环境下的开放办学理念。市场的基本原则就是交换，就是利益交换、价值交换。大学能为消费者创造什么价值？这就提出了开放办学的能力建设问题。要想在交换中处于有利地位，就必须提升自己的能力，培育人脉、业脉。弱小时就要理直气壮地去争取各种资源。

市场高度发达的今天，教育的市场化程度也在加深，今天是消费决定生产。如果我们不重视市场的需求，就可能被边缘化。虽然教育永远都不可能完全市场化、产业化，但今天我们无法不尊重市场规律，我们要想在竞争中居于有利地位，在全省、全行业乃至全国处于有利的地位，就必须尊重市场环境的变化，必须认真研究社会主义市场经济环境中的资源流动和配置方式。

西方学术资本主义的产生是政府迫使大学逐利的外部压力与大学必须服务社会经济发展的内在规律双重驱动的结果。市场经济的兴起对大学的影响主要表现在五个方面，即教师角色由学者转向创业者，课程设置轻人文社科重理工商科，招生开始"争学额，招海外生"，行政权力由集中变为分散，科研方面重应用研究轻基础研究等。为应对百年未有之大变局，在坚守中华文化立场的前提下，研究国外学术资本主义对大学变革之影响及其经验教训，对我国大学的发展具有重要的启示意义。我们要致力于在学术理想与市场需求之间架起管理变革的桥梁，像英国沃里克大学执着努力的方向一样，创造一系列学术导向的创业型大学。

随着全球市场的形成，教育在全球贸易中被归入"服务贸易"，教育的国际化问题就凸显出来。通过国际化的竞争，大学发展的目标将来就是确立大学在全球的地位。在西方制造业转移或者说衰落的情景下，我们优先主动推进国际化，引进欧盟人才，可以争得主动权。市场竞争的结果或者说目标就是让优质资源向我们汇聚，所以要千方百计争取一切资源。当前经济转型升级为我们的开放发展呈现了难得的机遇。智能化、数字化转型发展，新的产业形态逐步形成，国家按项目来加大科研经费投入等都是机遇，关键是大学的承接能力，是不是存在本领危机。

大学在应对市场经济的挑战时，要始终注重维护大学的尊严和独立性。大学不能屈服于资本的逻辑、市场的逻辑，要在价值交换和学术竞争中坚守大学的精神，同时培养主动开放的策略和能力。

（三）知识的维度

大学首先是一个知识生产与传播的社会组织。按照知识生产与传播的逻辑，今天的知识生产与传播向社会化大生产、大传播、大协作转型，成了跨体系的生产与传播。知识与经济、知识与权力的互动关系发生变化，知识及其技术走向社会的中心，因此大学也从社会的边缘走向社会的中心，越来越多的利益相关者关注大学、影响并控制大学，导致大学的外部治理结构发生变化。大学要获取资源，坚守学术价值追求，就必须开放办学。今天，中国大学构建开放办学的治理体系已经成为共识和改革潮流。大学应该与利益相关方共同构建以知识生产合作为中介的"政府—市场—社会—大学"四要素和而不同、协同参与的整体性治理结构框架。这一超越学科的跨体系的外部治理结构系统要求在理念架构上彰显本职责任与公共利益的价值坚守，在系统设计上坚持多元主体矩阵结构下的分工合作，在系统运行中优化项目化和成果化的服务供给，在系统维系上实现跨体系合作中共享共治的文化认同。在这个体系中，大学要始终清醒地坚守自己的办学逻辑和学术价值理性，各利益相关主体要有开放的视野，尊重彼此的差异，特别是尊重大学的独立性和自主性。

今天的知识在成几何级数增长。面临知识大爆炸的时代，作为知识创新和传播的组织，我们其实已经陷入深深的焦虑之中，这种焦虑来自我们的局限性。作为个人和组织，我们在很多方面都是有限的，我们的感知、思维、实践能力、价值追求都是有限的，这种有限性要求我们必须建立开放的体系，只有开放的体系才能超越局限。知识生产与传播的逻辑天然要求大开放、大协同、大合作。首先是内部的开放、协同、合作。人员的自由流动（岗位的开放）、资源的充分共享和团队的打造让创造和传播知识的热情与活力竞相迸发。其次是外部的大开放、大协同、大合作。知识的转移和应用——产学研合作，跨国技术转移，等等。知识生产与传播的逻辑天然要求自由，比如开放的师资、开放的生源、开放的课堂、开放的专业等，什么样的优秀人才都可以来校任教，什么层次的优秀学生都可以来校就读并且能够自由选专业、自由选老师、自由就业，从而实现大学生涯发展规划的高度自由，真正为人的自由全面发展服务。支撑这种高度自由的办学模式的，并非主观上的随意性，相反，这是一种高度规范化、制度化、开放性的办学理念和治理体系。

学术是高校全部生活的最高端，是大学所有价值和贡献的源头。面临社会普遍功利化的侵蚀，我们必须始终清醒地意识到大学核心的价值坚守和贡献，按照知识生产和传播的逻辑去开放创新。

（四）系统的维度

世界是普遍联系的，高校这个复杂系统很难单独存在。它是嵌入在众多复杂系统的世界之中的，一个生生不息的复杂系统必须与外部交换，必须与社会其他系统交换信息、资源和能量，不开放就不能发展。

相信、尊重并分享信息。信息就是权力，离开了有效的信息流，系统就会陷入混乱和疯狂。如果决策者缺少信息，他们就无法做出应对；如果信息不正确，反应也不可能正确；如果信息是滞后的，更不可能及时做出反应。系统中的大多数错误都是由于信息的偏差、延迟或缺失造成的。信息不对称是常态，保证组织不陷入混乱或疯狂的及时、准确、完整的信息，只能来自全方位开放的交流。

关注重要的而不是在意它们是否容易衡量。增强学校整体性能的要素包括增长、多样性、适应力、可持续，当然还有稳定性，政策没有稳定性我们就没有预期，就无法做出积极的反应。不要迷恋数字，数量化的考核是不能完全考出人的创造力、价值和贡献度的，教师或学生们的一个偏好就能让政策失效。我们不能因为创新创造力难以衡量就不关注，不能因为德育很难衡量就不关注，不能因为合作奉献人文关怀难以考核就不关注。

扩大我们关切的范围、思考的范围。扩展时间的范围，既要关注长期的利益和需求，也要留意短期的，要随机应变，相机而动。

试错——改革是一个试验的过程，要拥抱失误，宽容失败。换言之，改革即要能承受高度的不确定性。因为信息不对称是常态，不确定性也是常态，所以才有治理—管理的地位和作用，治理—管理的本质就是把不确定性降到最低。我们要能掌控开放系统的有效运行，但是内部治理信息就很难共享，外部信息不对称就更严重了，这给大学共同体的每个治理主体都提出了挑战。

我们的立场态度：意识到是一回事，行动起来又是一回事，即所谓的知易行难。开放办学一定要坚持"以我为主"，要在众声喧哗之下、众多选择之下不被迷惑，坚守目标。要搞清楚我们所处的地位，我们的需要所在，我们的利益所在，我们的实践能力即开放的本领所在。

开放就是思想上开通、解放，行为模式上破除封闭、限制，解除封锁、禁令，向外敞开、舒张，适应环境的要求、变化，与外部进行交流、交换、协同、合作。但无论怎样开放、怎样交流、怎样比较，我们都不能丧失信心，一定要建立自信。

开放办学的目标：通过开放，转变心智模式，涵养我们的精神气度；通过开放，获取各类优质资源；通过开放，改革我们的系统结构，形成治理—管理制度，从点滴的改良、改革开始；通过开放，增强我们的影响力和竞争力。每一所大学都可以用自己的开放方式去拥抱世界，自然蓬勃地生长，用力活着，活得更美好！

关于开放办学，《国家中长期教育改革和发展规划纲要（2010—2020年）》有大篇幅的阐述，比如：提升国际化水平；教育领域进一步开放；推动不同领域教育资源共享；构建开放的终身教育体系；德育教育向社会开放；等等。国家从实践性的政策层面对大学开放办学提出了具体的指导意见和要求。这也是我们大学的努力方向。

第三章　新时代大学治理的理论研究

新时代首先是一个有特定政治内涵的关键词，同时也是对我们所处时代的结构性巨变的一个表征，意味着在经济、政治、社会、文化等各个维度全方位的变迁。这一变迁对社会主义大学的治理设置了新的议题，提出了新的要求。

大学不可能自外于这个时代。大学治理遵循什么样的内在逻辑？大学治理的理论资源来自哪里？关于治理的理论逻辑我们必须思考清楚，并不是把关于大学的话语体系中的"管理"置换为"治理"就可以解决问题，大学的善治、良治就会出现。

一、新时代：大学治理的大背景

(一) 新时代的政治内涵：中国梦的实现进入新阶段

第一，从新时代的主题来看，这个新时代是承前启后、继往开来、在新的历史条件下继续夺取中国特色社会主义伟大胜利的时代。

第二，从新时代的目标任务来看，这个新时代是决胜全面建成小康社会、进而全面建设社会主义现代化强国的时代。

第三，从新时代的主体力量来看，这个新时代是全国各族人民团结奋斗、不断创造美好生活、逐步实现全体人民共同富裕的时代。

第四，从新时代实现民族伟大复兴来看，这个新时代是全体中华儿女勠力同心、奋力实现中华民族伟大复兴中国梦的时代。

第五，从新时代中国与世界的关系来看，这个新时代是我国日益走近世界舞台中央、不断为人类做出更大贡献的时代。

党的十九届四中全会在党和国家事业发展的关键时点提出了一个开创性、里程碑意义的命题：如何坚持和完善中国特色社会主义制度、推进国家治理体系和治理能力现代化。

党的十九届四中全会通过的《中共中央关于坚持和完善中国特色社会主义制度 推进国家治理体系和治理能力现代化若干重大问题的决定》紧扣“坚持和完善中国特色社会主义制度推进国家治理体系和治理能力现代化”这个主题，从党的十九大确立的战略目标和重大任务出发，着眼于坚持和巩固中国特色社会主义制度、确保党长期执政和国家长治久安，着眼于完善和发展中国特色社会主义制度、全面建设社会主义现代化国家，着眼于充分发挥中国特色社会主义制度优越性、推进国家治理体系和治理能力现代化，全面总结党领导人民在我国国家制度建设和国家治理方面取得的成就、积累的经验、形成的原则，重点阐述坚持和完善支撑中国特色社会主义制度的根本制度、基本制度、重要制度，部署需要深化的重大体制机制改革、需要推进的重点工作任务。

新时代意味着在四个现代化基础上提出了第五个现代化——治理现代化；意味着在经济、政治、文化、社会、生态五大建设基础上提出了贯穿始终的中国特色社会主义的“治理”之道；意味着在富强、民主、文明、和谐、美丽的基础上提出了“高效”。

新时代意味着中国的全面发展进入了新阶段，新阶段提出了新任务，就必须要贯彻新的发展理念，构建新的发展格局，实现高质量发展。

习近平总书记指出，教育是民族振兴、社会进步的重要基石，是国之大计、党之大计，对提高人民综合素质、促进人的全面发展、增强中华民族创新创造活力、实现中华民族伟大复兴具有决定性意义。

党的二十大报告专列一个部分阐述"实施科教兴国战略，强化现代化建设人才支撑"。这充分表明了党和国家对教育和人才培养的高度重视，也表明了教育、科技、人才在中国式现代化建设中的突出战略地位。

"教育、科技、人才是全面建设社会主义现代化国家的基础性、战略性支撑。必须坚持科技是第一生产力、人才是第一资源、创新是第一动力，深入实施科教兴国战略、人才强国战略、创新驱动发展战略，努力开辟发展新领域新赛道，不断塑造发展新动能新优势。

"我们要坚持教育优先发展、科技自立自强、人才引领驱动，加快建设教育强国、科技强国、人才强国，坚持为党育人、为国育才，全面提高人才自主培养质量，着力造就拔尖创新人才，聚天下英才而用之。

"我们要办好人民满意的教育，全面贯彻党的教育方针，落实立德树人根本任务，培养德智体美劳全面发展的社会主义建设者和接班人，加快建设高质量教育体系，发展素质教育，促进教育公平。完善科技创新体系，坚持创新在我国现代化建设全局中的核心地位，健全新型举国体制，强化国家战略科技力量，提升国家创新体系整体效能，形成具有全球竞争力的开放创新生态。加快实施创新驱动发展战略，加快实现高水平科技自立自强，以国家战略需求为导向，集聚力量进行原创性引领性科技攻关，坚决打赢关键核心技术攻坚战，加快实施一批具有战略性全局性前瞻性的国家重大科技项目，增强自主创新能力。深入实施人才强国战略，坚持尊重劳动、尊重知识、尊重人才、尊重创造，完善人才战略布局，加快建设世界重要人才中心和创新高地，着力形成人才国际竞争的比较优势，把各方面优秀人才集聚到党和人民事业中来。"①

大学要真正担负起自己的使命，就必须按照新的发展理念去治理，即按照创新、协调、绿色、开放、共享的新发展理念去治理，从而实现大学的高质量发展。

(二) 新时代的具体化特征：大转型过程中的矛盾

在现实的经济、政治、文化、社会生活中，新时代的表征是极其丰富的，呈现出全面的、具体化的新特征。这些特征深刻地影响着人们的行为动机，直接决定了大学治理的价值理念、方式方法、运行格局和场景面貌。

随着中国现代化的大踏步推进，市场化的深度发展和社会的大转型，影响个人和组织行为的决定性的价值观体系发生了重大变化，不了解背后的价值观发展状态，我们就难以理解人们的行为，也难以成就善政良治。如果今天我们处于这个时代尚且不能把握时代的脉搏，不能说清楚人们行为所秉持的观念思想，未来人们就更无法理解今天的我们所创造的历史事实。

1. 经济生活

经济更发达，物质更丰富了。同时，在所有利益中，经济利益成了第一位的，物质主义占了上风，重物质轻精神成了普遍性倾向。马克思所深刻阐明的"货币拜物教"在今天的经济生活中依然主导着人们的思想行为，"异化"事实上在不同程度上呈现着。大学治理如何回应？

2. 政治生活

政治更加民主，全过程民主和协商民主充分发展。同时，利益诉求更复杂，表现为利益诉求更加多样化，利益诉求的层次更多，利益诉求的矛盾和冲突显性化，特别是网络政治，其作为一

---

① 习近平. 高举中国特色社会主义伟大旗帜 为全面建设社会主义现代化国家而团结奋斗 [R]. (2022-10-16).

个复杂系统，众声喧哗，涌现出无数的新情况新问题，协调治理更加困难。大学治理同样需要面对这些问题。

3. 文化生活

文化产品更丰富了，精神更自由了，社会主义核心价值观作为主流意识形态影响力不断增长，同时道德底线更低了，道德宽容度更高了，消费主义文化导致价值和事实的分离、理性和信仰的分离，网络文化导致现实社会与虚拟社会的断裂，两者共同对"真实性"进行了消解，仿佛一切坚硬的东西都烟消云散了。我们如何坚守终极关怀、价值与经验三种真实？这对大学治理，尤其对大学的思想道德教育和文化治理提出了严峻的挑战。

4. 社会生活

社会环境更公平更宽松了，同时社会分层加剧，阶层之间呈现固化的趋势，阶层之间的差异扩大，阶层之间的隔阂矛盾潜滋暗长，各阶层人们在实践中的地位、需要、条件和实践能力决定了他们不同的思想行为，新的平等要求涌现。这对有效治理提出了新的挑战。

（三）新时代的历史特征：中国化成果与现代性的觉醒

1. 不理解中国化就不能理解新时代的中国

"中国化"是一个关键词，在中国现当代的历史进程中，"中国化"是中国革命、建设、改革、发展成功的关键理念。中国化绝对不是西方揣测的"汉化"或者民族主义，更不能理解为单一性的文化或者政治体，中国的"大一统"一定意味着是以无比丰富的多样性为内在要素和机理的。

中国化是主体意识和自信心的光复，是立足中国"大一统"的丰富性坚持对外开放融合的实践，具有开放性、包容性、时代性、发展性。中国化的理论成果就是马克思主义中国化的一系列重大理论成就，中国化的实践成果就是社会主义市场经济，就是中国式现代化，就是中国特色社会主义。大学治理如果不遵循中国化的理念要求，是难以取得成效的。

2. 现代性的觉醒

按照西方哲学社会科学的观点，现代性最集中的表征是三大价值诉求：个人权利和自由，民族认同，工具理性。

在中国，就国家民族层面而言，现代性的觉醒是一个历史的具体的过程。最初，在西方工业化浪潮和资本全球化扩张的冲击下，中国的现代性觉醒是国家民族意识的觉醒。随着西方资本帝国主义侵略的加重，中国的现代性觉醒是一个持续的民族独立、人民解放的艰难行程。在中国共产党的领导下，中国人民空前地团结凝聚起来，经过一百年的奋斗和流血牺牲，建立了中华人民共和国，完成了工业化，建构起强大的理论、道路、制度和文化自信，在改革开放中一路狂奔，进入新时代，成就了中华民族伟大复兴不可逆转的大格局。应该说，中国无产阶级作为一个自觉的阶级登上历史的舞台，中国共产党作为马克思主义政党不断成熟壮大，把一盘散沙的中华民族组织动员起来，形成一股追求社会正义和理想社会的强大力量，深刻地改变了世界历史，中国现代性觉醒的所有理论和实践内涵尽在其中，概莫能外。

就个体层面而言，现代性觉醒就是一个思想文化不断解放的过程，是个体意识和个体独立不断发展的过程。在这个过程中，现代文化知识的普及，大学教育的快速发展，科学与民主教育的深入人心，发挥了不可或缺的作用。进入新时代，现代性觉醒呈现出新的特征：个体独立存在的普遍化，个人自由选择的多样化，权利意识的泛在化。同时，由于网络虚拟现实地位的上升及很大程度上的脱嵌社会，价值越来越成为个人主观的东西，个体的孤独性上升，生活方式、学习方式急剧变化，个人选择能力不是增强而是减弱了，个人主体性地位也相应下降。换句话说，个人主体性的实现成了问题，主体性某种程度上转换为消极主体。因此，新时代的大学治理对各类治理主体进行社会文化分析和再动员就成为必不可少的工作。

3. 中国的现代性具有内生性与外源性融合的特点

为什么在后发的超大型文明国家中，只有中国实现了整体的大转型，基本完成了现代化？因为中国传统文化中有内生性的现代性思想资源，特别是明末清初以来的顾炎武、王夫之、黄宗羲等杰出思想家的思考成果。一个装睡的人是叫不醒的，一个自强不息的民族也是压不垮的。正是在这个深厚的内生发展的思想资源和动力的基础上，中国化才成为新时代世界历史的范例。中国的成功恰恰是文明交融发展的结果，这里面还有一种双向同构的逻辑：一百多年来，我们向西方学习，基本实现了现代化，加速了全球化发展；今天，西方出现了全面的危机，也应向中国学习，克服自身的民主危机和经济危机，而不是信奉历史终结论和文明冲突论，试图继续维护霸权地位。

正因为新时代发生了巨大的变化，呈现出全方位的新特征，所以党和国家提出了治理体系和治理能力现代化建设的命题。以治理迭代管理，也是顺应时代要求，而恰当的治理理念和治理方略也来自新时代的创造性转化和创新性发展所积累的资源。后面，我们将根据新时代的新要求综合分析提出大学治理的理论逻辑。

二、象牙之塔：知识生产与传播的逻辑

（一）大学首先是一个知识生产与传播的组织

从大学诞生之日起，无论是西方早期的大学，还是中国式的太学、国子监，都担负着知识生产与传播的功能和使命。不过就知识的生产来说，主要任务是保存知识、储备知识、积累知识、解释知识；就知识的传播来说，主要任务是传承文化，服务宗教、服务皇帝和国王，培养神职人员和治国理政人才。

现代大学起源于 1088 年成立的意大利地区的博洛尼亚大学。它最早提出传播知识、培养人才的理念，所以那个时代大学教育

的内容以神学、法学、医学、文学为主，就是教书育人，就是教学。1810 年，德国的洪堡创建柏林大学，给大学注入了新的内涵，即大学要有科学研究，要有独立的学术精神、学术自由，进行学术自治，这就是洪堡精神，增加了大学科学研究的功能。20 世纪30 年代，美国的大学以威斯康星大学为代表，提出"踩在牛粪上的教授才是最好的教授"，增加了社会服务功能，以培养人才服务社会，以提供的技术服务社会。

大学作为知识生产和传播的组织，其历史演进文脉非常清晰：意大利博洛尼亚大学—柏林洪堡大学—美国威斯康星大学—今天中国的大学——新型的创意型、创业型学院。

这是一个大学走出象牙之塔，不断世俗化的过程，不断向社会开放的过程，不断坚守自身价值追求同时不断扩张服务经济社会发展、服务人的全面发展功能的过程。

大学的使命和功能从保存解释（宗教）经典到科学研究（学术卓越），再到服务社会和文化价值引领（创新发展）。中国对大学功能和使命的理解发展脉络是人才培养（传播知识）、科学研究（生产知识）、服务社会（知识迁移转化为生产力、知识经济）、引领文化（价值引领）。根本任务就是立德树人，培养社会主义的合格建设者和可靠接班人。

其实，大学的使命和功能都是从知识生产和传播中推演生长出来的。作为知识生产和传播的组织，大学在总体性社会体系中具有了自己的独特性和独立性，大学具有了自身的价值追求、内在的发展愿景和评价，总是表现为对市场和政府的超越性偏好。也正是在这个意义上，大学才能引领社会精神文化和价值信仰。

（二）大学知识生产与传播的特点

什么是知识生产？知识生产是指人们通过脑力劳动创造出新知识（包括知识形态的科学技术）的过程。它是在已有知识的基础上发现新知识的过程。

大学的知识生产是以学科为中心的，是系统的学科知识的生产。知识常常以学科的形态存在而非混沌一片，因此学科知识生产是知识生产基本的和主要的实践过程。学科存在三种形态：其一，知识形态的学科，即作为一种系统化、体系化的知识存在形态，包括特定的研究对象、研究方法和概念体系。其二，作为一种知识的规训制度，指学科评价制度、学科成果发表制度和学科成员评价晋升制度。其三，组织形态的学科，即以学科知识生产为目的和基础，与相应学科知识生产相适应的组织建制。三者关系中，学科的知识形态是本体、本源，而学科规训制度和学科组织建制则是衍生的，是学科知识生产主体在知识生产实践中为适应知识生产而构建的制度规范和组织架构。从历史的维度考察，在长期的知识生产过程中，学科知识生产形成了不同的模式，主要有三种模式，即传统学科知识生产模式、跨学科知识生产模式和超学科知识生产模式。这三种模式既相互独立又相互依存，传统学科、跨学科知识生产模式是超学科知识生产模式的基础，超学科知识生产模式是传统学科、跨学科知识生产模式的补充和延伸。

大学知识生产的主体主要是大学老师和研究生，他们接受过较高层次的专门教育，经历过专门的训练和实践，在知识水平、创造能力、思维方式等方面比社会其他劳动者具有更高的水平，能胜任知识生产这种创造性劳动，是知识生产中的精英，他们组成了大学知识生产的核心力量。

由于知识生产是创造性劳动，具有很大的不确定性，因此独立思考并开展研究是大学老师生产知识的基本特征。虽然随着知识生产的开放度越来越大，特别是解决复杂的社会问题和科学问题的需要，团队协作的生产方式越来越重要，但生产主体的个体独立研究仍然是协同研究的基础。

什么是知识传播？知识传播是一部分社会成员在特定的社会环境中，借助特定知识传播媒体手段，向另一部分社会成员传播特定的知识信息，并期待收到预期的传播效果的社会活动过程。

大学知识传播也主要是以学科专业为中心的。大学的专业是以培养专业人才为目标形成的，包含某一主要学科和不同学科的知识课程。大学知识传播主要的方式：首先是专业人才培养，即教书育人；其次是借助会议、学术期刊、网络等各种媒介和平台的公开发表；最后是申报专利和知识成果转化应用。

大学知识传播的主体是大学教师，博士研究生和其他教学辅助人员也在整个传播活动中扮演重要角色。知识传播就是教育的过程，知识的迁移转化为生产力，要求政、产、学、研的融合发展。因此从大学的内在特性来说，大学本就不应是封闭的，只不过作为大学起源地的欧洲早期的大学被教会和皇家垄断了，西方在相当长的时期内实行事实上的愚民政策，知识的增长非常缓慢。知识只有在传播中由群众掌握才有力量。传播本就要求开放，所有关于开放办学的理念都是可以从知识生产和传播的内在规律推演出来、生发出来的。

大学老师在社会分工中的地位，在知识生产和传播实践中的地位，以及知识生产与传播在整个政治、经济、文化生活中的地位，决定了大学的社会地位。大学自诞生之日，就天然要求崇尚学术，追求知识，狂热地追求知识、追求真理、追求卓越；就天然要求最优秀的人办大学，只有最优秀的人才能进行知识创新，才能培养优秀的人才。从这个意义上说，大学就是象牙之塔，代表了社会的精神文化高度，大学老师就是社会精英，大学生就是天之骄子。大学不应该是知识生产工厂或车间，不应该成为知识传播的演播室，不应该成为职业训练所甚至"养鸡场"，不应该是政府服务的延伸——社会服务站。这是大学自身的骄傲和尊严所在，也是大学的自信和精神所在。理解了这一点，也就能理解为什么大学里每一位老师、学者都可能是本学科最前沿的知识探究者，但大学的治理制度传统反而是最保守的。今天，如果我们纯粹从管理效能角度看，政府与企业的运行效能比大学高得多，逼迫大学奋起直追。

（三）大学作为知识生产与传播的组织具有优秀的治理传统

大学作为知识生产和传播的组织，大学老师作为知识生产和传播的主体，他们在社会分工中的地位、作用、实践能力及利益需要决定了大学的组织和精神文化面貌，以及大学的管理风格和治理方式。大学各类治理主体以学术自由、学术自治和共同参与为偏好，结成大学学术共同体、文化共同体。中西方大学在漫长的办学历史中形成了优秀的治理传统。

传统意味着大学至今坚守的依然是活着的文化，既是历时性的也是同时性呈现的，至少有以下几种值得我们坚守并传承的治理文化。

第一个传统是学科中心。大学的基础组织结构以学科为基础。在大学，院系一级组织是与学科紧密联系在一起的，院系的数量是有限的和可控的。随着科学技术不断发展，新的知识不断产生，新的学科逐步形成，相应的新的院系也会增设出来，但大学的院系总体上是相当稳定的，不会轻易建立，也不会轻易被撤销或合并。

第二个传统是学院自治。既然院系是一种长期稳定的存在，那么就形成现代大学制度的重要传统——学院自治。在这方面最有代表性的是哈佛大学、牛津大学和剑桥大学。哈佛大学有一个著名的说法就是"每个澡盆都是建立在自己的基础上"，所谓"每个澡盆"，就是每个学院，这些学院都有自己的管理理事会、监事会，自己筹款，在录取、课程和毕业标准，以及教师的选聘与晋升等重大事务方面都有相当大的自主权。牛津大学和剑桥大学的学院虽然与美国大学的学院有很大的不同，但是它们有一点是相同的，那就是自治，大学仅仅是院与系的独联体。

第三个传统是教授治校。现代大学成立至今近千年，利益群体不断多元，但是教授始终处于中心地位。巴黎大学是学者、教

授、教师的行会。在欧洲大陆，尤其是以德国为代表，大学是以
讲座教授为中心组成的，讲座教授在本学科专业中具有绝对的权
威。尽管美国的大学更具民主和平等的传统，但仍然是以教授
（含副教授和助理教授）为中心的，实行教授治校，大学制定了完
善的制度，保证教授在大学一切重大制度和政策制定中的参与
权利。

第四个传统是民主管理。院系管理的基础原则是民主而非效
率。大学的管理，特别是院系的管理是建立在民主平等的基础上
的，其核心理念是通过形成一致的意见来实现管理，院系自治就
保障了民主平等这一基本原则的实施。西方许多国家还立法保障
学生参与大学管理的权利。

第五个传统是学术共同体文化。学院或系是一个学术共同体，
在其中形成了大家一致认可的行为准则，即共享平等的权利，具
有共同的责任，通过一致意见的达成做出决定，尊重个人的思想
权利，构建和谐的氛围，这几乎成了共同体成员的信仰。在这种
学术共同体里排除世俗的干扰，静下心来从事自己所喜爱的对知
识和真理的探索工作，这对大学教师的生存发展具有决定性意义，
这成为吸引大学教师留在学院或系安身立命的最重要因素。

第六个传统是学术自由。学术共同体与学术自由是共生的，
两者相互依存，教师是学术共同体的主体，学术共同体是学术自
由的组织保障，学术自由是学术共同体存在的灵魂。

这些传统都是大学内生性的治理理念和实践，体现了大学内
在的评价和愿景，体现了大学自身的价值追求和尊严，都是我们
讨论并构建今天的大学治理的理论资源。

（四）知识生产与传播逻辑下的大学治理理念

大学治理的基本理念是关于治理的基本含义（是什么）、基本
价值原则（为什么）、治理主体结构（谁治理）、治理方式（怎么
治理）、治理的主要职能（治理什么）的理论认识。

"治理"本质上是一个使不同的甚至相互冲突的利益方得以协调，并在此基础上采取联合行动的持续过程。大学治理重在组织成员的共同参与，重在协调各种关系，重在构建完成组织使命的共同体。大学作为知识生产与传播的组织，其内生的治理理念可以用以下几个关键词来表达：

自由：要保障大学师生追求知识、追求真理、追求卓越的权利。所谓的学术自由，换成当下的表述就是"学术无禁区，课堂有纪律"，师生自由行使学习、教育、研究的权利必须得到维护。

自治：要尊重知识生产和传播的规律，尊重学术自治、大学自治，社会较少干预就是大学治理的必然要求。自治包括大学内部的教授治学，大学生的自治社团，班级的自治，等等。

平等：在知识面前、真理面前人人平等，在不同主体之间更强调伙伴关系而不是竞争关系。

民主：尊重每个人的主体地位。学术规范、议事规则、利益分配等都要共同参与、共同协商、共同信守。

从体制上决定大学命运的外部治理主体，也应遵循知识生产和传播的逻辑来确立自己的价值导向和工具导向，尊重大学的独立性。这样，内部治理与外部治理就能形成合力，同向发力，实现现代大学的高质量发展。

三、走出象牙之塔：市场经济或者说资本的逻辑

（一）现代资本主义与大学的去神圣化

在前现代社会，大学曾经是社会精神文化生产和精神贵族的神圣的坚固堡垒，它是一个知识生产和传播的共同体。在资本主义世界市场的形成过程中，在工业化浪潮的冲击下，在全球现代化浪潮的冲击下，一切坚固的东西都烟消云散了。社会生活出现了断裂，这种断裂可以理解为现代生活固有的碎片化与前现代生

活总体化的断裂，是共同体与社会的差异，是乡村与都市的差异，是熟人社会与陌生人社会的差异，一切固定的东西——固定的价值观、固定的生活方式、固定的时空安排、固定的心理和经验、固定的社会关系都烟消云散了。

马克思在《共产党宣言》中断言："生产的不断变革，一切社会关系不停地动荡，永远的不安定和变动，这就是资产阶级时代不同于过去一切时代的地方。一切固定的古老关系以及与之相适应的素被尊崇的观念和见解都被消除了，一切新形成的关系等不到固定下来就陈旧了。一切固定的东西都要烟消云散了，一切神圣的东西都被亵渎了。人们终于不得不用冷静的眼光来看他们的生活地位、他们的相互关系。"

大学无法自外于这个时代，而是被迫或快或慢地去适应这个时代。大学的变革就是一个不断去神圣化（或"去魅"）的过程，就是一个不断世俗化的过程，就是一个不断向社会开放的过程，同时也是一个持续嵌入社会的过程，或者反过来说，是社会的经济、政治、文化渗透进大学的过程。

从注重科学研究的洪堡精神到美国大学服务社会理念的实践，再到今天创业型大学的探索，都是大学深深地嵌入时代、嵌入社会、嵌入生活的表征。社会生产方式决定社会生活，决定学习教育方式，也决定治理—管理方式，这是不以人的意志为转移的。

（二）市场经济的力量：知识的商品化和知识生产的产业化

现代社会简化成了一个经济社会，经济成了支配性的力量，相比传统社会中经济镶嵌在制度、教育、文化等条件中才能运作而言，今天一切都颠倒过来了，制度、教育、文化等都镶嵌在市场经济和经济关系中运行。资本主导的市场把知识变成了商品，甚至把知识生产者变成了商品，为其标上了价格，以物质利益为中心成了根本性规则。大学办学受到经济利益的巨大影响，大学不得不低下高贵的头颅，不同程度地遵循资本的逻辑，眼看着象牙之塔的坍塌。

阿尔都塞在《保卫马克思》一书中说：知识的生产进程与经济的生产进程毫无二致，既定的材料被科学理论实践转化成了科学知识。既定的材料包括表征、概念、事实，阿尔都塞称之为"一般性一"；科学理论实践，阿尔都塞称之为"一般性二"；科学知识（即产品），阿尔都塞称之为"一般性三"。科学理论实践主要是矛盾地统一起来的理论体系，包括理论概念、研究和测量方法等。知识生产过程与社会化大生产进程一样，是开放的而不是封闭的。

随着市场经济的深入发展，知识也成为社会化大生产的一部分，造就了当代社会生产的一种新型方式——知识产业。虽然知识生产在古代和近代早已存在，但那时它还未真正形成一种独立的社会生产方式，它在整个社会生产中的地位还不突出，作用也不显著。直到 20 世纪下半叶以后，在发达国家兴起的知识经济浪潮中，知识生产成为独立的产业形式，并上升到整个社会生产的关键地位，对经济和社会发展起着重要作用。大学的知识生产也成为社会整体知识产业的一个重要的组成部分，大学越来越像企业，校长越来越像 CEO，大学追求知识成果产出，大学的筹款也根据知识成果产出和培养人才（知识传播）的水平来获得。政府和市场主体对大学的投入是完全按照大学的各种可评价的产出来确定的。大学的学科知识生产从跨学科进入超学科或者说跨体系的知识生产传播阶段，参与办学的主体越来越多，影响大学发展的因素越来越多，大学必须响应外部环境提出的需要，这种需要具有客观上的强制性。

就一般意义而言，中国最基础的转型就是向市场经济的转型，其他的转型都是响应性的后续连锁变迁。知识经济在中国的发展也是日新月异，知识的社会化大生产体系已经形成。2002 年，中国高等教育步入大众化阶段，毛入学率超过 15%。2019 年，毛入学率突破 50%，标志着我国高等教育从大众化阶段迈入普及化阶段。从改革开放初期的在校生不到 100 万人已上升到今天的 1000 多万人。2022 年，全国大学毕业生高达 1076 万人，首次突破千万大关。我国高等教育从精英化走向普及化大概用了 20 年。这是一个市场经济日益深化、经济快速增长的时期，是大学规模化大发展的时期，也是大学在一定程度上压力重重、充满麻烦的时期。老百姓对高等教育高度关注，媒体聚焦大学的种种负面报道，高校领导干部腐败问题迭出，学术不端、学术腐败高发，师生关系乱象、权学交易及课题学位交易等在一些地方和大学不同程度地存在。大学的治理—管理压力加大，如何消化和解决大学快速发展带来的各种紧张关系，成为一个非常迫切而又重大的课题。

（三）矛盾性焦虑：大学如何自处？

这是一个最好的时代，也是一个充满挑战和诱惑的时代。

市场经济快速扩张，科学技术持续迭代，资本猛兽追逐无限自由，这些外在的因素是今天大学焦虑的文化根源。快速扩张的大学似乎正在迷失自身，不知如何选择。中国大学按照知识大生产、大传播的方式组织起来，高度行政化，这是与高等教育的大众化、普及化同步发展的。今天的大学治理—管理主体需要处理众多的得失互换关系，变得更加焦虑了。这种焦虑本质上就是作为知识生产传播共同体的大学与作为市场经济主体的大学发生了矛盾冲突。

大学对外部资源是高度依赖的，大学要完成自身的知识生产传播循环，就需要外部资源的投入。政府和市场主体是主要的投资者，此外还有校友和其他的社会捐赠者。政府和市场主体如何才能把宝贵的资源投给大学呢？市场的基本逻辑就是交换，就是利益交换、价值交换，就是效率优先。能为政府和市场主体创造多少价值，提供多少服务，就能获取多少办学资源。这样，客观上就使大学不得不转化为市场主体，或者至少成为市场中介组织来参与相关竞争。

西方发达国家从 20 世纪 70 年代开始到 21 世纪的大学治理—管理改革，总体上来看是在走向中国式治理—管理，或者说这是全球大学改革的趋势。

一是政府对大学的管理权加大了。政府通过绩效考核、拨款方式的改变对大学提出了服务国家的战略目标和其他内部治理要求。

二是大学管理的企业化。大学通过立法成立董事会，鼓励采用企业化管理方式，提升效率，提倡竞争，大学内部治理方式发生了较大改变。

三是恢复对学生部分收费或完全收费。大学提供的教育不再是公共产品，而是商品。实际上，在世界贸易组织的规定中，教育是作为"服务贸易"出现的。学生购买服务，学生成了消费者，而不再是知识生产传播共同体中的平等参与者。

这样一来，大学就彻底去精英化了，大学就彻底走出象牙之塔了。

大学在市场与资本逻辑面前注定要成为两面人，在矛盾中茁壮成长。但是不管怎样变革，大学始终不能忘记自己的初心使命，在所有的得失互换关系中，要处理好维护大学追求知识的尊严与追逐经济利益的关系，要在新时代达成一种新的平衡。作为知识创新和传播的共同体，必须坚守自己的价值伦理，维护自己的独立和尊严；作为某种程度的市场主体必须有效率效益意识，不但要参与国内竞争，还要参与国际竞争，既要崇尚知识、追求真理，又要参与竞争、追求绩效。

（四）市场逻辑下的大学治理理念

开放：市场经济或者说资本的逻辑天然要求开放，不开放就没有市场。今天的大学不开放就没有出路，不协调与政府、市场主体、市场中介组织的关系就争取不到资源赢得发展。在市场高度发达的今天，教育的市场化程度也在加深，今天是消费决定生产。如果我们不重视市场的需求，就可能被边缘化。虽然教育永远都不可能完全市场化、产业化，但今天我们无法不尊重市场规律，否则，我们何以在竞争中居于有利地位？随着全球市场的形成，教育在全球贸易中被归入"服务贸易"，教育的国际化问题就凸显出来。通过国际化的竞争，中国大学才能确立在全球的地位。市场竞争的结果或者说目标就是让优质资源向我们汇聚，所以要千方百计争取一切资源。经济转型升级，贯彻新发展理念，构建新发展格局，为大学的开放发展创造了难得的机遇。市场的基本原则就是交换，就是利益交换、价值交换。大学能为企业、为社会、为国家创造什么价值？这就提出了开放办学的能力建设问题。在交换中，想要处于有利地位，就必须提升自己的能力，培育大学的人脉、业脉，在大学办学过程中要主动协调利益相关方，把我们的朋友搞得多多的。

创新：在竞争的外部环境中，要处于有利地位，就必须要创新。创新能力建设，是大学作为创新性组织的内在要求，也是市场压力推动下大学的共同追求。创新是大学内部治理的原则，大学的制度文化建设的价值目标应该有利于创新活力的竞相迸发。

绩效：市场经济和资本的逻辑天然要求效益最大化，市场主体竞相追求利益最大化。这是一个投入与产出的关系。作为资源提供者的政府和市场主体都要求大学关注人才培养和科研产出成果。外部治理要求必须转化为内部治理的原则。绩效理念就是市场竞争转化为大学内部竞争的管理方式。合理用好这个方法，是提升大学内部治理水平的有效途径之一。

四、人性或者说情感文化的逻辑

（一）终极关怀：大学作为精神家园

都说人是政治的动物、经济的动物，其实人更是情感—文化的动物。人有了情感依归才有安全感，才有意义感，才有自信自强。当然，这个情感是文化化了，已不是自然流露的七情六欲、喜怒哀乐。

大学一经产生，就成了知识工作者和知识分子安身立命的场所。大学既是爱知识、爱智慧的地方，也是修身养性的地方。这群热爱知识、热爱真理的人，把大学经营塑造成为自己的精神家园。对大学的各类主体来说，大学是他们心灵成长的地方，是他们一生依赖和依恋的地方。在每一位校友的心灵成长史中，母校是最令人难忘的地方，这就是归属感、家园感。我们的老师和学生与自己的大学有各种各样的联系纽带，但最深刻的就是情感联系，不问理由，我就是喜欢这所学校。大学作为一个知识创新和传播的组织有各种维度的认同，但最深刻的认同是情感—文化的认同。最高的情感—文化认同就是有共同的理想、信念甚至信仰，这种最高的情感—文化认同其实就是终极关怀。

终极关怀是一种超越性的情感文化，是一种信仰层次的观念。一旦相信就终身追求，这是个体在天地间获得价值意义、独立自持的最终情感目标。主要传承了古希腊文明的现代西方文明和具有千年历史的中国文明，都是积极入世的。古希腊依靠外部力量进入此世，中国依靠自己的修炼进入此世，古希腊是以认知理性客观规律为终极关怀，中国是以道德理性身心完善为终极关怀，两者都实现了文化情感上的超越，为人生、为个人规定了价值和意义。

所有有历史的大学都有自己的文脉、学统和文化传承，都与师生建立了稳定的情感—文化联系，大学的使命和精神就是通过一代代师生去传承发扬的。北大和清华的学生不一样，麻省和哈佛的学生也不一样，首先就体现在他们的精神风貌和情感文化上。

大学是大学共同体成员的精神家园、情感依归，大学的情感治理和文化建设一直都很重要，这也是大学成为社会精神文化引领的高地或者灯塔的使命所在，更是维护大学的尊严所需。

（二）对主体的召唤：情感共同体

大学作为知识生产和传播的组织，自然是一个学术共同体，结成共同体的基础纽带是对知识的共同热爱和追求，最有黏性的是学术和经济利益的纽带，但最深刻的凝聚力量是情感纽带。以人为本的大学教育和大学生活，就必须关注主体的情感体验和情感依归。大学老师乐于坚守在校园，毕业生多年以后依然无法忘怀母校的温暖，是因为大学满足了他们的情感需求和心灵成长发展的需求。

在当下重物质轻精神、重刚性的制度约束轻柔性的人文关怀、重管理科学轻管理艺术的情景中，超越利益共同体、回应主体的情感需求、召唤主体的共情意识和能力、构建情感共同体就成了大学治理—管理的重要内涵目标。

大学共同体的成员作为情感主体，按照托尼·罗宾斯的情感需求理论有以下六大情感需求：确定性、不确定性、重要性、爱与链接、成长和贡献。

确定性：稳定的工作、有保障的生活、可预期的职业理想等。国外的教授终身制，中国的教师终身制等都是发挥这个功能的，即维护教师的尊严和体面，培养教师对大学的爱和忠诚。

不确定性：变化的工作、新的岗位，新的挑战，未来的无限多样的可能性，世界和生活都有它独特的神秘性和吸引力。如果一眼看到老，那样的生活也是没有吸引力的。人总是喜新厌旧的，总是希望每一天的太阳都是新的。太稳定了就期待变化，有变化就有新的可能，有变化才有挑战，才有创新。大学对超越规范的宽容，对创新文化的倡导就具有了特别重要的意义。但这种不确定性又不能转化为大的风险，超过一定的度，就会成为教师焦虑的原因。

重要性：知识工作者的自尊和价值感来自哪里？来自被人需要，来自他人的正面评价，来自他在这个共同体中的地位和作用。

所以，重要性、自认为重要、自己感觉到重要和受到欢迎是知识工作者最重要的情感文化需求。

爱与链接：主体间的沟通交流尤其重要。没有交流、没有主体间的互动，爱就失去了依托。爱不是抽象的，爱是有情景的，爱是要表达的，爱是要对话的。人与人之间的接触或者说链接是很重要的社会化情感实现途径。

成长：人们努力奋斗是为了成为更好的自己，为了完成目标使命。所以大学里的轮岗、岗位之间开放流动、委派教师去企业挂职、多岗位锻炼等都是为了满足知识工作者的成长性需求。一个组织让大家有获得感，就有凝聚力。

贡献：贡献就是成就他人。贡献是一种双赢的共情状态，他人为什么对"我"有好感、认为"我"重要，是因为"我"对他人有付出、有关心、有贡献，这是双向的，是相互的奉献和欣赏，既满足了他人的情感需求，也满足了自己的情感需求。这是一种积极的情感需求，是大学情感—文化建设的重要资源。

情感治理是大学治理策略的重要内容。大学情感共同体的建设是一个多向互动的过程。诉诸情感逻辑，就是关注主体的主体性，尊重主体的能动性和积极性，是对主体的召唤和塑造。回应和满足师生情感需求，培育和塑造正向情感力量，是大学治理的应有之义。

(三) 大学的生活美学

一所善治、良治的大学，一定是团结、紧张、严肃、活泼的，也一定是包容、宽松、活泼、轻盈、灵动的。每个人心中都有一个理想的大学生活形象，但不一定都是美好的状态和形象。

诉诸情感逻辑就意味着关注主体的情感—文化需求，关注大学的生活美学。大学的生活美学情境应该是活泼、轻盈、灵动的，没有复杂的社会人际关系压力。管理者与师生之间、教师和学生之间应该是相互关爱、温情脉脉的，负面的情感也能得到及时的疏解。

大学的情感生活场景：教研室、宿舍、社团、课堂、图书馆、运动场、体育馆、食堂等，还有数字化生存时代令人眼花缭乱的网络虚拟生活场景。这些场景是主体情感表达和互动的空间，情感互动空间的建设体现着治理—管理的温度和艺术，贴近心灵、贴近现实情感需求是构建大学社交环境的基本要求。我们通常所说的环境育人，这个环境一定是美的，所有的生活场景或者说空间都是按照美的要求去设置的。

仪式活动：这是主体共情的载体，也是作为主体的集体情感—文化记忆，汇聚成一所大学生生不息的精神文化传统。升旗仪式、开学典礼、毕业典礼、体育运动会、科技文化艺术节、教师入职仪式、各类宣誓活动等都集中蕴含并凝结了主体的情感需求、情感价值追求，有身份的确认，有自尊自豪感的呈现，有共同体团队的认同，有大学精神的张扬。这些都是大学内生的情感建设资源。大学生活中的仪式，从来就不是没有内容的形式，仪式是生命成长的记录，仪式是对高峰体验的确认，仪式是主体对生活、对社会、对世界的认真态度。

整体象征物：这是大学的品牌形象，是对大学文化精神的高度浓缩，对集体认同的形象表达，对爱校荣校情怀的集中蕴含。它可以是校训校徽，可以是雕塑，可以是一栋楼，也可以是一条河、一片湖。这些情感象征物成为大学所有主体的终身寄托、终身依恋和归属，成为一所大学面向社会、面向世界的独特形象。比如北京大学的红楼与未名湖，南京大学的钟楼，华东师范大学的丽娃河，等等。其实每个大学都有自己独特的品牌形象标志物，积淀了这所大学的人物、情感、故事和价值追求，绵延不绝。

（四）情感—文化逻辑下的治理理念

情感逻辑体现治理—管理的艺术、境界，情感可以席卷人心，直入人心，这是大学治理的温度所在。教育既是学科知识的教育，也是社会化知识的教育，更是情感—文化的教育，但大学最缺乏的是情感教育。在大学这个精神家园里，应该是三位一体地融合展开的。

人性：按照人之常情去治理，就是按照人生存与发展的规律去治理，按照心灵的成长方式去治理。我们共同在场，就要有共情共鸣的能力和情景，要有相互信任的能力和情感体验。

审美：审美教育就是情感教育，情感既是治理的对象，又是治理的手段和方法。主体的情感表达需要纳入美的规范，上升为一种文化渗透进大学的生活方式。这种审美化的或者说文化化的情感治理，要求我们注重人的主动性、创意设计和情感的细节。

沟通：主体间的沟通交流是提升治理效能的重要方式。治理主体需要高度重视搭建交流平台和载体，设置适宜的社交场景，消除主体间的情感沟通障碍。在有效沟通中满足情感—文化需求，消除负面情绪，比如焦虑、嫉妒、愤怒、怨恨。

关爱：共同体需要爱与同情。这里的爱包括对知识真理的热爱，对学生的关爱，对教师的关爱。当我们面临今天的利益社会、怨恨社会、风险社会、陌生人社会、数字化社会时，情感表达和实现的机制障碍日益突出，情感冷漠化即感情投入不足的趋势日益明显，主要表现在三个方面：忙得来不及投入感情，轻易不投入感情，恐惧感情交流。重建大学和谐关系中的相互关爱就变得极其重要。怎么召唤爱的意愿，怎么培育爱的能力、传递正向情感，怎么倡导爱的奉献从而塑造和谐的情感共同体，成为情感治理策略的重要内涵。

五、数字技术的逻辑

（一）数字技术作为辅助决策系统

随着数字技术的突飞猛进，数据已成为促进社会经济增长的

新资源和新资产，已经成为最重要的生产要素之一。在大学的治理
—管理过程中也会产生海量的数据，一般的大学都有数万人，从
党务管理、组织人事管理、学生管理、教务管理、资产管理、财
务管理、科研管理、学科管理、后勤保障管理到文化管理、对外
合作、国际化管理等，每天都在产生新的数据。所以，大学要提
升管理效能，实现精益管理和科学管理，必须注重对数字的管理。
从数字采集、储存、融合运行到数字统计分析并上升为决策咨询
和决策方案，这就是基于数字化的治理—管理过程，数字技术只
是作为手段和工具在发挥作用。从治理—管理体系来说，它就是
一个辅助决策系统。这是我们常说的数字化治理的最基本的内涵。
但是由于数字化技术作为工具的强大功能，反过来也影响大学的
治理—管理模式，这种反作用主要表现在两个方面：一是对管理
流程的再造提出了要求，二是对治理—管理主体的信息化素养能
力提出了要求。

（二）数字化场景

数字化是一个巨大的浪潮，席卷全球。大学或主动或被动地
都在行动，虽然大学在研究拓展数字化的知识和技术，为企业、
社会提供数字化解决方案，但自身的数字化发展并不领先。概括
来说，大学的数字化场景是数字化生活、数字化工作、数字化学
习、数字化创新四大场景。这四大场景已经决定性地打开了大学
的围墙，必将极大地拓展大学治理—管理的领域和职责。

数字化生活：这是一种崭新的生活体验或者说生活方式，它
是以互联网和数字技术应用为基础的，同时以数据的有效性、可
控性、安全性为保障。它既会带来便捷和更美好的生活体验，也
会带来新的烦恼。大学校园数字生活的最基本的标志就是一卡通。
一卡通汇集了身份确认、各种消费支付、图书借阅、各类考勤打
卡、教学科研设备使用等各种功能。除了一卡通，就是脱嵌于大
学管理体系的以互联网和现代物流为依托的在线消费和在线游戏

社交虚拟生活。大学师生对数字网络的依赖越来越大，已经无法离开手机或个人电脑这些网络终端。

数字化工作：这同样是以互联网和数字科学技术进步为依托的新的工作体验或者说新的工作方式。这种工作方式使我们大学的知识工作者和管理者可以更加高效便捷地处理知识的生产和传播工作，处理各种烦琐复杂的管理事务。大学的数字化工作主要通过搭建共享管理信息系统平台和数据融合来实现。目前，一般有行政办公系统、人事管理系统、教务管理系统、学工管理系统、财务管理系统、设备资产管理系统、后勤保障管理系统、安全保卫管理系统、图书情报管理系统、校友信息服务系统、疫情防控管理系统等，已基本做到对高校的治理—管理事务的全覆盖，基本实现无纸化办公、远程办公。

数字化学习：这已经成为新的学习方式的变革，在全球形成浪潮。这是已经发生的并将在未来真正实现普及化、个性化自主学习、终身学习的重大变革。数字化学习顺利运行主要依赖三大系统：一是交互式在线学习平台系统，二是在线运行的全媒体的学习资源建设供应系统，三是课程和学习项目服务支持系统。目前，大学的数字化学习还处于初级阶段，主要是作为线下学习的辅助方式。在席卷全球的新冠肺炎疫情蔓延时期，在线学习的地位和作用凸显，对完成大学的课程学习发挥了不可或缺的作用。数字化学习有很多优点，比如学习的泛在化，理论上说任何时间、任何地点、任何情境都可以学；学习的自主化，可以自主选择学习内容，可以自己主导学习进程；学习的共享化，学习更加开放、更加节约、更加普惠。但是数字化学习对真实环境的脱离必然导致学习的碎片化，即学习不系统、不深入；学习管理的困难化，即老师指导难、师生交流难、学生学业考核评定难；人际交往的冷漠化，即师生之间沟通较少，同学之间互动较低；等等。

数字化创新：数字化创新有两个层面的内涵：其一是数字科学技术本身的知识和技术创新；其二是依托数字技术和知识的创

新成果运用到教育、管理和生产生活等领域带来的新成果，这是跨学科、超学科、跨体系的创新。大学在这两个层面的创新都是大有可为的。

（三）数字化赋能

数字化浪潮对大学治理—管理主体的影响是巨大的，既有积极的正面的影响，也有消极的负面的影响。对教师的影响主要体现在三个压力的提升：一是在海量的知识面前，教师作为大学知识生产和传播者的权威地位下降了，因为在今天这个时代，任何一个热爱知识的学生在某个专业领域的知识很可能超越他的老师，而且针对老师讲的任何内容，学生随时上网检索就能知道对错；二是在丰富的慕课和公开精品课面前，大学老师的教学水平不再仅仅是在本校比较，已经变成全国甚至全球比较了，教师的职业压力增大了；三是教师的数字化素养是参差不齐的，是有代际差异的，数字化能力的提升带给了老师压力。对管理者的影响主要表现在三个方面：一是管理领域和事务扩大了，8 小时内要管，8 小时外也要管，线下要管，线上也要管；二是管理难度增大了，数字化生存的四大场景，线下线上融合管理，特别是学生的自主性、选择性增强后，对管理服务方式提出了挑战；三是对管理服务的能力要求高了，数据既然成了大学治理—管理的重要资源和依据，管理者的信息化素养和数据分析应用能力提升就变得不可或缺。对学生的影响主要体现在三个方面：一是自主性增强了，但自控力下降了；二是选择性增强了，但选择能力下降了；三是网络生存空间扩大了，但真实的主体间交流减少了，建立在真实关系基础上的德育成了问题。

大学的数字化建设，一定要坚持治理主体的主体性，要牢记数字化是为主体服务的，目标是立德树人。数字赋能，就是坚持主体性，对教师、管理者、学生全面赋能，提升综合的数字化素养，提升对这个新技术新工具的把握能力，也就是提升数字化学习、工作、生活和创新的能力。但工具就是工具，它不是价值，更不是我们的终极关怀。

（四）数字化技术逻辑下的大学治理理念

面对来势汹涌的数字化技术发展及其引发的席卷政治、经济、社会、文化全领域的变革浪潮，大学必须高度重视和积极应对。虽然大学有形的围墙没有拆解，但心中的围墙一定要打破。数字化社会或者说数字化生存带来的各种问题和困难使得"数字治理"成了大学治理体系的重要组成部分。

开放：在互联网、大数据、云计算、物联网、人工智能等数字化技术的突破和融合作用的推动下，虚拟世界与现实世界日益融合联通，大学与企业、社会、政府的数字化依存度越来越高，大学要发展，必然要开放办学，获取数据资源。习近平总书记说得非常精辟：开放是人类文明进步的重要动力，是世界繁荣发展的必由之路。当前，世界百年未有之大变局加速演进，世界经济复苏动力不足。我们要以开放纾发展之困，以开放汇合作之力，以开放聚创新之势，以开放谋共享之福。

创新：这里主要是指大学治理—管理必须遵循数字技术发展逻辑，再造大学的管理流程。创新治理—管理方式，既要协调好各治理主体行为动机的差异性，又要合理运用好各类数据资源，激发办学活力。

安全：安全是数字化治理的前提，数字信任和数字环境的安全稳定是数字时代的合作基础。数字安全风险是真实存在的，如数据泄露、数据篡改、个人数据隐私权被侵犯等。数字安全治理体系的建设主要有两个方面，一是规则、规制、标准的制定，二是长期的持续的网络安全技术的研发与储备。

共享：大学内部治理主体都是数字化建设的参与者、使用者。要尊重主体的数字权利，做到共建共享。

六、中国化的历史传承逻辑

（一）中国语境中的"治理"

1. 传统文化语境中的"治理"

治和理是同义相授的，篆书的"治"字，引申有治水、整治之意。治水就要符合水性。大禹顺应水性，因势利导，采用疏导的方法治水成功，他的父亲鲧不识水性，采用盗息壤堵塞的方法治水失败。这个远古英雄的传奇故事是具有重要的象征意义的。"理"是形声字，在《说文解字》中，"理"从"玉"，表示与玉石有关；"里"为里面、里边，表示内部、内在。"理"就是治玉，即把玉从璞石里剖分出来，顺着内在的纹路剖析雕琢出来，含有条理、纹理之意。古书里最早讲的都是具体的东西，后来与人联结起来了，与道德联结起来了，也就是说与抽象的关系联结起来了。水有水性、水德，玉有玉性、玉德。"性"就是万物的本性，《中庸》里说"天命之谓性"，就是说性不是人为的，是自然之性，是宇宙的本性。事物的本质是由性规定的，人也是由性规定的——人性、男性、女性，动物也是。儒家文化认为"性即理"，这样，事物的性质与道理道德就直接联结起来了。

治水与治玉在中国传统文化中具有特别重要的地位和作用，"治理"与治水、治玉直接相关是有中国文化自身发展逻辑的。治水是对我们生存发展环境的管理，治玉是对我们精神文化审美追求的管理。从对物的顺其自然、自然而然的治理管理上升到对人、对社会、对国家的治理管理。"治理"这个概念集中体现了中国传统管理哲学、管理智慧、管理艺术的理念。

治理之道是对真的追求。好的治理一定是建立在对事物性质、本性了解和理解基础上的，要掌握事物发生发展或运行的规则规律，顺势而为，才能建立和谐的秩序。

治理之道是对善的追求。善就是尊敬万事万物的本性，使其各得其所、各尽其用。这是治理管理主体对万物的态度，也引申为对人、对社会、对国家的态度。上善若水，止于至善。

治理之道是对美的追求。玉是美好的，中国字里凡是有偏旁部首为"玉"的都是美好的。玉是非常珍贵、美丽的，治玉就是对美的发现和呈现。美好的事物是非常脆弱的，治玉是非常困难的，要怀有敬畏之心，要非常小心谨慎地去治理。

人性或者说人心更加复杂，家庭、社会、国家的治理就更加要如履薄冰、如临深渊。中国最早系统阐述文艺美学理论的著作《文心雕龙》，书名就深刻地体现了这个意思。文学艺术就是做创造性的事情，把对美的追求实现出来。社会、国家治理和大学等组织的治理都是要做到正确地处理人与人的关系、人群与人群的关系，要呈现真善美的内在要求，也是一种创造性的工作。

中国古代的治理理论资源是非常丰富的，两千多年的以德治国理论和实践其实就是中国式治理的理论宝库。以德治国的实质是贤能治国，强调感悟天地万物的本性以修身养性，强调协调天地人的关系以和谐社会。中国对国家治理有系统的理论，但我们的话语方式、概念、术语与西方是不一样的。先秦诸子里有很多切合治理本源意义的思想理论，比如墨子的"尚同"理论在今天依然有现实意义。墨子提出了自己关于国家起源的理论，是贤能治理与公共治理相结合的设计，他的理论假设与霍布斯的理论假设是不一样的。笔者认为墨子的理论有以下几个理论要点：第一，天下得到有效的治理必须建立在意见的一致认同的基础上，这包括好坏标准的认同，上下一致的认同。第二，这种认同怎么实现呢？要做到下情上达和上情下达两个方面的统一，好的意见要上达，不好的批评意见也要上达，从乡里到诸侯国，再到天子的朝堂，每个层级都要追求这种意见的表达和意见的一致认同。第三，由于各级的正长包括天子都是按照贤能的标准推举的，在信息和意见充分收集后弃恶扬善、保留精华，形成一致的意见后下达，下达后各级各层就都不能违反，这有点类似古典的民主集中制。这样形成的国家权力不是霍布斯的绝对权力，它是分层分级的，它是全体人共同参与的，它强调各层各级意见的协调一致性，"唯以能一同天下之义，是以天下治"。所以墨子说，上同之于天子，可以用来治理天下；中同之于诸侯，可以用来治理诸侯国家；小同之于家长，可以用来治理家族。在墨子眼中，国家实际上是一种有高度凝聚力的共同体。传统的治理理论的创造性转化对中国特色的大学治理依然具有现实指导意义，那是一种血脉相通的本土化语言。

2. 当下语境中的"治理"

2021 年 12 月 20 日，"治"入选"汉语盘点 2021"年度字词。这不是偶然的，这是社会公众表达了对治理体系和治理能力现代化的期待，是社会公众对国家、社会、企业、大学等各级各类组织实现满足公众需求的治理效果的期待。

治理在当下语境中有以下几层含义：一是主体性的觉醒，表现为权利意识的增强、参与意愿的增强和表达能力的增强；二是注重不同利益主体之间的协调及共识的达成；三是治理主体关于民生、公平、秩序、发展的共同行动；四是党和国家对治国理政方略的系统性理解的变化，即更强调动员人民协商一致形成合力。

大学治理作为整个国家治理体系和治理能力现代化的组成部分，自然当仁不让，必须呼应人民群众的新期待，贯彻落实国家治理策略的变化要求。

(二) 中国大学治理的传承

中国现代大学制度的建立和发展是一个对外开放的过程，也是一个自我革新服务中华民族伟大复兴的过程。从最初的被动开放学习西方，到主动开放学习西方，到新中国去殖民化收回教育主权学习苏联，再到改革开放和新时代中国特色的形成，概略地说来，中国大学的治理有以下几大传承。

1. 千年书院：前现代的大学治理—管理传承

虽然中国现代大学制度是随着资本主义的全球化横向移植过来的，但历史是不能割断的，前现代的支撑中华文明长期保持领先地位的教育制度是中国大学治理—管理复兴的内在传承，无法绕开。科举制度及其官学虽然是近代教育改革否定的对象，但绵延1000多年的科举制度留下的宏大教育遗产或者说资源，难道不值得我们去深入研究、梳理总结吗？我们靠什么进步？毛泽东同志说，我们共产党人靠马列主义、实事求是、科学、老实，把事情做正确、总结经验吃饭。这是我们共产党人历史自信和历史主动精神的体现。传统经过创新性发展和创造性转化一定可以照亮现实。

唐宋以来1000多年的活跃在民间的书院制度及其精神文化传承，是我们今天大学治理—管理改革的最直接生动的资源。发端于唐朝，在宋朝成熟的制度化、规范化的书院制度和书院精神是值得我们今天好好研究总结并继承发扬的。

书院多为民间筹资建立，明清两代官办甚多。书院制度借鉴了禅宗丛林制度，有一系列学规和章程。书院山长代表书院，是最高行政负责人，负责统筹书院事务，书院堂长协助最高行政负责人进行全面管理，书院副讲负责对学生进行知识和人格教育，书院斋长负责管理学生的纪律。书院有一系列的管理制度和行为准则与规范。书院制度有以下几个方面是值得我们深思的。

一是民间办学活力一旦释放出来，蔚为大观，一样可以担负国家民族文化传承和人才培养的使命。虽然也有官办的，但办得好的大部分还是民间筹资建立的，在元明清三朝成为主要的教育机构，高峰时有近2000家书院。书院绵延1000多年，一定有它的合理性。

二是坚守学问之道，形成事实上的学术共同体。书院在教学方式上灵活多样、生动活泼，与程序化的、呆板沉闷的官学形成鲜明的反差。书院有会讲制度、讲学仪式，师生之间、学派之间有自由问答、诘难、辩论，学生有以自学为主的学思悟践、修身养性的功课，教学采取自学、共同讲习和导师指导相结合的方式开展。因为书院是培养人的学问和德性的，不是为了应试获取功名，个体精神在这里可以得到生长，师生感情和对书院的情感—文化归宿感强，这也是书院对读书人的吸引力所在。

三是坚守传习国家意识形态——体系化、普及化的儒家思想这一使命。以朱熹和王阳明为代表的理学大师开一代之风气，把书院作为传播理学的主要文化阵地。换成今天的话来说，就是虽居山林书院，但始终积极入世，关注现实社会人生、关注天下。无锡东林书院的对联"风声雨声读书声，声声入耳；家事国事天下事，事事关心"就是最好的证明。

有此三者，书院具有了强大的生命力，虽然被国家（朝廷）屡次禁毁，但民间屡次恢复重建，生生不息，绵延千年，直至清末（1901 年）改为各级学堂。20 世纪 30 年代以后，不少学者重新倡导民间讲学之风，直接呼应了传统教育的书院制度和书院精神。20 世纪 50 年代以来的香港中文大学的书院制教育实践已经成为示范性案例。21 世纪初以来的国内"双一流"高校，如西安交通大学、复旦大学、清华大学等相继实施书院制教育。书院制是实现通识教育和专才教育相结合，力图达到均衡教育目标的一种师生共同生活的教育管理制度。书院制教育围绕立德树人，通过落实本科生导师制、加强通识教育课程和环境熏陶，拓展学术及文化活动，促进学生文理渗透、专业互补，鼓励不同专业背景的学生混合住宿、互相学习交流，建设学习生活社区，在传授专业知识的同时，打通中国传统文化中的文、史、哲，进而融汇人文科学和自然科学。这成为中国大学教育改革的积极探索和有益尝试，也是对传统大学治理—管理传承的创造性转化。

2. 大学自治、教授治校：晚清到民国的大学治理—管理传承

从 1899 年到 1949 年，这是中国现代大学制度横向移植的时期，也是西方现代大学制度一定程度上中国化的时期。这是今天

我们建设中国化的现代大学制度的直接的实践资源，需要我们认真总结。

根据投资方式分类，这个时期的大学主要有三种类型：一是公立大学，二是私立大学，三是教会大学。其他如公立商办的大学，可归并为公立大学。

公立大学和私立大学虽然投资者不同，但在救亡图存的时代背景下，都是以国事为己任、以天下为己任的，都发扬了民族精神，都是以振兴教育科学来救国的。变法图强、学习西方是一个巨大的思潮和旋涡。因当时主政校长学习、认识的经验和经历不同，西方国家大学的办学理念和治理模式在中国的大学中都有不同程度的体现，主要有德国把知识、社会和国家统一起来的办学理念，以及美国自由主义的办学理念，即美国大学崇尚的"3A 原则"（学术自由、学术自治、学术中立）。

蔡元培先生担任北京大学校长时基本上秉持了德国的办学理念，正如罗家伦说的，蔡元培"对于大学的观念，深深无疑义地受了19世纪初期建立柏林大学的洪堡和柏林大学那时代若干位大学者的影响"。蔡元培认为，大学是研究高深学问的地方，是培养学者的场所，因此大学要弘扬"思辨"的独立性，"读书不忘救国，救国不忘读书"是他对教育与国家关系的认识，大学为国家社会服务是通过独立的学术文化的重建，通过"美育"来创造"新主体""新人""新国民"而实现的。因此，蔡元培主张"思想自由，兼容并包"，强调研究与教学的结合，反复与政府争夺办学自主权，倡导学制改革，扩充文科与理科，以文科特别是哲学为重点进行学科规划，支持白话文运动、新文化运动，力图复兴民族文化。

留美回来的南京高等师范学校最后一任校长、东南大学首任校长郭秉文基本秉持了美国大学的办学理念。他主张学者治校、学术自由、学生自治，他认为"学校是教育、学术性机构，是培养人才、振兴科学之地。非学者不能担当此重任"。他在东南大学还筹组校董会，开大学设校董会的先河。

　　这个时期的大学内部治理结构基本上是这样的：以清华大学为例，校长"综理校务"，教务长、秘书长分管学校教务和行政事务，教师通过教授会、评议会、校务会及各专门委员会参与学校管理。以东南大学为例，校务实行责任制与评议制并行，即一方面确立校长总理一切校务之责，一方面规定凡学校大政方针必须交校务委员会议决。校务会议相当于学校的立法机构，所做决议经由校长批准后即由学校行政部门付诸实施。同时，成立各种常设或临时的专门委员会，将学校的各种事务交由教职员自行办理。经过完善，逐步形成了校董会制、校长制与"三会制"并存的学校治理模式，即校董会决定学校大政方针，校长总理校务，评议会、教授会、行政委员会各司其职，评议会议处学校重大事宜，教授会议处全校教学、研究及学科建设事宜，行政委员会统辖学校行政事宜。

　　教会大学虽然是殖民化的产物，主要担负宗教文化渗透的职责，但大学一旦在中国建立，客观上也对中国大学的治理—管理提供了具体的参照，也成为一种中西方文化交流融合的场所和平台（比如燕京大学）。教会大学大多是英美系的，内部治理结构以移植英美大学的模式为主，都设有校董会，对很多私立大学有较大影响。有的私立大学本来就是仿照教会大学或者从教会大学独立出来的，比如光华大学就是从圣约翰大学分离出来的。

　　总体上看，除教会大学外，公立和私立大学的办学目标是一致的，即教育救国、科学救国、救亡图存、振兴中华。抗战时期的西南联合大学集中体现了这一价值追求，办学理念基本上是远学德国、英国和美国，近学日本，在大学自治、教授治校、学术自由等方面形成共识。也就是说，近现代中国大学是以西方的大学制度为学习榜样和参照系的，同时几代教育家半个多世纪的办学实践也为中国式现代大学制度的建立积累了丰富的经验和资源。

　　在晚清和民国时期，国家几乎独占了所有的社会资源，它对大学的控制是更加直接、简单、粗暴的。北洋政府时期，国家能力弱，大学校长还能在某种程度上争取一点自主权。之后，国家对大学的控制进一步加强，大学自治在近代中国从来没有成为现实。教授治校也只是教授在校长的授权下参与大学的治理，真正治校的还是校长。回顾这个时期所有的大学，凡是办得好的，一定有一位有思想、有能力、有担当的校长，名校一定有著名校长，所以还是校长治校。学术自由和学术共同体的建设是这个时期大学治理—管理的亮点。

3. 去殖民化的教育模式转向：新中国成立以后的大学治理—管理传承

1952 年 6 月至 9 月，中央教育部在高等学校教师思想改造的基础上，根据"以培养工业建设人才和师资为重点，发展专门学院，整顿和加强综合大学"的方针，在全国范围内进行了高等学校的院系调整工作，调整于 1953 年基本结束。院系调整后，全国高校数量由 1952 年之前的 211 所下降到 1953 年的 183 所。后来根据需要，各地又新设立了许多工科院校。

新中国大规模调整了全国高等学校的院系设置，把民国时期学习英式、美式构建的大学体系改造成学习苏联式的大学体系。这次大调整决定了中国大学教育系统的基本格局，甚至到今天依然深刻地影响着中国大学治理—管理的模式。

新中国的高等学校院系调整可以视同我国第一次高等教育改革。这次大调整大改革意义重大：一是新中国去殖民化，是把大学的领导权牢牢掌握在我党手中的重大举措；二是以马克思主义意识形态占领大学教育主阵地，培养社会主义建设者和接班人；三是更好地满足国家实现工业化的需要，为经济建设培养了一大批专门人才，对新中国的工业化建设有巨大的推动作用，改变了旧中国工程技术教育过于薄弱的状况。

这次调整具体表现为以下几个特点：一是教育模式从英美模式整体转型为苏联模式，学分制改成学年制，大学内部组织体系由校院系组四级改为校系组三级；二是从通才教育向专才教育转型，综合型大学变成文理大学，服务行业、产业的单一工科大学和师范院校得到加强；三是教会大学和私立大学被全部裁撤，从此退出历史舞台，全部改为公立大学；四是人文社会科学由于与紧迫的工业化建设不直接关联而遭到限制，社会学、政治学等学科被停止和取消，很多人文社会科学学科和专业到改革开放后的80年代中期才恢复；五是实行统招统分制度，大学部分办学自主权收归教育部。

4. 大学的春天：改革开放以来的大学治理—管理传承

从改革开放到现在，中国的大学迎来了蓬勃发展的春天。从招生分配制度改革、管理体制机制改革、教学评估制度改革、教育投入机制改革、人才培养模式改革，到建设世界一流大学教育国际化改革、产教融合改革、建立现代大学制度改革提升大学治理体系和治理能力现代化水平，中国大学与国家经济的高速发展同步前进，也基本满足了国家经济增长和社会发展的需要。高等教育毛入学率从2012年的30%提高至2021年的57.8%，进入普及化阶段。当前，我国接受高等教育的人口达2.4亿。坚持学术学位与专业学位分类发展，撤销和停招本科专业点近1万个，增设1.7万个，更好地适应了经济社会发展的需求。我国与58个国家和地区签署学历学位互认协议，教育国际影响力稳步提升。高校承担了全国60%以上的基础研究、80%以上的国家自然科学基金项目。

改革开放40多年来，特别是新时代的10年，中国大学坚持以我为主，坚持以人才培养为中心，立足服务经济社会发展，开放办学，学习国际先进经验，走出了一条中国式的大学治理体系和治理能力现代化之路，积累了丰富的大学治理—管理实践经验和理论创新成果。

在新时代，中国式现代大学制度就是要坚持党委领导下的校长负责制，切实发挥党在高校治理中的领导作用、师生员工在高校治理中的主体作用。其中，党委领导下的校长负责制是根本制度，在这一制度基础上形成了以"党委领导、校长负责、教授治学、民主管理"为核心治理元素的内部治理结构。党委领导下的校长负责制强调坚持党的领导和师生主体地位的有机统一，使广大师生成为行为共同体，成为高校治理的主体。凡属重大问题，都由学校党委集体讨论决定，有利于保证依法科学民主决策和民主监督，并保证决策迅速有效地贯彻执行。在治理机制上，党委领导下的校长负责制把党的领导地位、师生主体地位与内部治理方式结合起来，体现治理过程的公开化、透明化、民主化，使决策能够得到广泛拥护和有效落实。这个具有中国特色的现代大学制度植根于中国的特定土壤之中，是在中国文化传承、经济社会发展的基础上内生演化形成的，符合中国现实国情，我们必须坚决落实到位，并不断丰富发展。

（三）中国大学治理—管理的特色

1. 治理主体都有崇高的使命感和责任感

中国现代大学就是在三大应对中发展壮大的，即对整体危机的应对、对赶超世界先进水平的应对、对社会大转型的应对。在这三大应对中，中国几代教育家都具有世界眼光，都以天下为己任，都把普通教育（自由教育）与民族教育相结合，培养新的国民，培养完整的人格和品德，培养爱国主义精神，都把教育作为救亡图存、振兴中华、复兴民族文化精神的必由之路。

2. 尊师重教的文化传承根深叶茂

无论国家还是民间，在积贫积弱的情形下，依然重视对教育的投入。中国现代大学起点高，发展迅速，短时间内接近世界一流水平，与整个国家、民族尊师重教的文教精神密不可分。不同时期国家和民间社会都积极发展高等教育，即使在抗日战争打断了中国的工业化进程的时期，在物质极度困难的情况下，依然创造了西南联大的奇迹。今天回顾中国"双一流"大学的办学历史，都有在流亡迁徙中坚持办学的艰苦岁月。当下，虽然有市场经济的冲击影响，但总体上看，大学的地位和大学教授的地位依然是崇高的。

3. 在三大应对中形成开放办学的新传承

所谓开放办学，就是鲁迅所说的"拿来主义"，就是把世界最先进的、最成熟的大学制度引进、消化、吸收，把西方的科学精神拿来、消化、吸收，无论是最早对德国和英美大学理念和制度的学习，后来对社会主义先进国家苏联的学习，还是今天对西方大学的借鉴，都是一种以我为主的开放态度（以我为主就是从自身的发展成长需求出发），都是现代大学制度中国化的过程。在一百多年的实践中，我们已经形成开放办学的新传承。

4. 在治理结构上形成国家主导、大学自主的新传承

在大学外部治理结构中，在国家、社会、大学的关系中，国家始终是居于主导地位的。从1928年的《大学组织法》到今天的《高等教育法》，国家依法管理大学，始终牢牢把握大学的控制权，从办学方向、意识形态和资源投入政策等方面决定大学的命运。民间社会办学，即使是新中国成立前的教会大学，也必须接受国家的管理。大学自主管理是有限自主，主要体现在内部治理结构中的民主管理，即发挥教授治校或治学的作用。在不同历史时期，民主管理的实现方式呈现不同的样式，专业化科层制的管理运行模式在中国大学中持续得到增强，在今天达到高峰。

5. 中国化大学治理—管理的特殊性

历史地、具体地来看，中国现代大学的发展有自己的特殊性。这种特殊性决定了中国化大学治理—管理的特有问题和解决问题的特色方法。

中国现代大学的发展面临时空压缩和同时性呈现的外部环境。

时空压缩：西方大学从古典时期到现代走过了近1000年，中国用100多年就完成了现代大学的转型发展。这一时空压缩叠加或者说加速发展、超越发展的事实是与中国经济加速发展、社会超越发展同步的。工业化尚未完成，信息化又扑面而来。因此，我

们的全面复兴事业就必然走自己的路，即中国式现代化道路，一条充满创新和艰辛、又好又快的道路。中国的大学也是这么一路风尘仆仆、艰苦奋斗、勇毅前行，始终围绕服务中华民族伟大复兴、服务经济建设主战场，坚守大学理想，坚持改革开放，初步达成了赶超世界大学先进水平的任务，但客观上也出现了诸多因为赶超而伴随的急功近利的现象。时不我待，难以从容。

同时性呈现：同时性呈现体现在三个方面。一是三个应对是同时性呈现的。前有三千年未有之变局，今有百年未有之大变局，其实冷战在东亚根本没有结束，近代以来的赶超世界先进水平、实现中华民族伟大复兴的奋斗始终在进行，同时中国社会从传统农业社会向工业化社会、信息化社会的大转型也一刻没有停止。二是西方和社会主义国家的大学教育制度类型也是同时呈现在中国政府和中国教育家面前的。三是现代化与后现代化叠加呈现。现代化尚未完成，后现代化的问题同时出现。因此，中国的大学面临的问题是多元的，既要处理读书与救国的矛盾，又要处理科学精神与人文精神的矛盾，还要面对通才教育与专才教育的融合问题，集中统一与分权自治的融合问题，国家、市场与大学的矛盾，传统与现代的矛盾，现代化与后现代化的矛盾，等等。中国大学始终是在紧张地应对各种矛盾问题中发展壮大的，既有危机中的觉醒奋起，又有选择的困惑；既有应对大变局的紧张，又有开拓创新的艰辛。

（四）中国化历史传承逻辑的大学治理理念

中国化历史传承逻辑体现的是大学治理—管理的中国实践成果，是内生的大学治理理念和思想理论，也是英美大学制度和苏联大学制度中国化的成果。

国家主导：中国是家国天下，不理解国家在中国人心中的意义，就不能理解中国人。在中国的历朝历代，教育权都是牢牢把握在朝廷手中的。近代以来，在民族国家成长成熟的过程中，国家基本上是依法管理大学、决定大学的命运的。公办大学始终是国家大学的主体主流，事实上也只有国家才可以集中资源快速发展，发展是硬道理，民族复兴是硬道理。

大学自治：在中国，国家是强大的，民间社会也是活跃的。无论是传统书院、近代私立大学（含教会大学），还是公立大学，在内部治理—管理上都享有实际上的自治权利。但这种大学自治与西方的英美传统是不一样的，我们的大学自治始终是有限自治。这也是改革开放以来办学自主权下放成为中国大学改革的重点任务的原因之一。

通专融合：从外部治理要求来说，需要分类管理、分类评价，通才教育与专才教育既有分工也有合作，职业教育、高等教育、继续教育协同创新发展，综合性、多科性大学日益增多。从内部治理要求来说，内涵发展成了主要治理目标，人才培养的厚基础、宽口径已成为共识，既重视博雅教育又重视专业教育也成为共识。同时，通专融合还体现在对大学教师的全面要求上，即教授不但要教书育人还要研究学问，教学和科研不可偏废，这也成了教师评价的关键指标。不同类型的大学在课程设置上也都开始注重通专融合。

书院精神：这是中国传统优秀文化的创造性转化和创新性发展。大学生活共同体的直接体现就是师生关系，在新时代要建立新型的健康的师生关系。书院精神昭示的就是一种人格养成教育，就是一种完整、完善、完美的诉诸知情意的生活教育，是一种真实的人际交往、思想情感交流和体验感悟，是一种民主、宽松、平等、自由的成长实践。这恰恰是中国大学所缺乏、所需要的。

在全球化时代，大学治理体系和能力的现代化是必然的、共同的趋势。在这个进程中，各国的大学可以相互学习、相互借鉴。我们要总结国内的成功做法，借鉴国外的有益经验。当然，这样的学习借鉴绝不是照抄照搬、邯郸学步。现代化不等于西化，现代化的大学治理之路也不是唯一的。在治理理论方面，自 20 世纪

80 年代末以来，西方学者提出了新的见解，深化了对治理的认识。西方治理理论对我们而言具有一定的参考借鉴作用，但绝不可以照单全收。因为按照西方的理论，国家、政府、执政党的作用实际上被边缘化。走中国化现代大学治理之路，要认清自身的国情。中国仍然是世界上最大的发展中国家，还处在大转型期，经济、政治、文化、社会、生态等体制改革并没有完成。这是我们所处的特有的实践环境和议题条件，在治理体系和治理能力现代化建设上，一定要具有中国特色、体现中国风范。在当下，现代化与后现代化叠加，要求我们既要重视治理和管理，也要重视服务。不应把治理和管理简单地对立起来，片面地丢弃管理，也不能以服务代替治理和管理，而是要把管理和服务纳入治理体系之中，从治理的需求出发做好管理和服务，提高管理和服务的水平。

七、大学治理的政治逻辑，决定性、方向性的意识形态逻辑

什么是政治？政治（Politics）是指政府、政党及社会组织等治理国家的行为。政治是以经济为基础的上层建筑，是经济的集中表现，是以国家权力为核心展开的各种社会活动和社会关系的总和。政治是牵动社会全体成员的利益并支配其行为的社会力量，是一种复杂的重要社会纽带。

（一）政治是社会最强大的纽带

政治、经济、文化、宗教、血缘等都是社会联结的纽带和力量。在所有的把社会成员联结在一起的纽带或者说力量中，政治是最强大的纽带和力量。政治关系是最重要的社会关系。人作为社会关系的总和，不管自觉或不自觉、有意识或者无意识，以权力为核心的政治决定着国家、民族、社会组织、市场主体的命运，也决定着我们每个人的命运。我们在实践中的地位和利益从根本

上说是由政治决定的。社会革命或变迁，最高阶段和最终的成果都呈现为政治革命或政治制度的变迁。

政治运作系统有两大支柱，一个是显性的强制的国家机器系统，另一个是隐性的影响人的思想意识的政党和国家的意识形态。这个是覆盖整个社会的，是覆盖全体社会成员的。在国家政治层面，大学的政治属性是显而易见的，大学一经产出就有它自身的独立性，但大学离不开政治，无论是封建主义、资本主义还是社会主义政治时代，大学都是为社会的政治目标服务的。大学里的治理主体一定要体现社会的政治立场、观点和方法，也就是说，学术与政治的关系，学者、教育者与政治的关系，都有其客观从属性。所谓"皮之不存，毛将焉附"。涉及社会关系的学问只要一直追问下去就涉及政治主张，只要是涉及社会关系的学问，都与政治有关，区别只不过在于强联系还是弱联系。政治学、法学、经济学、社会学与政治的关系尤为密切。

大学试图远离政治，做学问的标榜"价值中立"，试图远离政治是永远不可能的。我们的大学校长、大学教授和大学管理者在这方面一定要有清醒的认识，这就是政治意识。大学治理资源中最关键的、最大的资源就是政治资源，认识到这一点，就是有政治意识的表现。

（二）社会主义政治决定了大学的使命与功能

古今中外概莫能外，大学的使命与功能是由某个社会的政治或政治组织决定的。教会大学的使命与功能是由教会的宗教政治目标决定的，西方资本主义国家的大学是由资本主义的政治目标决定的。德国大学的改革，洪堡精神的产生，是当时德国民族复兴的国家政治目标决定的。中国大学的使命和功能当然是由社会主义政治决定的。

目前，我们所处的时代依然是政党政治和民族国家时代。中国共产党是马克思主义政党，与工农相结合，代表了最广大人民的根本利益，她把全体人民团结起来形成一个意识形态认同和社会主义实践的团体，具有强大的、空前的政治动员能力，从而成为中国特色社会主义事业的最高政治领导力量和坚强领导核心。中国化、时代化的马克思主义是我们立党立国的根本原则，是党和国家的最高指导思想。中华人民共和国是社会主义国家，是坚持公平正义、共同富裕、共同自由的政治目标的国家。全面建成社会主义现代化强国，全面推进中华民族伟大复兴是我们党和国家的中心任务。

这一政治原则、政治目标、政治蓝图从根本上决定了中国大学的使命与功能。我国大学所肩负的使命和任务是紧迫的、重大的，甚至是崭新的。在推进中国式现代化、全面建成社会主义现代化强国、全面推进中华民族伟大复兴的进程中，大学要发挥好为国家发展培养人才的基础功能，坚持教育为人民服务、为中国共产党治国理政服务、为巩固和发展中国特色社会主义制度服务、为改革开放和社会主义现代化建设服务。

新时代，我国深入实施科教兴国战略、人才强国战略、创新驱动战略，开辟发展新领域、新赛道，不断塑造发展新动能和新优势，哪一个战略也少不了大学功能的发挥，这实际上是赋予了大学新的使命和任务。习近平同志在党的二十大报告中指出："我们要坚持教育优先发展、科技自立自强、人才引领驱动，加快建设教育强国、科技强国、人才强国，坚持为党育人、为国育才，全面提高人才自主培养质量，着力造就拔尖创新人才，聚天下英才而用之。"

大学的四大功能也是有鲜明的政治属性的：人才培养，一定是立德树人，培养德智体美劳全面发展的社会主义建设者和接班人；科学研究，一定是扎根中国大地，解决制约我国创新发展的科学和技术瓶颈问题，在哲学社会科学上构建中国特色的学科体系、学术体系、话语体系；服务社会，一定是为人民服务、为市场主体服务、为改革开放和社会主义现代化建设服务；文化引领，一定是坚守中华文化立场，以社会主义思想道德和核心价值观引领社会新风尚。

(三)　作为生产、传播意识形态知识和价值的大学

我们办的是社会主义的大学，不是其他什么大学，因此坚持社会主义办学方向是首要的问题。在社会主义政治体系中，大学教育是作为上层建筑和意识形态发挥政治功能的，大学必须为政党服务、为国家服务、为民族服务、为人民服务、为时代服务。当然，这种服务是按照知识生产和传播的规律去展开的，越是符合规律，就越能发挥这种社会政治功能。因此，坚持社会主义办学方向，是大学通过生产和传播社会主义意识形态知识和价值来实现的。在这个意义上，社会主义大学是作为生产和传播意识形态知识和价值而存在的。

大学当然要生产和传播科学知识，大学必须弘扬科学精神、追求真理。同时，大学要传道，要生产并传播善与美的知识和价值，简言之，就是要生产并传播理想信念和价值体系。大学在意识形态知识生产和传播上的功能和任务，在当今世界任何国家中都是一样的。

意识形态就是给人们提供一整套的价值体系。从中国语境看，意识形态就是以政治意识为核心的社会观念体系，其主要有三大作用，即社会水泥（凝聚人心、统一思想，为人们提供共识、同感和统一行动的精神力量），行为激励器（牵引人们奋斗，甚至超越个人利益而奋斗），心理稳定剂（安于意识形态设置的社会情景）。意识形态工作是为国家立心、为民族立魂的工作。党和国家提出要建设具有强大凝聚力和引领力的社会主义意识形态，在这项工作中，大学当仁不让、责无旁贷。

马克思主义在以下意义上是意识形态：作为完整而科学的知识体系（关于无产阶级解放的条件的学说，关于现实人的发展的科学），作为科学的信仰体系（具有崇高的目标，具有对现实的批

判性和超越性，对貌似不可超越的资本逻辑实现了理论的超越），作为科学的行动指南（无产阶级和广大人民的实践精神），作为社会评价体系（批判与建构的统一，通过批判旧世界、发现新世界实现对人民大众的召唤）。新时代，我们还要担负以创造性转化、以创新性发展、以"两个结合"推进马克思主义中国化时代化发展的使命。

大学的学者和教育者该如何在这个追求真理、揭示真理、笃行真理的过程中履行这一使命呢？

习近平总书记在哲学社会科学工作座谈会上重申了马克思主义的价值观是以人民为中心的："坚持以马克思主义为指导，核心要解决好为什么人的问题。为什么人的问题是哲学社会科学研究的根本性、原则性问题。我国哲学社会科学为谁著书、为谁立说，是为少数人服务还是为绝大多数人服务，是必须搞清楚的问题。世界上没有纯而又纯的哲学社会科学……我们的党是全心全意为人民服务的党，我们的国家是人民当家作主的国家，党和国家一切工作的出发点和落脚点是实现好、维护好、发展好最广大人民根本利益。"

毛泽东同志也教导我们："知识分子接受前人的经验，主要是靠读书。书当然不可不读，但是光读书，还不能解决问题。一定要研究当前的情况，研究实际的经验和材料，要和工人农民交朋友。"

社会主义大学的学者和教育者只有摒弃高高在上的道统思维，旗帜鲜明地反对历史虚无主义、消费主义、享乐主义，坚持一切从实际出发、实事求是的思想路线，以认识社会为志业，向工人农民学习经验知识，以绝大多数人的利益为价值，构建和丰富社会主义理论与价值体系，才可能有所作为，才可能不犯意识形态上的颠覆性错误。

（四）政治逻辑或者说意识形态逻辑下大学治理的理念

政治和意识形态逻辑反映的是大学的政治属性。以现代大学制度建设为基础的大学治理体系和治理能力现代化建设，是在中国的具体的历史的社会主义政治语境和格局中展开的，因此要求大学治理必须坚持以下五个理念。

1. 坚持党的领导

必须坚持党对教育事业的全面领导。中国式现代化是中国共产党领导的社会主义现代化。中国共产党的领导是中国特色社会主义的最本质特征，是中国特色社会主义制度的最大优势。建党100多年来，我国高等教育事业取得了举世瞩目的成就，这离不开中国共产党对中国教育的高瞻远瞩与科学决策。习近平同志指出，教育是国之大计、党之大计。坚持党对教育事业的全面领导，是引领新时代中国特色社会主义教育事业不断前进的最大政治优势，也是办好教育强国的根本政治保证。

坚持党的领导意味着大学要贯彻党的一系列教育方针和政策；意味着要坚持社会主义办学方向，忠诚党的教育事业；意味着要坚决贯彻执行好党委领导下的校长负责制，坚持以党建引领大学发展。

2. 坚守人民立场

社会主义大学是党和人民办的，必须坚持社会主义的价值立场，追求公平正义，追求大学教育作为社会公共产品的公益性，为人民的文化生活和精神自由服务。我们要站稳人民立场、把握人民愿望、尊重人民创造、集中人民智慧，办人民满意的大学。

3. 坚守中华文化立场

中国的大学肩负着传承和发展中华文明的使命和责任。要提炼展示中华文明的精神标识和文化精髓，加快构建中国话语和中国叙事体系。大学治理体系的建构必须有利于增强中华文明的传播力和影响力。所有引进的大学治理思想和理论必须与中华优秀传统文化、革命文化、社会主义先进文化相结合。

4. 坚持守正创新

我们虽然有千年的书院传统，有百年的现代大学实践，但今天我们从事的是前无古人的伟大事业，大学的使命光荣、任务艰巨，守正才能不迷失方向，创新才能应对未来的挑战。守正就是要以科学态度对待科学，以真理的精神追求真理，坚持马克思主义基本原理不动摇，坚持党的领导不动摇，坚持中国特色社会主义不动摇。创新就是坚持问题导向，聚焦实践中的新问题，不断提出真正解决问题的新理念、新思路和新办法。

5. 坚持胸怀世界

这是党的使命要求，也是中华民族伟大复兴的要求。坚持胸怀世界就是要求我们的大学具有国际视野、开放办学。我们的大学不但要研究解决中国的问题，服务中国人民的需要，也要吸纳人类一切优秀文明成果，为解决人类面临的共同问题做出贡献。这也是大学的世界精神。

第四章　新时代大学治理的权力分配

本章从权力分配的视角，对"管理"与"治理"两个概念进行比较研究，进一步探析新时代大学治理的理论内涵。通过对大学外部治理主体和内部治理主体如何参与大学治理的具体解析，将大学治理从理论内涵层面具化到实践内涵层面，并对大学治理体系与治理能力现代化的实现路径予以展望。

一、新时代社会转型期大学管理与治理的关系

党的十八届三中全会提出推进国家治理体系与治理能力现代化目标，党的十九大做出了"中国特色社会主义进入新时代"的重大判断，党的十九届四中全会又系统提出了全面实现国家治理体系和治理能力现代化的具体举措和路线图。治理现代化是国家治理主体、治理体系和治理效能伴随着国家现代化进程从传统向现代转型的过程。社会转型是指社会从原有发展轨道进入新发展轨道，社会经济结构、文化形态、价值观念等发生深刻改变，从而给人们的生产方式、生活方式和思想观念带来全新的变化。大学作为知识生产与传播的主要场域及高端人才聚集地，其运行随着新时代的社会转型亦会产生深刻变化。

（一）觉醒与滞后：新时代社会转型期大学的特征

当代中国进入了社会主义新时代，社会主要矛盾已经转化为人民日益增长的美好生活需要和不平衡不充分的发展之间的矛盾。

笔者认为，新时代下实现国家治理体系现代化，这一社会转型过程有三个特征极为显著：一是经济发展方面，经历了市场经济确立之后的多年高速发展，进入中高速的经济新常态；二是文化形态方面，新媒体崛起，形成了资讯即时扩散与观点多元表达的平台；三是社会价值观方面，既凝聚了社会主义核心价值观作为价值共识，又尊重不背离核心价值观的多元价值取向。对于大学而言，社会转型对大学及其所属群体的观念转变和整体运行都产生了深刻影响。

1. 权力意识觉醒

大学自身越来越强调办学自主权。政府部门始终把持着大学的发展导向，大学一直围着行政指标转，导致办学行政化、功利化和同质化。自主办学可以使大学获取更多的社会资源，更快速地适应新时代发展的社会需求，并进行改革创新；可以使大学更加明确自身的办学定位、人才培养定位，并形成自身特色。大学对自主办学的呼声日益高涨，政府也出台了一系列文件鼓励大学自主办学，但收效并不明显。

大学教师群体越来越强调学术权利与福利权利。教师群体担任人才培养与科学研究的双重职责，二者统一于教师的学术权利。学术权利既包括个人从事学术研究的自由，也包括教师参与学校教学、科研战略与政策的制定等。随着社会经济的发展，教师更关注自身的切身利益，尤其是福利利益，对个体权利的维护意识，使得大学教师更主动地要求参与学校的管理。值得注意的是，伴随着社会的转型，大学教师对物质生活与经济利益的需要同样与日俱增，这既是人民日益增长的美好生活需要和不平衡不充分的发展之间的矛盾的具体体现，也是教师群体对长期以来甚至是中国传统文化观念中的教师就应该坚守清贫等价值观念的一种改变。这种改变，应当理解为个人权利和个人独立性、自主性的觉醒，具有进步意义，但也必须防止价值观念过度倒向功利主义。

大学生群体强调平等权利与自主权利。当代大学生出生在改革开放年后，他们的成长历程恰好与社会主义从"富起来"到"强起来"，进入新时代的伟大社会历程重叠。随着经济的高速发展，市场经济的价值规则已转变人的社会观念，大学生群体对自身与学校之间的关系认定，已不再是传道受教的传统观念，而是引入了市场消费理念，将自身定位为教育消费者、教育产品的购买者，因此认为学生与学校之间是平等关系。当代大学生作为伴随新媒体、"互联网+"、数字化共同成长的一代，其接受知识与信息的渠道远比以前的大学生群体多。

2. 治理能力滞后

教师与学生作为个体，其价值观念、生活方式随社会进步而变化的速度明显快于大学本身。与人相比，大学作为客体，本身受体制机制和政策法规的束缚更大，对外部环境的变化适应缓慢，自身的发展惯性更大。一方面，大学不断呼吁办学自主权；另一方面，因为政府对办学资源的配置处于主导地位，为获取更多资源，大学又不得不自觉地紧跟政府的行政指令。与此同时，经济新常态强调"供给侧"结构性改革，大学围着行政转，其教学、科研体系仍保持长期的惯性运行，对社会、企业的需求了解不足，恰恰缺乏"供给侧"结构性改革思维，出现了熊炳奇教授所谓的"大学办学自主权"放得开接不住的问题，也就是大学自主办学的本领危机。

大学对内部权力的分配不平衡。近年来，大学意识到要发挥教师群体和学生群体的积极性和主动性，加强了对学术委员会、教代会、学代会等参与学校管理的平台载体的建设。但大学长期的管理体制是自上而下的科层制、行政化管理，在这种管理惯性之下，尽管学术委员会、教代会等平台得到了建设和加强，但这种建设更多的是形式上的，这些平台的权力来源、权力内涵及其与整个大学行政体系之间的定位是模糊的。因此，尽管这些平台有相对的工作职责和程序，但实际作用并未得有效发挥，甚至变成形式上的为行政的既定决策履行通过的手续。

大学对自身管理运行机制的效能不彰。常规性工作的管理复杂化，对教学科研的日常管理，通常是设置烦琐的管理制度与程序，并有模板式的记录，形成档案式的管理，导致常规管理等同于大量的表格填写与程序审批。发展性工作的管理过程化，对教学科研各类项目成果的争取注重指标设计、申报流程，却忽视了成果培育与成果获取，以工作过程代替工作结果。这一管理现象，被学术界定义为大学管理的"内卷化"。

大学自身与作为大学办学主体的教师与学生的权力意识觉醒，对大学的运行产生了直接影响，民主管理、共同治理的要求日益高涨，对大学管理中存在的问题的认识也越来越清晰。但受到长期以来的管理运行惯性的影响，一方面大学在管理运行方面的问题已凸显并开始了改革与探索，另一方面又始终成效不彰。

（二）由管理走向治理：大学治理体系的构建

顺应大学自身与师生办学主体的权力意识觉醒，由自上而下行政化的管理，转变为多方共同参与大学的管理，不断提升大学的管理能力与绩效，即为大学治理。

1. 大学治理与管理的比较

大学治理与大学管理的共同之处在于，无论治理还是管理，其最终目的是实现大学自身的发展，在发展中确保并提升师生利益。大学治理与大学管理的不同之处在于，大学治理强调的是不同的参与主体（或利益相关者）共同参与学校管理，形成有效衔接，协调相互之间的关系，在大学这个共同平台上实现多方共赢，并最终促进大学自身的发展。大学管理强调的是自上而下进行决策、执行，并对执行结果进行考核监督，以实现对大学发展所设定的具体目标。大学治理是横向的，是多个参与主体从各自的视角出发，求得各种关系间利益的平衡，最终形成合力，推动大学发展。大学管理是纵向的，是从教育主管部门到学校层面，再分别到科层化的职能部门和院系教研室，层层落实任务。大学治理强调参与的广泛性与代表性，大学管理主要以党政管理人员为中心。大学治理侧重公平、民主、科学、共享，大学管理侧重效率、优化、监督、结果。

2. 大学治理的参与主体

大学治理的外部参与主体主要是政府、社会和市场。大学的所有权归政府，政府对大学办学的利益关注点即为大学的功能——人才培养、科学研究、文化传承、服务社会。社会的代表是送学生进入大学的学生家长，其利益关注点是学生毕业后能否找到好工作；市场的代表是学生毕业后接受学生的工作单位，其利益关注点是学生进入单位后能否为单位创造效益。

大学治理的内部参与主体主要是党委、行政、学术组织和师生群体。党委行使领导权，校长负责行政权，学术组织负责学术性事务处置权，师生群体分别通过教代会、学代会等代表组织行使民主管理权。

3. 以章程明确权力边界，确立大学治理结构

毋庸讳言，在提倡大学治理之前，乃至当前的大学管理运行现状，是以行政管理为主导的。尽管绝大部分高校都设立了学术委员会、教代会、学代会等组织，但如前文所述，这些组织的形式意义大于实质意义，其具体的管理权力模糊，而且时时受到行政权力惯性的掣肘。行政管理内部实施党委领导下的校长负责制，但在实际运行中，党委与行政的边界也难以界定清晰，党政之间也存在矛盾张力。

大学章程的制定就是要对大学办学的各参与主体的权力进行重构，明晰各办学主体的权力边界，促使各办学主体严格按照自身权力范围运行并相互衔接。大学章程制定的实质，相当于对各参与主体重新赋权，章程制定通过之后，各参与主体必须重新根据新的权力分配，履行对大学的权利与义务。大学章程在大学治理中的"宪法"地位也就体现在此，它既规定了大学与政府、合作单位等外部参与主体的关系，也是大学内部党委、行政、学术、

师生等办学主体权力的分配基础。通过大学章程，原来权力模糊的教代会、学代会等机构的权力及其与行政决策、执行体系之间的衔接关系得到明晰与加强，这使得长期一权独大的行政管理权力通过民主管理得到有效制衡。通过大学章程，学术委员会对学术事务的评价、建议乃至决策的权力得到加强，行政系统在制定教学、科研等学术性事务的政策时必须充分尊重学术委员会的意见，在甄别学术腐败等问题上必须由学术委员会进行决策。同时，学术委员会、教代会、学代会的地位通过大学章程得到实质性提高，也在一定程度上满足了社会转型期权力觉醒的教师与学生群体对参与学校管理的权利需求。

4. 章程与议事规则等制度构成治理体系

大学章程明确了大学办学各参与主体的地位、权力边界，而具体衔接各参与主体在大学治理过程中的操作规程则集中于各参与主体的议事规则。各参与主体的议事规则可以明确自身应管理的内容，以及何种管理内容需提交其他具体参与主体进行审定、协商、决策，既将各参与主体的权力边界具体化、实质化，又充分考虑到各参与主体之间的协同、推进、流转。将各参与主体的议事规则对接，就可以形成大学治理的一整套治理规程与治理方法。这样既可以避免各参与主体之间争夺管理权力，也可以避免形成有事无人负责的权力真空。大学章程明确参与主体的地位、权力边界，议事规则规范参与主体的权力执行，再辅以具体的制度，即构成大学治理体系。

例如，大学中长期存在的党委权力与行政权力的重叠问题，通过党委领导下的校长负责制、大学章程、校党委常委会议事规则与校长办公会议事规则等一系列制度，可以基本厘清。党委领导下的校长负责制，明确的说是党委与校长（行政）之间的关系，大学章程则从所有参与主体共同治理的角度，确认在所有参与主体中党委的领导权、校长的行政权。2019 年，教育部对普通高校党委常委会、校长办公会议事规则进行了明确的规范。笔者认为，其精神可以理解为：校党委常委会议事规则与校长办公会议事规则分别明确各自的议事范围，实现议事范围之间的无缝衔接。在党委决策与行政执行的衔接上，高校党委常委会议事规则与校长办公会议事规则也分别确定，某议题由党委提出原则意见，由行政提出工作方案并执行；或行政就某议题提出方案后，提请常委会决策。同理，在处理党委领导权、行政权和教职工权力时，无论是党委决策还是行政决策，凡属涉及教职工切身利益的议题，均应提交教代会审议，也在工会工作制度中有明确规定。一系列制度的明确，增进了不同权力之间的协同与衔接，形成了治理闭环。

(三) 并非否定管理：大学管理与大学治理的辨析

1. 推进大学治理的两个前提

一是治理必须尊重大学传统，不能对现有管理方式与结构"推倒重建"。"大学治理"的概念是伴随着党的十八届三中全会提出国家治理体系与治理能力现代化而衍生出来的，其产生时间并不长。在党的十九届四中全会精神和《中共中央关于坚持和完善中国特色社会主义制度 推进国家治理体系和治理能力现代化若干重大问题的决定》的系统指导下，大学治理的演进图谱也更加清晰。有许多学者在研究大学治理时试图对大学治理结构进行完全重构，如取消现有的科层制管理部门，代之以校务委员会等新机构。笔者认为，这种"推倒重建"式的构想，其出发点在于"去行政化"，但"去行政化"不等于"去管理化"。完全重构更多的是一种理想化的模式，割裂了大学的管理经验与管理传统。治理应当是对原有管理方式的改革和不断优化。

二是治理必须尊重知识生产与传播的逻辑。大学是知识生产与传播的场域，这一点贯穿于大学四大功能的核心。大学治理强调大学外部与内部参与主体的功能与作用发挥，其根本出发点在于使知识生产与传播的各个环节均符合发展规律。如果说知识生产与传播是大学的一条流水线，那么大学治理就是要使流水线上的每个环节都保持最佳状态。

2. 管理是治理的重要环节，治理最终要靠管理落实

管理是党委、行政系统对学校具体事务的推进，治理是各参与主体对学校共同施加影响。参与性是大学治理的本质，治理更重视相关参与主体的多元互动。严格来说，党、政管理系统是大学治理参与主体中的一员，管理工作是大学治理的重要环节。而治理中各主体最终达成的共识，必须要有具体负责执行的机构，这一职责仍是落到负责大学运转的党、政管理系统上。因此，治理与管理本身并不矛盾，并非提倡大学治理就是对大学管理的否定，治理是管理的上位概念，管理对治理进行具体落实。

3. 管理水平的提升

管理水平的提升，要在治理的规范与基础上进行。首先，治理体系已经明确了各参与主体的权力边界，管理首先要尊重不同参与主体的权力，不能越俎代庖，不能形成行政管理一权独大的局面。其次，要加强不同参与主体的协同作用，通过协同共同完成大学功能，达成治理目标。例如，针对人才培养功能，管理主体应加强与作为市场参与主体的企业的协同，从管理主体自身进行供给侧结构性改革。最后，要吸收并尊重不同参与主体的专业建议。通常的观点认为，大学应当"行政的归行政，学术的归学术"，实则行政管理主体负有组织教学、科研活动的职责，履行其行政职能时，必须听取学术委员会、学位委员会等学术机构的专业意见，行政与学术之间并非对立主体，而应是协同主体。

管理水平的提升，要解决大学对自身管理运行机制的效率不足问题，即解决大学管理工作"内卷化"问题。一是制定成果化工作目标，形成结果导向，避免管理中出现不断精细化工作程序和工作过程却始终无法获取最终应该获取的工作结果的情况。二是明确决策授权程序，在管理体系内部明确决策主体、执行主体，形成问责标的，避免无人负责、不了了之的现象。三是突出工作

流程与关键环节，对执行部门而言，要形成培育、策划的工作机制，避免盲目无序的工作投入。四是对机制运行要素如人、财、物、信息进行合理资源配置，探索将按部门分配资源的方式改为按工作项目分配资源的方式的道路，提升资源利用效率。五是对工作结果进行评估与反馈，通过反馈，形成工作闭环，通过评估确定管理绩效与改进方式。六是明确工作质量标准，针对运行保障性工作，明确工作质量标准，严格按照标准运行，防止运行保障水平降低。

二、集体权力对大学治理的参与

大学治理体系是国家治理体系的有机组成部分，但学术界对于大学治理体系的界定并不一致。有两种较有代表性的观点：一种观点认为，大学治理体系就是一整套治理规则，大学治理应由治理主体向治理规则转向①；另一种观点认为，大学治理体系即大学内部治理结构与外部治理结构之和，大学内部治理结构包含大学内部各种权力如行政权、学术权等，外部治理结构则包括政府、社会组织和市场等②。前者强化规则弱化主体，后者强化主体弱化规则。笔者认为，为两者所共同忽视的，是作为大学具体构成的一个个的人——每一位师生。教师与学生的权力在大学治理体系中往往被教代会和学代会这两个集体所取代，作为个体的权力则多被忽视。大学治理体系应当涵盖集体权力、个体权力与权力运行机制。集体权力包括大学内部权力与外部权力。内部权力、外部权力与大学内部治理结构、外部治理结构的概念类似，但笔者

---

① 李立国. 大学治理：治理主体向治理规则的转向 [J]. 江苏高教，2016（1）：8-12，18.

② 王亚杰. 两个视角透视：中国应当怎样构建大学治理体系 [N]. 中国教育报，2014-08-12.

认为，权力更多指向对大学发展的影响力，其性质是偏动态的，而结构则更多指向具体的部门、机构本身，其性质是偏静态的。如果将大学治理结构仅仅定位于大学内部的党委、行政，甚至更低一个逻辑层次的机构，从权力分配视角看，大学治理体系就是谁来参与——治理主体、参与什么——权力划分、怎么参与——运行机制，由此构成一个完整的系统。治理主体界定为在集体权力与个体权力的前提下参与什么和怎么参与，是大学治理体系的灵魂。笔者旨在对治理主体在大学治理参与中的具体问题进行研究分析，并提出建议。

集体权力的特征是：其行使者是机构或组织而非具体的个人。外部集体权力的大学治理权，其授权来源一是公共利益，二是大学使命。内部集体权力的大学治理权，其授权来源则是政治授权与民意授权。

（一）外部集体权力

参与大学治理的外部集体权力主要是政府和社会市场单位。政府参与大学治理，其权力来源是政府对公共利益的统一维护；社会市场单位参与大学治理，其权力来源则是大学"服务社会"的使命。大学的四大使命是人才培养、科学研究、文化传承和服务社会。人才培养、科学研究和文化传承归根到底都是要用在"服务社会"上。大学生产知识和传播知识，知识的最终载体是大学所培养的毕业生，检验大学使命完成与否及完成质量的是接纳毕业生的社会市场单位。社会市场单位即通俗所谓的"用人单位"，从这一意义上来说，政府本身也是社会单位之一。所以，社会市场单位是大学使命的评估者，必然要参与到大学治理中。

1. 政府指导与大学自主办学

长期以来，政府教育主管部门对大学的管理被诟病为管得过宽、过细、过死。受计划经济时代的惯性影响，教育主管部门对大学的学科、专业、师资、招生、就业等问题均有具体要求。教育主管部门对大学的管理，应当建构在两个维度上，一是配置发展资源，二是联结社会发展。所谓配置发展资源，不应是具体管理设置学科、专业、师资等的数量，而是在保证大学基本运行的前提下，通过设置具体发展项目进行投入，以引导刺激大学通过竞争获取资源，从而激发大学自身去调整学科、专业，为获取更多更优资源去优化自身师资。以江苏省为例，江苏省先后设立优势学科、品牌专业、特聘教授、协同创新中心四大专项①，累计投入 78 亿元，以项目形成引导，改"命令式"为"招标式"，使得大学亦步亦趋地被动接受上级指令变为主动作为，其发展效果更为明显。而大学自主办学，绝非自由办学，不可能完全脱离政府指导。大学作为独立办学主体，对区域经济社会发展的整体掌握相对片面，教育主管部门对大学发展的规划即是对整体区域发展需求的规划。同一地区内大学布局层次及承担任务不同，若任由大学自主办学发展，必然导致同质化竞争，建设与资源重复。

2. 社会需求与大学人才培养

随着市场经济的发展，大学人才培养与社会需求脱节的问题日益呈现。究其原因，一方面，社会需求发展迅猛，而大学人才培养尤其是知识体系转化更新有其周期性。以师资发展为例，在创业创新环境下，社会对大学知识与技能的新要求层出不穷，老一辈教师相对缺乏相关知识研究，而新一代教师尤其是具有博士学位的新教师虽然对新知识的掌握不成问题，却因处于从学生转变为教师的成长初期，缺乏对企业的了解，而无法将知识转化为企业需要的技术技能。另一方面，是社会对大学人才培养反馈机制的缺失。大学将人才输送至企业后即完成使命，缺乏跟踪机制；用人单位因招录的为毕业生个体，从成本角度出发，不愿就所招收的毕业生质量问题向整个大学系统反馈。值得注意的是，大学

---

① 省政府关于印发江苏高水平大学建设方案（2021—2025 年）的通知［EB/OL］. (2021-03-04)［2022-05-06］. http://www.jiangsu.gov.cn/art/2021/3/4/art_64797_9687395.html.

传授的不仅是知识技能，还有大学生必须具备的综合素质。大学人才培养必须面对社会市场需求，并非只提供社会市场所需要的技能，还必须塑造大学生完整的人格素质，使成才与成人相统一。这是大学自身发展逻辑所规定的，也是大学使命和尊严所在。

3. 政府、大学与社会的相互支持

政府、大学与社会的共同目标一致，均致力于社会经济的发展繁荣。按既有思维逻辑看，政府、大学与社会之间的关系是呈线性的，即政府管理大学，大学输送人才到社会。更为合理的治理结构，显然应当是互动式的。政府主管部门、大学与社会市场单位之间应当建立多维沟通机制。政府主管部门应根据本地区社会经济发展需求指导大学建设；大学应建立起毕业生跟踪机制，以了解人才培养与社会需求之间的契合度并及时做出调整；社会市场单位应对录用毕业生质量的整体情况与政府和高校沟通。同时，社会市场主体应当直接面向大学进行合作，通过产教融合、协同育人的模式，依托大学直接培养本单位所需要的人才并直接录用，依托大学进行本单位所需要的科技研发等。

（二）内部集体权力

内部集体权力主要是大学内部的权力架构，如党委、行政、教职工与学生组织、二级机构与学院等。从治理的视角看，内部集体权力的管理属性更为明显。

1. 党政权力的合理架构

对于大学的基本管理制度，除《中华人民共和国高等教育法》等法律法规外，最为具体并在执行的制度是党委领导下的校长负责制，中共中央办公厅于 2014 年 10 月 15 日出台了具体文件①，得到了大学的较好遵循。但对于这一制度，有两个问题需要厘清。

---

① 中共中央办公厅. 关于坚持和完善普通高等学校党委领导下的校长负责制的实施意见［A］. 2014.

一是党、政之间的权力架构如何搭建？根据校党委领导下的校长负责制，大学党、政之间的权力架构应当是：校党委为决策机构，校长领导的行政系统为执行机构，同时校长本人作为党委重要成员或列席党委会议成员，参与党委决策。"三重一大"事项必须通过校党委常委会并投票表决，以集体决策的方式防止专断，确保决策科学民主。校长带领学校行政系统对党委决策事项提出具体推进方案，在校长办公会等决策过程中，由校长负责。二是在大学实际运行中，校党委常委与正副校长的重叠度相当之高，班子中仅仅一两人为非常委，在"两块牌子一套人马"的模式下，作为最高决策层的校党委领导与校长负责的区别何在？这取决于同时担任常委与正副校长的个人的角色转换。虽然是同一人，其作为行政正副首长的校领导，有其具体的分管工作，在行政决策与执行中，偏重于分管领域的具体操作；而当其作为校党委常委参与决策时，应跳脱出分管工作，从学校全局的角度来审视决策过程与决策内容。

2. 行政权与民主权的相互制衡

校党委负责决策，以校长为首的行政部门负责执行，校党委和校行政部门构成了大学广义的行政系统。如何对行政系统的权力进行监督，则是大学的民主监督权力落实问题。行政权与民主权的相互制衡，一般认为是教代会、学代会对学校党委行政做出的决策有权进行审议、同意。笔者认为，学术权力与行政权力的关系，应当放到行政权与民主权的框架内，而不必单独进行审视。行政权对学术视野的规划、对学术资源的分配，本质上与其对学校其他事务的规划与分配并无区别。在行政决策过程中，显然并非只有学术权必须尊重学术专业意见并确保教师的学术权力，而是任何决策都必须尊重专业意见，并确保所有师生应有的权力。行政权力与民主权力之所以必须产生制衡的问题，在于当前大学管理体制中，行政权力相对集中，而民主权力相对薄弱且本身已高度行政化。例如"行政权与学术权"这一命题，学术权并非不存在于大学管理中，而是从一开始就由行政部门规划学术发展，如学科、专业设置与建设等。换言之，是由职能部门与二级学院的行政领导管理学术发展，并将相应学术任务下达至专业教师；而非由专业教师组成的学术执行机构先提出具体方案，或只是仅仅由他们对行政系统提出的学术发展方案进行审核，教师实际参与学术决策的程度并不高。又如教代会、学代会的举行，基本每年一次，重大问题可召开专题会议，相对行政权力的无时无处不在，以教代会为代表的"每年一次"的权力，显然其形式意义大于实际运作意义。尤其是教代会执委会这一机构的设置，理论上相当于常设权力机构，应当参与到学校的行政决策中，但实际情况多基本沦为虚设，直接影响教代会的权力落实。我们建议应将教代会常设的执委会与学校行政打通。

3. 行政权力内部的分权与赋权

制度建设与制度有效性的统一。一般认为，当前大学治理结构的重点是加强制度建设。笔者认为，大学并不缺乏制度，但是制度的有效性、权威性不足。制度制定之后，并没有发挥其应有的制约作用。权力运作更多的不是在按制度进行，而是在按照既有惯例推进。如果制度有效性问题不解决，制度制定得再多再完善，依然无法解决推进大学治理问题。赋权问题是解决制度有效性不足的关键。制度的执行，依赖于制度制定的部门甚至其上级部门对制度的带头执行与严格管理。制度制定部门首先自身要遵守制度，其次要对制度执行不力的情况予以实质性纠正，形成尊重制度的惯性。

资源配置与授权的统一。多层级多部门的管理体制下，协调难、效率低是最大的问题。对于大学的二级职能部门而言，其往往承担具体行政事务的执行功能，却无法指挥调动相关职能部门，必须由分管校领导进行协调，实则增加了协调成本。应当以项目为中心，以项目执行部门为核心对权力资源进行授权，以减少协调成本。换言之，是以要完成的工作任务为中心，而非以部门自身职能为中心去推进工作。得到授权之后的部门，其指挥调动能力与以职能为中心的平行部门之间的协调力相比，显然将极大提高。以项目为中心的另一端，是资源配置要跟进到项目中来，项目到哪里，资源配置就应该到哪里，集中学校资源，对项目进行攻坚。在有授权与资源的情况下，部门将顺利推进工作，而一旦项目结束，该部门对授权与资源的掌握也随之结束，从而避免出现强势部门与永远冲在工作一线的部门。部门得到授权后，必须注意的问题是，部门要清醒地认识到自身应当如何合理处置与学院和师生的关系。部门必须清楚，其所制定的所有任务，并不由其自身产生与完成，而是通过项目指标方式，由学院下放到具体的师生，由师生完成。部门的权力的本质是用来服务学院与师生，部门更多的是要从政策、指挥和协调上为师生创造完成任务指标的条件，指导师生更好地完成任务。

办学活力与学校意志的统一。如果说职能部门代表学校对具体工作方向进行规划，那么对二级学院而言，其承担的是落实规划的任务。如上所述，学校的所有任务，并非由职能部门完成，而是由学院组织师生完成。学院是真正意义上的办学主体，但学院的发展方向有时又不一定与学校意志完全相符。如学院试图发展的学科专业，并非学校整体发展所需要的学科专业，或者是在学校发展中占据过高发展成本的学科专业，学校不一定愿意发展。当二者产生矛盾时，就形成学院办学活力与学校办学方向的冲突。二级学院的发展，既要服从学校大局，又要激活办学活力。学校对学院的管理，应当集中于学科、专业的结构性布局。

4. 党委、行政、二级机构、民主权力相互制衡与促进的落脚点

如果把学校比喻成一个人体，那么党委与校领导是大脑，职能部门是心肺等脏器，学院则是躯干与四肢，师生员工是众多的神经末梢，而教代会则是神经系统。党委、行政、二级机构、民主权力作为大学内部治理的四个集体权力，其相互之间的关系是

不可分割的，一荣俱荣，一损俱损。从根本上讲，大学内部治理的核心和落脚点是学校的发展。大学内部治理主体参与学校治理的最大公约数应当定位在服从和服务于学校的发展。无论是什么情景中的冲突与相互制衡，都不能超越这一限度。治理中的相互制衡，在于防范权力的集中。而治理的相互促进，更多的应关注于学校的发展，避免以部门、个体利益为依归而影响整体利益的增长。

三、个体权力对大学治理的参与

（一）外部个体权力

外部个体权力——学生的家庭是一个易于忽视的权力要素。一个大学生的培养，可以说消耗了学生家庭相当大一部分的经济实力与精力。大学生的发展，是家庭发展的未来，家庭的所有成员对大学生的成长均具有极大的期望。不可忽视的是，一个家庭与社会又有千丝万缕的关联，家庭成员之间衍生出的人脉关系网络，其广阔性不言而喻。因此，学生家庭对大学治理的影响不可忽略。一旦一个大学生在校的生活、学习和成长出现问题，对大学而言绝非一个要素和个案的影响，可能对大学的声誉造成一个时段内的强烈冲击，其原因即在于大学生家庭社会关系脉络的广阔性。

（二）内部个体权力

1. 师生的个体权力

传统上，我们在讨论大学管理与大学治理时，比较强调作为组织层面的权力架构，如我们经常讲的学术权力与行政权力，但忽视了学术权力和行政权力是一种集体权力，是组织层面的权力，它们虽然很重要，但作为个体的法定权力也很重要。比如，学术权力是一种集体权力，是通过学术委员会的组织形式予以保障和实现的。但学术委员会毕竟是由少数教授组成的，其学术权力难以反映教师群体的利益。为此，每个教师个体的权力是十分重要的，要有保障、申诉、反映的渠道和空间。同样，作为学校的学生和职工也应该在治理框架内有渠道和机构去反映、表达、维护、申诉自身的权力。

大学师生生于斯、长于斯，大学功能的实现要依靠他们才能开花结果、落到实处，治理的效果是在他们身上体现出来的，靠他们的努力与奋斗才能变蓝图梦想为实践成就。故检验现代大学治理体系建设的成效，最根本的不在于其治理机构与机制是否科学合理，以及制度设计是否完美，而在于认真审视治理过程中各个主体的关系状况，以及是否调动了师生员工的能动性与主动性，是否实现了学校预设的奋斗目标与价值追求，进而衡量实践与价值初心间的吻合程度。

教师与学生的个体权力，就其共性而言，是在学校这一具体环境内实现每个人的发展。平心而论，作为个体权力，尽管每位教师和学生都会关心学校的发展与治理，但更多的必然首先考虑自身的发展，其站位必然是个人发展利益优先于学校发展利益，教师和学生更为关心的是个人发展、福利待遇（成长环境）和学校名誉给自身带来的价值增益。这种取向在不损害学校利益的前提下是无可厚非的。但作为大学治理主体中的个体权力，既应得到高度尊重，不能被集体权力任意替代或抹杀，同时也应对大学治理本身起到建设性作用，而不应该是形成散沙式的分散效应，因为这将导致大学自身的实力受损。

基于此，大学治理的主体中的集体权力如党委、行政等，在进行大学治理时，必须注重将个体权力纳入集体权力的治理之中，即将学校发展目标与师生个体的发展目标协调一致，形成"上下同欲者胜"的生动局面，既要尊重师生，特别是教师独立从事教学科研的知识生产与传播逻辑，又要整合学校学科专业发展方向，集结全校师生力量，共同朝学校整体发展目标努力，在实现学校发展的过程中实现师生的发展，避免师生特别是教师出现放任自为的状态。

2. 教师个体权力与学生个体权力的相互制衡

党政机构、学院与师生的关系，是集体权力与个体权力的关系，一般由集体权力指挥个体权力。而个体权力与个体权力之间，同样存在冲突。

大学的主体是教师与学生，大学作为知识生产与传播的场域，知识生产与传播的完成主要在教师与学生之间展开。大学的四大功能是人才培养、科学研究、文化传承、服务社会。人才培养始终占中心地位，其他三大功能服务于人才培养。所以，回归大学治理的原点，应当说就是教师与学生之间的教学、教师与部分学生的科研的有序进行及其相应保障条件得到满足。一般认为，大学治理重在行政与教师之间的冲突、行政权与学术权之间的冲突，实则从人数的绝对数来看，大学治理最应当重视的是教师个体权力与学生个体权力，以及二者之间的互动。因为真正的大学运行，是师生之间的教学、科研活动，而非行政部门的各类命令与规划，命令与规划只是保障教学、科研活动有序而已，活动本身仍取决于教师与学生。

教学与科研的进行，其方式是教师与学生之间的一对多或一对一互动，他们的互动是直接的。大学教师与大学生之间的关系，即教育权力与学习权力之间的关系，二者之间的关系决定了大学治理的本质与优劣程度。因此，教师个体权力与学生个体权力存在相互制衡。良性的方向，是教师认真教学，学生认真学习，二者又相互促进提升，教学相长。恶性的方向，则是教师方面无心于教学，对教学投入少，上不好课，敷衍学生；学生方面学习动力不足，学习目的与方向模糊，浪费生命；师生双方的关系冷漠化。

特别值得注意的是，当前大学师生关系之间存在一定的异化现象，原本应当和谐、共进的师生关系变得功利化、冷漠化。从大学治理的角度讲，每个师生个体其实都渴望参与到大学的治理中，但每个师生个体一旦不从本职使命出发去参与大学治理，实则就流于一种分裂式思维，即一方面抱怨无法参与大学治理、抱怨学校或教师（学生）中的对方，另一方面又无视自身在大学治理中的最基本的权力与义务。因为教师教好书、做好科研，学生上好课、搞好学习，本身就是大学治理的题中之义。从这一视角看，教师如果忙于个人职称和科研任务，忽视教学的基本功能，仅仅将教学视为一项冰冷的任务，不关心学生，或利用教师身份向学生谋取利益，或放弃对学生的管理甚至曲意迎合学生而采用夸夸其谈甚至"民粹式"教学方式，就是一种对学生个体权力的伤害。同理，如果学生因为现代学习科技手段进步而无视、贬低教师的功能与作用，缺乏学习的动力，致使教学效果不佳，不仅是对自身的不负责任，也是对教师个体权力与心血付出的伤害。

就权力分配而言，教师个体权力与学生个体权力该如何形成良性互动？笔者认为，教师首先不应放弃自身对教学的管理权力，对于学生厌学、学习动力缺乏、学习目标不明确等现象，应当主动有效进行管理，不能放任不管。学生对教师的不作为、不关心等状态，应当有选择和申诉的机制，能够维护个体接受教育的权益。

3. 行政集体权力对教师与学生个体权力的介入

在权力分配视角下，行政管理的集体权力该如何介入教师和学生的个体权力？行政管理的集体权力，在教师个体权力与学生个体权力之间，应当扮演好两个角色：一是教师与学生教学科研活动的有效规划与组织者，二是教师个体权力与学生个体权力冲突时的公正仲裁者。

在规划与组织方面，行政集体权力对教师个体权力的介入，在于通过政策引导教师的发展，通过政策等一系列手段调节教师个人发展的努力方向，并保证教师个体独立从事教学科研的环境与自由。如长期以来困扰大学及大学教师的教学科研偏重问题，科研发展是大学发展之本，而教学是大学立校之本，二者本不应偏废。长期以来，大学为追求科研发展，尤其是在大学教师职称评聘上将科研置于教学之上，导致教师个体普遍重科研轻教学，因而间接损害到学生个体的受教育权利。因此，行政集体权力必须通过合理制定政策，保障并调动教师对教学的积极性。行政集体权力对学生个体权力的介入，则在于加强对学生个体的教育引导，通过育人机制上的人格教育、道德教育和职业规划、就业培训等，引导学生明晰学习目标，增进学习动力；通过管理机制上的优秀生引导（如单独设立优秀生进修机制）等，使之形成学业竞争力。

在仲裁方面，则主要集中于当教师个体权力与学生个体权力发生冲突时，进行公正有效的评判并进行处置。这方面的典型案例是对评教机制的合理运用。评教机制是指教师与学生的相互评价，其中教师对学生的评价相对而言影响有限，而学生对教师的评价则可能影响到学校对教师的评价。因此，有许多教师在教育过程中出现了不敢管学生、放任学生以免学生给予自己差评的倒挂现象。而那些严格管理学生、敢于管理学生的教师，在评价中有可能得分偏低，为保护教师的教学积极性，需要纠偏调整机制。作为集体权力，行政管理在对教师和学生这两个个体权力的判断中，必须有合理公正的独立判断机制，不能偏听其中任何一方，以保护双方的合理权利。

四、大学治理体系与治理能力现代化途径探索

目前，我国高校依然沿袭 20 世纪 50 年代开始的科层制行政化管理体制，实际上是行政体系在高等教育的延伸。大学管理体制在计划经济时代对于坚持高等学校办学方向、合理配置高等教育资源、维护高等院校稳定发展等方面发挥了重要作用。但伴随着

我国社会主义市场经济的不断发展和完善，大学管理的弊端日益显现，诸如办学自主权缺失、民主管理虚化、行政权力与学术权力界定不清、院系办学自主性不强等，阻碍着我国高等教育的建设和发展步伐。党的十八大提出国家治理体系与治理能力现代化的宏伟命题，高等教育是这一命题中的一个环节。推动大学治理体系与治理能力的现代化建设，首先需要构建科学有序的权力运行机制，使不同权力主体间相互合作与制衡。建立权力的系统运行机制是完善大学治理体系与治理能力现代化的有效途径。如何实现大学治理体系与治理能力的现代化，笔者试图从权力分配的视角出发，提出三个基本着力点作为探索途径。一是从分权的角度看，即通过落实校党委领导下的校长负责制，统揽现代大学制度。二是从赋权的角度看，即通过建立符合知识生产与传播逻辑的治理体系。三是从用权的角度看，即从解决制度失效问题入手，提升大学治理能力。

（一）分权：以校党委领导下的校长负责制统揽现代大学制度

分权指合理划分权力，是实现权力之间的平衡，构建权力配置均衡的大学内部治理结构。2014 年 10 月 15 日，中共中央办公厅印发《关于坚持和完善普通高等学校党委领导下的校长负责制的实施意见》，进一步明确和详细规定了我国大学的基本制度是党委领导下的校长负责制，并对现代大学制度定位为"党委领导、校长负责、教授治学、民主管理"。大学权力类型的多样化和均衡化、利益主体的多元化和复杂化、组织结构本身的松散性，决定了大学难以按照某一种权力方式来进行治理，需要通过柔性化管理来达成相关利益主体之间的权力制衡。党委领导、校长负责、教授治学、民主管理正是从不同利益主体、不同职责范围、不同权力方式界定了大学内部均衡化治理的基本框架。这种制度框架的设计，就是一种分权，实现党委权力、行政权力与学术权力的合理划分，构建相互独立和依存的权力互动关系。

这里有必要重新认识党委领导下的校长负责制中党委领导的重大意义。党委领导是中国大学区别于其他国家大学的最本质特征。党委在大学中的功能定位有三项，一是保证大学的社会主义办学方向，二是做出重大决策，三是从思想上、政治上、组织上提供保障，调动全体成员的工作积极性。一言以蔽之，就是解决人的问题。有人认为，大学里既然有行政体系支撑，就没有必要再设置党委；或有人认为，大学党委与校长都属于行政权力，导致行政权力比学术权力大。在中国的大学中，确保党的领导，是培养社会主义建设者和接班人的要求，没有党的领导，大学教育就无法贯彻社会主义办学方向，就有可能因形形色色假学术之名的研究扰乱思想意识形态，因此大学设置党委是不可动摇的根本性问题。人是最为复杂的，人是一切活动的实践者，人又不同于一切客观冰冷的事务性工作，而是具有极其强烈的主观性与情感性的。大学的一切工作和一切问题，都是靠人来解决和推动的，行政系统负责推进具体事务，在实践工作中涉及人的问题时，就必须依靠党委解决。一是从选好人、用好人到重大问题的凝聚共识思想统一，再到工作过程中的个体思想情感的理顺，都要靠党委做细致的工作。二是在党委的领导下，充分发挥党组织的战斗堡垒和党员的先锋模范作用，形成一批教学科研工作中的突击队、先行者。在大学中，党组织相当于统一调度服从指挥又愿意冲锋的工作团队，党员是具有高度工作积极性的个体。

党委决策与校长推进行政工作之间的关系，同样具有科学的制度设计。一方面，党委决策是集体决策，形式是成员投票表决，少数服从多数，作为党员的校长兼任党委副书记（非党员的校长一般会列席校党委常委会），本身是党委班子的平等一员，有权参与集体决策，保证了校长的参与决策权。另一方面，校长负责执行党委的决策，或将决策执行方案拟订后报党委通过。党委集体决策，保证了决策的民主性与科学性，校长负责则保证了执行的统一性与高效率。

党委的统一领导，并不局限于对行政事务的决策与领导，而是统揽学校工作的方方面面。党委应当扮演行政权力与学术权力，以及教师与学生监督权之间的协调者，以解决各种权力制衡理论中只分散不集中，为避免集权却又形成了制衡、无法做出决定的弊端问题。许多论点将党委权力归结为行政权力，并将之纳入行政权力与学术权力的对立范畴，这是不妥当的。笔者认为，不应忽略党委对群团工作的领导，特别是对工会和教职工代表大会的领导。在监督权和学术权被弱化时，党委应当成为监督权与学术权的最后一道闸门。

(二) 赋权：学校办学向学院办学的转变

我国大学的组织模式实行的是马克思·韦伯的科层制，形成了校、院、系的三级组织结构。从大学治理现状看，校级负责宏观政策制定，学院负责政策执行和学科专业具体发展，系则主要承担学科专业的具体教学科研任务分配，系的权力相对较小，只是执行机构，对政策制定几乎不产生影响。总体而言，大学权力集中在校院两级。这种权力层级模式，具有高度的行动一致性，能够实现自上而下的权力运行和监督，其优点是效率较高、计划性强。但在运行过程中，存在倒金字塔式结构，即学校一级特别是其具体的行政事务部门，如人事、财务、科技、研究生等部门，掌握着人、财、物等重大事项的管理权，而学院要承担学校的具体管理，例如对学生的直接管理、对教师工作的分配等，却不具有资源分配权力，其权责不统一，难以保障学院开展教学与科研的学术自由与民主自治权力。这难以调动学院真正参与大学治理的积极性，也难以形成民主监督、权责匹配的运行机制。

学校与学院之间的关系，重点在于激活学院的办学活力。对于大学而言，学校一切的成果来自一线教师，而一线教师主要集中于根据学科、专业划分而成的学院。换言之，学院是执行学校战略意图，完成学校项目任务的中坚力量。学校与学院之间的权力划分，一方面学校要统筹规划好学校发展的方向，另一方面学校要充分授权予学院，使学院在学校的规划方向上快速发展。从具体策略而言，学校只对学院规划具体的发展任务，根据任务规划必须的人、财、物的总量，将总量指标下达至学院。至于人、财、物的具体使用，由学院全权处置，但学校对学院有考核权力。对于学校与学院在发展方向上的不一致，学校应当确保学院发展符合学校发展的根本利益，如学院提出与学校发展方向不符的学科专业设置、科研方向等，学校可以允许其通过自身努力进行发展，但在资源分配上不予支持，以此确保学校整体发展方向，同时又尊重学院的发展自主权。

学院拥有较大的管理权力，包括招生权、人事权、财务权、课程设置权等，对这些权力该如何制衡？由于层级越低单位人数越少，一般学院的教职工规模在 100 人左右，学科方向与专业方向相对集中，与行政权力相比，学术权力的抗衡实力更为强大，可以真正形成以本学院学术权引导行政权、以行政服务学术的体制机制。因此，要完善学院学术组织建设，明确学术权力职责范围，规范学院行政运行，从基层开始引导学术权力与行政权力的平衡，从而影响直至达成整个学校层面的学术权力与行政权力的平衡。

（三）用权：解决制度失效问题

治理体系是一系列关系和制度，治理能力则是制度的执行力。高等教育治理能力的现代化就是治理体系的践行能力要现代化。严格来说，大学从管理向治理转变之前，其管理制度十分完备，但是运转起来始终不能做到如臂使指的效果，经常出现反对的声音，或者有制度不执行的现象。大学治理体系本身就是设计大学由管理转向治理的一整套新的制度，或者对原有的制度进行完善健全。如果制度失效，换言之，就是大学中的各治理主体对制度的执行均打折扣，这既是权力无法贯彻落实的体现，也是大学治理体系与治理能力失败的体现。因此，大学治理体系与治理能力的现代化，核心是制度的有效性，即制度自身的有效性，以及制度执行的人有效执行了制度。

　　制度失效的直接原因，一是因为制度形成与改进的不完善，这是制度自身的有效性不足。在制度制定之前，仅仅由制度执行部门进行制度内容的设计，而缺乏广泛的意见征求，因此导致制度本身未能充分兼顾到各方意见与利益。制定内容本身缺乏长远规划，导致制度制定出台之后，隔不久就要修订或废止，使制度本身缺乏稳定性与延续性，大家无所适从，对制度也就失去尊重。制度制定的初衷是管理而非激励，制度形成之后便成为约束人的工具，易于遭受抵制。二是制度执行的问责体系不完善，这是制度执行的有效性不足。制度制定多由部门负责，制定之后多以学校名义发布，并要求所有部门执行。但对制度执行的督查与问责，却存在同级部门难以问责同级部门的困境。换言之，一个部门制定制度，另一个部门违反或不执行，制定制度的部门在未授权的情况下，无法对违反或不执行部门进行问责。

　　制度失效的根本原因，是尊重制度的道德氛围不完善，是制度执行的人的问题。长期以来，大学以象牙塔的形象示人，大学中的教师与学生均为高级知识分子，应当拥有崇高的道德境界与精神理想，对于制度应当是尊重的。随着市场经济的发展，功利主义与消费主义也开始侵蚀大学校园中本应存在的道德高线。教师与学生中的一部分人，逐渐世俗化、功利化、平庸化，以自身目的达成为首要追求，对于各种制度，无论其合理与否，均采用实用主义的态度对待，即凡对本人有利的就遵守，凡对本人不利的就质疑、反对甚至违反，与制度本身无关。究其根本，在社会转型期人们日趋功利化、市侩化的环境下，知识分子的身份价值出现贬值，导致知识分子的组织伦理与个人伦理出现对立分裂。如，在各校的人才引进大潮中，所谓学术"大腕儿"，一方面强调学术的价值，另一方面短期内连续多次跳槽，其所追求的已不再是学术，而是待遇，其自身的行为令人不齿，同时也搅乱了大学教师安心治学的学术生态。此类行为成为大学知识分子的一种分裂心态，既不舍学术追求，又不舍现实利益；既不满学校的各类治理，又不愿主动参与，议论多于实干，摇摆于两者之间。大学治理的基础秩序，应当是道德秩序与制度秩序同等重要。如果道德秩序动摇，再多的制度也难以唤醒人的遵守意识，制度仍然难以得到执行。

解决制度失效问题的根本途径有三个。一是制度设计要科学。制定制度的根本目的是解放人，而非限制人，制定制度首先应从人的角度出发。制度的内容必须符合大多数人的利益，在制定前要建立广泛的意见征集机制，通过广泛征求意见形成共识，意见和问题在制度制定之前进行沟通化解。一旦制度制定出台，就必须全员尊重，不得再对制度进行质疑。制度设计要看得长远，维护制度的延续性、稳定性，不能短视功利，导致制度不稳定和动荡。二是严肃制度问责，杜绝破窗效应。一个窗户上只要有一块玻璃破碎又未得到修复，那其他玻璃会在很短的时间内被人纷纷打碎，这就是简单的破窗效应。同理，如果一个制度有一个人未执行又未被问责，很快就会出现第二个、第三个破坏制度者。因此，严肃问责措施，设立问责的红线，使破坏制度的人遭受应有的问责，是杜绝破窗效应的最好方法。这有赖于问责体系的建构。从纵向上，应当构建教代会问责校长、校长问责分管校领导、分管校领导问责部门的问责体系，使每个部门直至每个人的责任与问责事项清晰明确。从横向上，应当构建问责授权机制，授权制度制定部门有权问责平行职能部门，避免因协调成本高而不了了之。三是建设尊重制度的道德氛围，也就是对治理主体的赋能问题。大学治理体系的构建与治理能力的现代化，依赖于参与高等教育的人的现代化。由人来制定制度、构建体系，制度与体系同时也要由人来遵守与维护。因此，道德与制度应当是大学治理体系与治理能力现代化的两块基石。大学是知识分子生产与传播知识的地方，知识分子的道德要求本身就应是一种高限要求，要高于普通群众。要实现大学知识分子的"现代化"，首先就要对高等教育的基本规律充满敬畏之心，对世界先进的高等教育制度拥有探究之愿，对高等学府充满向往之情，对真正的学者充满敬重之意。要重建大学知识分子群体的道德秩序，唤醒他们的参与意识与道德追求，使得尊重制度成为知识分子的道德尊严。如此，制度制定之后才不会成为一纸空文，其治理—管理精神才能真正深入每个人，内化为大学中人人遵守的契约。

第五章　新时代大学治理党建引领研究

　　"把党建设成为始终走在时代前列、人民衷心拥护、勇于自我革命、经得起各种风浪考验、朝气蓬勃的马克思主义执政党。"这是百年来中国共产党领导久经磨难的中国人民、中华民族迎来了从站起来、富起来到强起来的伟大飞跃的一大创举。进入新时代，以此为出发点，深入学习贯彻习近平总书记关于党的建设重要论述，深刻把握党建引领丰富内涵，就显得十分重要。

一、坚持党建引领的基本内容

（一）坚持党的政治建设引领

　　党的政治建设是党的根本性建设，决定着党的建设方向和效果，不抓党的政治建设或背离党的政治建设指引的方向，党的其他建设就难以取得预期成效。党建引领，就是要坚持党的政治建设引领。

　　第一，要把党的政治建设摆在首位。我们党作为马克思主义政党，根本要求是旗帜鲜明讲政治；首要任务是保证全党服从中央，坚持党中央权威和集中统一领导；根本的政治纪律和政治规矩是在思想上高度认同，政治上坚决维护，组织上自觉服从，行动上紧紧跟随，在政治立场、政治方向、政治原则、政治道路上同党中央保持高度一致，自觉维护党中央权威。党生存发展第一位的问题是政治方向，事关党的前途命运和事业兴衰成败。所以，任何时候、任何情况下，都要"做到党中央提倡的坚决响应、党中央决定的坚决照办、党中央禁止的坚决杜绝"。

第二，要营造风清气正的良好政治生态。"政治生态污浊，就会滋生权欲熏心、阳奉阴违、结党营私、团团伙伙、拉帮结派等一系列问题，侵蚀党的思想道德基础。"因此，要"弘扬忠诚老实、公道正派、实事求是、清正廉洁等价值观，坚决防止和反对个人主义、分散主义、自由主义、本位主义、好人主义，坚决防止和反对宗派主义、圈子文化、码头文化，坚决反对搞两面派、做两面人"。

第三，要提高政治能力，善于从政治上分析问题、解决问题。"党的政治建设落实到干部队伍建设上就要不断提高各级领导干部特别是高级干部把握方向、把握大势、把握全局的能力，辨别政治是非、保持政治定力、驾驭政治局面、防范政治风险的能力，善于从政治上分析问题、解决问题。各级领导干部特别是高级干部要炼就一双政治慧眼，不畏浮云遮望眼，切实担负起党和人民赋予的政治责任。"具体来说，就是要提高高校党员领导干部的政治判断力、政治领悟力、政治执行力。

我们讲政治，讲的是实干政治，而不是空头政治。增强"四个意识"、坚定"四个自信"、做到"两个维护"，是具体的不是抽象的，不能停留在口头上，必须体现到实际行动中，在大是大非面前明辨是非、旗帜鲜明、敢于发声、敢于亮剑，始终坚持做到守土有责、守土尽责，让中国特色社会主义理论和实践互促互进、激荡向前、繁荣向上。

（二）坚持党的思想建设引领

思想建设是党的基础性建设，是党的建设系统工程的先导性因素，为党建工作提供思想基础、理论指导和精神动力。对党员干部来说，思想上的滑坡是最严重的病变，思想上松一寸，行动上就会散一尺。党建引领，就是要坚持党的思想建设引领。

第一，要把坚定理想信念作为党的思想建设的首要任务。革命理想高于天。共产主义远大理想和中国特色社会主义共同理想是中国共产党人的精神支柱和政治灵魂，也是保持党的团结统一的思想基础。要教育引导全党牢记党的宗旨，挺起共产党人的精神脊梁，解决好世界观、人生观、价值观这个"总开关"问题，自觉做共产主义远大理想和中国特色社会主义共同理想的坚定信仰者和忠实实践者。

第二，要用习近平新时代中国特色社会主义思想武装全党。习近平新时代中国特色社会主义思想是党的指导思想，是解决好党员世界观、人生观、价值观这个"总开关"的"金钥匙"。要用习近平新时代中国特色社会主义思想武装全党，保持战略定力，树立问题导向，坚定必胜信心，敢于啃硬骨头，敢于涉险滩，坚决冲破不符合时代进步要求的思想观念束缚，坚决破除利益固化藩篱，坚决清除各方面体制机制障碍，努力在解决改革发展稳定的重大问题、人民群众反映强烈的突出问题上不断取得新突破。

第三，要大力弘扬马克思主义学风。毛泽东同志早就指出："学风问题是领导机关、全体干部、全体党员的思想方法问题，是我们对待马克思列宁主义的态度问题，是全党同志的工作态度问题。既然是这样，学风问题就是一个非常重要的问题，就是第一个重要的问题。"大力弘扬马克思主义学风，就是要坚持理论联系实际，这是党具有旺盛创造力的关键所在。"在新时代的征程上，全党同志一定要弘扬理论联系实际的学风，紧密联系党和国家事业发生的历史性变革，紧密联系中国特色社会主义进入新时代的新实际，紧密联系我国社会主要矛盾的重大变化，紧密联系'两个一百年'奋斗目标和各项任务，自觉运用理论指导实践，使各方面工作更符合客观规律、科学规律的要求，不断提高新时代坚持和发展中国特色社会主义的能力，把党的科学理论转化为万众一心推动实现'两个一百年'奋斗目标、实现中华民族伟大复兴中国梦的强大力量。"

"回顾党的奋斗历程可以发现，我们党之所以能够不断历经艰难困苦创造新的辉煌，很重要的一条就是我们党始终重视思想建党、理论强党，坚持用科学理论武装广大党员、干部的头脑，使全党始终保持统一的思想、坚定的意志、强大的战斗力。"当前，中华民族伟大复兴战略全局和世界百年未有之大变局相互交织激荡，更要在理论上不断拓展新视野、做出新概括，继续使全党始终保持统一的思想、坚定的意志、强大的战斗力。

（三）坚持党的组织建设引领

政党的本体在组织。党的力量来自组织，组织建设是党的建设的重要基础。什么时候坚持了正确的组织路线，党的组织就蓬勃发展，党的事业就顺利推进；反之，则会使党的组织遭到破坏，党的事业出现挫折。党建引领，就是要坚持党的组织建设引领。

第一，要以组织体系建设为重点。"只有党的各级组织都健全、都过硬，形成上下贯通、执行有力的严密组织体系，党的领导才能'如身使臂，如臂使指'"，才能使党中央决策部署的贯彻落实在"中间段"，不能出现"中梗阻"，在基层"最后一公里"不能出现"断头路"。没有党组织的全覆盖性，没有党组织体系的严密性，也就没有党的全面领导、坚强领导。

第二，要着力培养忠诚干净担当的高素质干部。"政治路线确定之后，干部就是决定的因素"，"党的干部是党和国家事业的中坚力量"。这就要求党的干部素质必须是高素质。什么是高素质？其标准就是忠诚、干净、担当。其中，忠诚是为政之魂，是最重要的政治操守；干净是立身之本，是做人做事的基本底线；担当是成事之要，是好干部的必备素质。"三位一体"共同诠释着党的干部的政治品格和"高素质"的核心内涵，党所需要的正是这样的干部。这为党选贤任能树立起了时代标杆。

第三，要着力集聚爱国奉献的各方面优秀人才。人才是党执政兴国的第一资源。综合国力的竞争归根到底是人才的竞争。新时代，党的组织建设就是要构建组织、干部、人才工作共同推进的整体新格局，把党内和党外、国内和国外各方面优秀人才集聚到党和人民的伟大奋斗中来，择天下英才而用之。但这种集聚是有要求的，第一位的要求就是要有强烈的爱国情怀。科学无国界，科学家有祖国。对于人才，"我们要树立强烈的人才意识，寻觅人才求贤若渴，发现人才如获至宝，举荐人才不拘一格，使用人才各尽其能"。

第四，要坚持德才兼备、以德为先、任人唯贤的选人用人方针。选什么样的干部？用什么样的干部？选什么样的人才？用什么样的人才？这要"作为关系党和人民事业的关键性、根本性问题来抓"。在新时代党的组织建设中，必须突出德的优先地位和事业为上的导向，强调选干部、用人才既要重品德，也不能忽视才干，从而实现德与才、人与事关系的辩证统一，有机融合。

第五，要为坚持和加强党的全面领导、坚持和发展中国特色社会主义提供坚强组织保证。这是党的组织建设的出发点和落脚点。坚持和加强党的全面领导是具体的，而不是抽象的；坚持和发展中国特色社会主义是具体的，而不是抽象的。这个具体性就体现在党的各级组织的实施上，就体现在广大党员干部人才的落实上。归根结底，最终价值都要体现在坚持和加强党的全面领导、坚持和发展中国特色社会主义、实现中华民族伟大复兴上。只有如此，党的组织建设才称得上"提供坚强组织保证"。

"新时代党的组织路线是理论的也是实践的，要在推进党的建设新的伟大工程、落实全面从严治党的实践中切实贯彻落实"，并使之成为统筹中华民族伟大复兴战略全局和世界百年未有之大变局强大的组织保障。

（四）坚持党的作风建设引领

政党的命脉在作风。"作风问题本质上是党性问题。"任何一个政党，如果不能"把作风建设抓到底"，那么必然会走向衰败。

党建引领，就是要坚持党的作风建设引领。

第一，党的作风就是党的形象。"工作作风上的问题绝对不是小事，如果不坚决纠正不良风气，任其发展下去，就会像一座无形的墙把我们党和人民群众隔开，我们党就会失去根基、失去血脉、失去力量。""党的作风是党的形象，是观察党群干群关系、人心向背的晴雨表"，"我们党作为一个在中国长期执政的马克思主义政党，对作风问题任何时候都不能掉以轻心"。

第二，作风建设的核心是保持党同人民群众的血肉联系。作风建设根本是解决好为了谁的问题、解决好依靠谁的问题。人民就是江山。"保持党同人民群众的血肉联系是一个永恒课题。"只有始终与人民心连心、同呼吸、共命运，才能最终依靠人民推动历史前进。

第三，要做到作风过硬。作风过硬，"各级领导干部都要树立和发扬好的作风，既严以修身、严以用权、严以律己，又谋事要实、创业要实、做人要实"，"要对个人的名誉、地位、利益，要想得透、看得淡，自觉打掉心里的小算盘"，正所谓"打铁还需自身硬"。作风过硬，就是"要发扬钉钉子精神，保持力度、保持韧劲，善始善终、善作善成，不断取得作风建设新成效"，正所谓要有"钉钉子精神"。

第四，作风建设永远在路上。"作风建设永远在路上，永远没有休止符，不可蜻蜓点水，不可虎头蛇尾，不可只是一阵风，否则不仅不可能从根本上解决问题，而且会导致作风问题不断反弹、愈演愈烈，最后失信于民。这方面过去有不少教训，要好好记取。""我们要以踏石留印、抓铁有痕的劲头抓下去"，"让全党全体人民来监督，让人民群众不断看到实实在在的成效和变化"。

在新时代，我们党领导人民进行伟大社会革命，涵盖领域之广、触及利益格局调整之深、涉及矛盾和问题之尖锐、突破体制机制障碍之艰巨、进行伟大斗争形势之复杂，都是前所未有的。这也就要求我们必须建立起前所未有的过硬作风，以前所未有的过硬作风战胜前所未有的困难，创造新业绩，书写新篇章。

（五）坚持党的纪律建设引领

加强纪律性，革命无不胜。"加强纪律建设是全面从严治党的治本之策。"党建引领，就是要坚持党的纪律建设引领。

第一，要严明政治纪律和政治规矩。在所有纪律和规矩中，政治纪律和政治规矩是打头的、管总的，"要抓住这个纲，把严肃其他纪律带起来"，这是遵守党的全部纪律的重要基础，更是维护党的团结统一的根本保证。严明党的政治纪律和政治规矩最根本的是维护党中央权威和集中统一领导。

第二，要始终把纪律挺在法律前面。党的性质决定了党纪严于国法，对党员的要求严于普通群众。"真正把纪律和规矩挺在前面，拿起纪律这把戒尺，既要奔向高标准，以人格力量凝聚党心民心；又要守住底线，严格执行党的纪律，决不越雷池一步。"只有坚持纪严于法，才能突出广大党员区别于普通公民的政治意识和政治责任，体现对于党员更高更严的要求。

第三，要抓住领导干部这个"关键少数"。因为"关键少数"一旦犯错误，造成的危害更大，对党的形象和威信损害更大。因此，"从严治党，关键是要抓住领导干部这个'关键少数'，从严管好各级领导干部"。

第四，要严字当头、一严到底执行党的纪律。"要严格党的纪律，坚持党纪面前党员人人平等，对党内一切消极腐败现象认真查处、严肃执纪，不允许有不受纪律约束的特殊党员存在。"不仅如此，而且"执行党的纪律不能有任何含糊，不能让党纪党规成为'纸老虎'、'稻草人'，造成'破窗效应'。凡是违反党章和党的纪律特别是政治纪律、组织纪律、财经纪律的行为，都不能放过，更不能放纵。""要坚持执行制度没有例外，对违反制度规定踩'红线'、闯'雷区'的，要零容忍，发现一起就坚决查处一起。"

党的光辉历程昭示我们，重视纪律、严明纪律、严格执行纪律，是我们党的鲜明特征。中国革命、建设和改革不断前进的历史进程要求我们，必须继续发扬党始终保持重视纪律、严明纪律、严格执行纪律的优良传统，"强化不敢腐的震慑，扎牢不能腐的笼子，增强不想腐的自觉，通过不懈努力换来海晏河清、朗朗乾坤"。

（六）坚持党的制度建设引领

制度是关系党和国家事业发展的根本性、全局性、稳定性、长期性问题。"从严管理干部，要坚持思想建党和制度治党紧密结合，既从思想教育上严起来，又从制度上严起来。"党建引领，就是要坚持党的制度建设引领。

第一，要坚定中国特色社会主义制度自信。一方面，要深刻认识到"中国特色社会主义制度和国家治理体系不是从天上掉下来的，而是在中国的社会土壤中生长起来的，是经过革命、建设、改革长期实践形成的"，具有深刻的历史逻辑、理论逻辑、实践逻辑。另一方面，"我们说坚定制度自信，不是要固步自封，而是要不断革除体制机制弊端，让我们的制度成熟而持久"，让发展更有质量，让治理更有水平，让人民更有获得感。

第二，要把权力关进制度的笼子里。"要加强对权力运行的制约和监督，把权力关进制度的笼子里，形成不敢腐的惩戒机制、不能腐的防范机制、不易腐的保障机制"，而"关键是要抓住领导干部这个'关键少数'，坚持思想建党和制度治党紧密结合，全方位扎紧制度笼子，更多用制度治党、管权、治吏"。

第三，制度的建立和完善要于法周延、于事简便。"不管建立和完善什么制度，都要本着于法周延、于事简便的原则，注重实体性规范和保障性规范的结合和配套，确保针对性、操作性、指导性强。"这是给制度的建立与完善定了新的规矩。两者共同作用，构成了好制度的重要判断标准。

第四，更重要的是抓落实。如果"现有制度都没执行好，再搞新的制度，可以预言也会是白搭"。所以，"一分部署还要九分落实。制定制度很重要，更重要的是抓落实，九分气力要花在这上面"，就是要"坚持制度面前人人平等、执行制度没有例外，不留'暗门'、不开'天窗'，坚决维护制度的严肃性和权威性，坚决纠正有令不行、有禁不止的行为，使制度成为硬约束而不是橡皮筋"。

在勠力奋进"第二个百年"新征程中，要深刻理解和把握习近平新时代中国特色社会主义思想，以党的政治建设为统领，全面加强党的政治建设、思想建设、组织建设、作风建设、纪律建设，把制度建设贯穿其中，"把制度建设摆在突出位置"，以制度自信将制度建设推向深入，不断提高党的建设质量，把党建设得更加朝气蓬勃、坚强有力。

二、坚持党建引领的基本理念

（一）坚持党的初心、使命、宗旨和立场引领

中国共产党人的初心和使命，就是为中国人民谋幸福，为中华民族谋复兴；中国共产党的根本宗旨就是全心全意为人民服务；中国共产党最根本的政治立场就是坚持以人民为中心的人民立场。只有人民，才是推动人类历史的真正动力。党建引领，就是要坚持党的初心、使命、宗旨和立场引领。

第一，要始终牢记"人民对美好生活的向往，就是我们的奋斗目标"。我们党没有任何自己特殊的利益，从来不代表任何利益集团、任何权势团体、任何特权阶层的利益，只有人民的利益。正如习近平总书记在党的十九大报告中所论述的，"全党必须牢记，为什么人的问题，是检验一个政党、一个政权性质的试金石。带领人民创造美好生活，是我们党始终不渝的奋斗目标"。

第二，要"永远铭记人民是共产党人的衣食父母，共产党人是人民的勤务员"。只有如此，才能"以真挚的人民情怀滋养初心，时刻不忘我们党来自人民、根植人民"，才能真正得到人民群众的支持和拥护，才会永远不脱离群众，不轻视、漠视群众疾苦，从而做到"始终与人民心心相印、与人民同甘共苦、与人民团结奋斗，夙夜在公，勤勉工作，努力向历史、向人民交出一份合格的答卷"。

第三，要一以贯之地"把人民拥护不拥护、赞成不赞成、高兴不高兴、答应不答应作为衡量一切工作得失的根本标准"。必须以最广大人民根本利益为我们一切工作的根本出发点和落脚点，"顺应民心、尊重民意、关注民情、致力民生，既通过提出并贯彻正确的理论和路线方针政策带领人民前进，又从人民实践创造和发展要求中获得前进动力，让人民共享改革开放成果，激励人民更加自觉地投身改革开放和社会主义现代化建设事业"。

坚持以人民为中心的改革取向、发展取向和价值取向，将党的奋斗目标、共产党人的身份地位、共产党人一切工作得失衡量的根本标准与人民群众的获得感、幸福感、认同感、归属感紧密结合起来，体现了中国共产党人民性的底色、本色和亮色。

（二）坚持党的伟大建党精神引领

在庆祝中国共产党成立100周年大会上，习近平总书记首次总结了中国共产党的"伟大建党精神"："坚持真理、坚守理想，践行初心、担当使命，不怕牺牲、英勇斗争，对党忠诚、不负人民。"这是激励中国共产党人不断开拓前行，从胜利走向胜利的强大精神动力。

第一，坚持真理、坚守理想，就是要坚持马克思主义的科学真理，坚守共产主义远大理想和中国特色社会主义共同理想。它"是共产党人的政治灵魂，是共产党人经受住各种考验的精神支柱"。"立根固本，就是要坚定这份信仰、坚定这份信念、坚定这份忠诚，只有在立根固本上下足了功夫，才会有强大的免疫力和抵抗力。"而"没有理想信念，理想信念不坚定，精神上就会得'软骨病'，就会在风雨面前东摇西摆。"

第二，践行初心、担当使命，就是要坚持为中国人民谋幸福、为中华民族谋复兴的初心和使命。"从石库门到天安门，从兴业路到复兴路，我们党近百年来所付出的一切努力、进行的一切斗争、作出的一切牺牲，都是为了人民幸福和民族复兴。"我们要坚持把人民群众的小事当作自己的大事，从人民群众关心的事情做起，从让人民群众满意的事情做起，带领人民不断创造美好生活！"

第三，不怕牺牲、英勇斗争，就是要始终保持斗争精神、顽强意志、优良作风，毫无畏惧地面对一切困难和挑战，坚定不移地开辟新天地。中国共产党历经百年风雨，就是在"为有牺牲多壮志"中"敢教日月换新天"的，就是在应对各种困难挑战中，"锤炼了不畏强敌、不惧风险、敢于斗争、勇于胜利的风骨和品质"。要清醒地看到，"中华民族伟大复兴，绝不是轻轻松松、敲锣打鼓就能实现的。全党必须准备付出更为艰巨、更为艰苦的努力"。过去是，今天是，未来也是。

第四，对党忠诚、不负人民，就是要无条件地对党的信仰忠诚、对党组织忠诚、对党的理论和路线方针政策忠诚，始终坚持全心全意为人民服务的根本宗旨。"对党绝对忠诚要害在'绝对'两个字，就是唯一的、彻底的、无条件的、不掺任何杂质的、没有任何水分的忠诚。""对党忠诚，不是抽象的而是具体的，不是有条件的而是无条件的，必须体现到对党的信仰的忠诚上，必须体现到对党组织的忠诚上，必须体现到对党的理论和路线方针政策的忠诚上。"不负人民，就是"要始终把人民放在心中最高的位置，牢记人民重托，牢记责任重于泰山。这样一个大国，这样多的人民，这么复杂的国情，领导者要深入了解国情，了解人民所思所盼，要有'如履薄冰，如临深渊'的自觉，要有'治大国如烹小鲜'的态度，丝毫不敢懈怠，丝毫不敢马虎，必须夙夜在公、勤勉工作"。

"我们党一路走来，经历了无数艰险和磨难，但任何困难都没有压垮我们，任何敌人都没能打倒我们，靠的就是千千万万党员的忠诚。对党忠诚，必须一心一意、一以贯之，必须表里如一、知行合一，任何时候任何情况下都不改其心、不移其志、不毁其节。"今天又走在实现第二个百年奋斗目标新的赶考之路上，"我们要不负人民重托、无愧历史选择，在新时代中国特色社会主义的伟大实践中，以党的坚强领导和顽强奋斗，激励全体中华儿女不断奋进，凝聚起同心共筑中国梦的磅礴力量！"

(三) 坚持党最鲜明的品格引领

中国共产党之所以伟大，不是因为她从不犯错误，而是因为她从不讳疾忌医，敢于直面问题，"敢于进行自我革命，敢于刀刃向内，敢于刮骨疗伤，敢于壮士断腕，防止祸起萧墙"。"勇于自我革命，从严管党治党，是我们党最鲜明的品格"，它构成我们党区别于世界上其他政党的显著标志，也成为我们党长盛不衰的重要原因所在。党建引领，就是要坚持党最鲜明的品格引领。

第一，要勇于自我革命。"强大的政党是在自我革命中锻造出来的。回顾党的历史，我们党总是在推动社会革命的同时，勇于推动自我革命，始终坚持真理、修正错误，敢于正视问题、克服缺点，勇于刮骨疗毒、去腐生肌。正因为我们党始终坚持这样做，才能够在危难之际绝处逢生、失误之后拨乱反正，成为永远打不倒、压不垮的马克思主义政党。""当前，同向社会主义现代化强国进军的伟大社会革命相比，党的自身建设上还存在一些不匹配、不适应的地方，一些弱化党的先进性、损害党的纯洁性的问题具有很大的危险性和破坏性，特别是党风廉政上的一些问题具有反复性和顽固性，稍不注意就会反弹回潮、前功尽弃。在全党开展党史学习教育，就是要教育引导全党在开启新征程的关键时刻，继续发扬彻底的革命精神，坚持全面从严治党永远在路上，保持

'赶考'的清醒，以新时代党的自我革命引领新的伟大社会革命。"

第二，要从严管党治党。全面从严治党本身就是一场伟大的自我革命。党的十八大以来，以习近平同志为核心的党中央，以从严管党治党开局起步，把全面从严治党纳入"四个全面"战略布局，始终坚持零容忍的态度不变、猛药去疴的决心不减、刮骨疗毒的勇气不泄、严厉惩处的尺度不松，反腐利剑高悬，敢于"打虎""拍蝇""猎狐"，坚决铲除"政治毒瘤"，攻克了一个又一个看似不可攻克的难关，为中华民族伟大复兴凝聚了党心民心，积蓄了强大的信心、希望和力量。

"百年风霜雪雨、百年大浪淘沙，我们党能够从最初的 50 多名党员发展到今天的 9100 多万名党员，战胜一个又一个困难，取得一个又一个胜利，关键在于我们始终坚持党要管党、全面从严治党不放松，在推动社会革命的同时进行彻底的自我革命。"勇于自我革命永远在路上，只有如此，才能确保党不变质、不变色、不变味，始终成为时代先锋、民族脊梁，成为坚强领导核心。

三、坚持党建引领的基本要求

（一）坚持党的全面领导引领

党政军民学，东西南北中，党是领导一切的。中国共产党的领导是中国特色社会主义的最本质特征，是中国特色社会主义制度的最大优势。党建引领，就是要坚持党对一切工作的全面领导引领。

第一，办好中国的事情，关键在党。只有坚持和加强党的全面领导，不断增强党的创造力、凝聚力、战斗力，才能更好凝聚起同心共筑中国梦的磅礴力量，开创中华民族更加美好的未来。这是党和国家的根本所在、命脉所在，也是全国各族人民的利益所在、幸福所在。

第二，坚持党的领导最根本的是坚持党中央权威和集中统一领导。要把坚持党中央权威和集中统一领导作为首要原则，把维护习近平总书记的核心地位摆在讲政治的首要位置。这是党的十八大以来发生的历史性变革和取得的历史性成就的根本保证，也是中华民族伟大复兴的根本保证。

第三，全面领导贵在全面，重点是全覆盖，目的是实现坚强有力。要着眼推进"四个伟大"，着眼增强"四个意识"，着眼坚定"四个自信"，统筹推进"五位一体"总体布局、协调推进"四个全面"战略布局，实现党对一切工作的领导。这是新时代坚持和发展中国特色社会主义这场伟大社会革命的强大动力，也是实现人民日益增长的美好生活需要的强大动力。

自中国共产党建立以来的中华民族伟大复兴的奋斗历程已反复昭示，正是因为有了中国共产党的坚强领导，今天的中华民族和中国人民比历史上以往任何时候都更加接近民族复兴伟大目标，而这一结论也必将在民族复兴的新征程中继续得到有力证明和充分彰显。党对一切工作的全面领导不牢，将会地动山摇。

(二) 坚持党的工作方法引领

"当前，各级领导干部工作热情比较高，但一些同志在具体工作中存在着违背规律的倾向和做法"，"这些问题，既是一个思想观念问题，也是一个方式方法问题"。党建引领，就是要坚持党的工作方法引领。

第一，要坚持实事求是。坚持实事求是，基础在于搞清楚"实事"，关键在于"求是"，核心在于不断解放思想，根本在于坚持党的群众路线，方法在于理论联系实际。"实事求是，是马克思主义的根本观点，是中国共产党人认识世界、改造世界的根本要求，是我们党的基本思想方法、工作方法、领导方法。不论过去、现在和将来，我们都要坚持一切从实际出发，理论联系实际，在实践中检验真理和发展真理。"

第二，要坚持战略定力。坚持战略定力，就是要坚持实现目标的执着信念、战胜困难的坚强意志、应势而谋的战略清醒。战略定力不足，就容易造成战略上摇摆不定、行动上犹豫不决、心理上焦躁不安，就容易最终导致随波逐流、进退失据，乃至丧失行动能力，从而错失发展机遇。因此，在工作中，"我们要保持战略定力和坚定信念，坚定不移走自己的路，朝着自己的目标前进"。

第三，要坚持问题导向。坚持问题导向，就是要把问题作为研究制定政策的起点，把工作的着力点放在解决最突出的矛盾和问题上。"围绕这些重大课题，我们强调，要有强烈的问题意识，以重大问题为导向，抓住关键问题进一步研究思考，着力推动解决我国发展面临的一系列突出矛盾和问题。我们中国共产党人干革命、搞建设、抓改革，从来都是为了解决中国的现实问题。"

第四，要坚持全面协调。全面的要义在于系统性思维、整体性推进，协调的内核在于和谐性关系建立、规律性把握，最终目的在于中国特色社会主义更加均衡、更加充分的发展。全面协调是以习近平同志为核心的党中央治国理政的鲜明特征。"我们要学会运用辩证法，善于'弹钢琴'，处理好局部和全局、当前和长远、重点和非重点的关系，在权衡利弊中趋利避害、作出最为有利的战略抉择。"

第五，要坚持底线思维。这是做好领导工作的一个重要战略策略，也是一个很重要的领导艺术。在工作中，"要善于运用'底线思维'的方法，凡事从坏处准备，努力争取最好的结果，这样才能有备无患、遇事不慌，牢牢把握主动权"。

第六，要坚持调查研究。这是我们党在革命、建设、改革各个历史时期做好领导工作的重要传家宝，也是我们做好工作的基本功。"调查研究是谋事之基、成事之道，没有调查就没有发言权，没有调查就没有决策权。"不仅如此，"党的十九大明确了坚持和发展新时代中国特色社会主义的大政方针，作出了一系列重大工作部署，提出了一系列重大举措，关键是抓好贯彻落实。正确的决策离不开调查研究，正确的贯彻落实同样也离不开调查研究"。

第七，要坚持抓铁有痕。抓铁有痕、踏石留印体现的是一种过硬作风，就是一个行动胜过一打纲领；传承的是一种优良传统，就是"空谈误国，实干兴邦"；发扬的是一种伟大精神，就是钉钉子精神。干事业不是做样子，不是做表面文章，而是"要以抓铁有痕、踏石留印的劲头，坚持不懈抓下去"，切实干出成效来，做到"言必信，行必果"。

第八，要坚持历史担当。历史担当，是党的初心和使命担当，就是要把党的初心和使命在现实得到发扬光大，在未来开辟新境界；是党的事业担当，就是要把党百年来的事业在现实中干得更大更强，在未来更加辉煌；是国家富强的担当，就是要将伟大的中国在现实中推向现代化，在未来傲然屹立于世界的东方。"改革开放40年来，我们以敢闯敢干的勇气和自我革新的担当，闯出了一条新路、好路，实现了从'赶上时代'到'引领时代'的伟大跨越。今天，我们要不忘初心、牢记使命，继续以逢山开路、遇水架桥的开拓精神，开新局于伟大的社会革命，强体魄于伟大的自我革命，在我们广袤的国土上继续书写13亿多中国人民伟大奋斗的历史新篇章！"

第九，要坚持依靠学习走向未来。"中国共产党人依靠学习走到今天，也必然要依靠学习走向未来。"要坚持认真学习马克思主义基本理论，认真学习习近平新时代中国特色社会主义思想，不断补精神之钙、固思想之元、培为政之本；要坚持认真学习党的路线、方针、政策，学习党章党规党纪和国家法律法规，提高把握政策的水平、解决问题的能力；要坚持认真学习中共党史、中国历史、社会主义发展史和世界历史，从历史中得到启迪、得到定力。同时，还要坚持干什么学什么、缺什么补什么，结合工作需要学习政治、经济、文化、社会、生态、法律、科技、军事、外交等方面的知识，不断提高自己的知识化、专业化水平。总之，

"要发扬理论联系实际的马克思主义学风，带着问题学，拜人民为师，做到干中学、学中干，学以致用、用以促学、学用相长"，不仅如此，而且"我们的干部要上进，我们的党要上进，我们的国家要上进，我们的民族要上进，就必须大兴学习之风，坚持学习、学习、再学习"，依靠学习走向更广阔的未来！

（三）坚持党的作用发挥引领

党的作用的发挥，具体到一个地方、一个单位，就是要发挥该地方、该单位的党组织和党员的作用。在一个地方、一个单位，党组织的最高层是党委，基层是党支部。所以，党委要发挥好核心领导作用，党支部要发挥好战斗堡垒作用。而之于每个党员，则要发挥好先锋模范带头作用。在一个地方、一个单位中，它们是党的全面领导的具体体现；它们的战斗力，也是党的坚强领导的具体体现。党建引领，就是要坚持党的作用发挥引领。

第一，要充分发挥好党委的核心领导作用。一个地方、一个单位党委强不强、领导作用发挥好不好，事关党的执政能力和领导水平的提高，事关党和国家事业的发展。要发挥党委的领导核心和政治核心作用，归结到一点，就是把方向、管大局、保落实。把方向，就是要坚定正确的政治方向，把握科学的工作方向，谋划可持续的发展方向，根本任务是确保党中央决策部署贯彻落实，有令即行、有禁即止；管大局，就是要总揽全局、协调各方，自觉站在新时代中国特色社会主义建设这个全局上想问题、做决策、办事情，坚定不移地维护好本地方、本单位改革发展稳定这个局面；保落实，就是要围绕本地方、本单位的中心工作，着力聚魂、强基、固本，通过管干部聚人才、建班子带队伍、抓基层打基础、强监督正风气，把党和国家及上级的部署不折不扣落到实处，把党委"建设成为坚决听从党中央指挥、管理严格、监督有力、班子团结、风气纯正的坚强组织"，切实把党的政治优势转化为地方、单位发展的领导力。

第二，要充分发挥好党支部的战斗堡垒作用。党支部是党最基本的组织，是党全部工作和战斗力的基础。"火车跑得快，全靠车头带。"必须激活基层党组织，增强基层组织力，"树立党的一切工作到支部的鲜明导向，注重把思想政治工作落到支部，把从严教育管理党员落到支部，把群众工作落到支部"。"党建工作的难点在基层，亮点也在基层。"要坚持建强地方、单位基层党组织不放松，确保事业发展到哪里、党的建设就跟进到哪里、党支部的战斗堡垒作用就体现在哪里，切实把党的组织优势转化为地方、单位发展的战斗力。

第三，要充分发挥好每个党员的先锋模范带头作用。党员是党的肌体的"细胞"。只要每个党员都有强烈的宗旨意识和责任意识，都能发挥先锋模范带头作用，我们党就会很有力量，我们国家就会很有力量，我们人民就会很有力量，党的执政基础就能坚如磐石。每个党员要发挥好先锋的作用：要增强党内政治生活的战斗性，旗帜鲜明坚持真理、修正错误，敢于和善于针对不良学风背后的错误思想根源开展真刀真枪的交锋，使每个党员都成为扶正祛邪的战斗员。每个党员要发挥好模范的作用：是贯彻执行党的路线、方针和政策的模范，是理论联系实际、实事求是的模范，是时刻端正作风的模范，是严守党的纪律规矩的模范，是不懈努力学习的模范，是建功立业的模范。每个党员要发挥好带头的作用：每个党员在任何时候、任何地方都应处处以身作则，在各项工作和活动中走在群众的前面，时时、处处给群众做出表率，成为群众学习的榜样，用自己的思想和行为影响和带动人民群众为实现党的目标和任务而共同奋斗。

总之，党的作用的发挥就是要充分发挥好党委的领导核心和政治核心作用，党支部的战斗堡垒作用，党员的先锋模范带头作用，通过上下层层作用的充分发挥，从而坚实党的基础，落实党的全部工作，真正使党组织成为一个无坚不摧的领导集体、战无不胜的战斗堡垒，使每名党员都成为一面鲜红的旗帜。

第六章　新时代大学思想政治治理研究

　　社会主义意识形态是我们民族和国家的精神支柱，是我们每个社会主义建设者自身价值和意义的源泉。当前，我国的大学思想政治治理还面临着挑战。本章探讨了新时代我国大学思想政治教育、道德教育和政治人格教育的困境，并针对这些困境提出了创新性对策。

一、思想政治教育的困境与创新

　　大众文化是什么？大众文化是消费社会中社会大众的生活方式和价值取向，是建立在现代信息传播技术高度发展基础上的以大众传播媒介（主要以电子媒介）为载体的，按照商品市场规则运作，以消费者的感性愉悦为旨归的日常文化形态。因此，大众文化也可以当作现代通俗文化、传播文化、消费文化、商业文化的集合体。根据这个定义，本章所说的大众文化基本上不是一个本土的概念而是一个西方的概念或者说分析范式。

　　为什么要借用这个概念来分析高校思想政治教育面临的文化困境呢？首先是因为 20 世纪 90 年代以来，随着市场化改革的深入推行和经济的快速增长，我国的主要经济区域逐步迈入消费社会，表现为生产过剩、需求不足，消费者的需求成了指挥棒。在这个意义上，消费者就是"上帝"，因此如何引导、开发、制造消费者的需求并使之最大化成为消费社会的核心问题，一切对这个问题的解决方案和努力就是"消费文化"。亦即在步入消费社会的同时，我们的文化也呈现出西方消费文化的许多特征，消费社会的生活方式已成为一种时尚和流行，尤其被广大青少年所追求。其次是因为中国的大众文化是借助于全球性通讯传播技术和全球性的文化产业发展而兴起的。从我们建设社会主义市场经济的角度来说，是一种半主动半不得已的文化横向移植，从美国等西方发达国家主导的全球化来看，就是一种文化的扩张或者说是后殖民景象。2001 年以来，随着我国加入世贸组织，主动参与全球化进程，大众文化已经浪潮汹涌，对主流文化形成巨大的冲击，无所不在的大众文化已经包围了我们的文化教育事业，包围了我们的大学，包围了我们的青年大学生，作为大学素质教育的核心——思想政治教育的目标和效果的实现变得日益困难，直接影响到我国大学能否实现社会主义大学的人才培养目标。

那么，大众文化是如何使中国的大学思想政治教育处于困境的呢？大众文化通过对国家意识形态的消解从根本上瓦解思想政治教育的意义；大众文化依托高度发达的全球化的信息传播媒介极大地削弱甚至是剥夺教育主体的话语权；大众文化通过对消费者感性愉悦和单一审美向度的最大化开发极大地颠覆传统文化、背离理性价值意义世界，从而导致思想政治教育的受教育主体拒绝接受教育，使思想政治教育的有效性成了问题。

(一) 保卫意识形态

大众文化从来没有宣布要消解甚至颠覆社会主义的意识形态，但大众文化又确确实实在静悄悄地改变，或者更确切地说，在遮蔽社会主义的意识形态。

市场经济和消费社会是一个看起来更加注重自我选择的社会，作为市场经济和消费社会的大众行为方式和生活方式的大众文化也是注重自我选择的，它是通过非政治的、非道德的（不是不道德）、普遍的、风尚和习俗的形式将个人发展、即时满足、追逐变化等特定的价值体系转化为消费社会的特定的文化环境。这种文化环境使公民变成了消费者，使大众的政治参与变成了市场参与，也就是"我消费""我购买""我选择"，"我"并不反对任何东西，但很多东西就在这种看起来很有理的"我消费，我选择"的过程中被边缘化、被消解、被遮蔽了。一言以蔽之，大众文化是通过隔离意识形态对社会大众日常生活的影响从而使消费者产生"我不需要意识形态"的幻觉来实现对意识形态的消解或遮蔽的。我们真的不需要意识形态吗？社会主义意识形态是我们民族和国家的精神支柱，是我们每个社会主义建设者自身价值和意义的源泉，在全面建成惠及 14 亿人民的小康社会和实现中华民族伟大复兴的新征程中，我们比任何时候都更加需要社会主义意识形态来凝聚和团结一切力量。

大众文化不可能消解意识形态，它只是以资本主义的消费主义的意识形态来取代社会主义的马克思主义的意识形态。这种静悄悄的看不见刀光剑影的对社会主义意识形态的取代或消解因为下面两大变量而变得日益严峻。一方面，随着市场化进程的加速，中国大众文化的发展也必然加速，它正在日益深入地改变人们的意识甚至本能。大众传播媒介虽然在社会主义意识形态的建构和巩固中发挥了不可或缺的作用，但同时也对大众文化的生长推波助澜。比如时尚和流行正是我们的各类媒体在日夜制造的，经济自由主义不等于市场经济，但自由主义经济思想也是媒体在传播的。以虚假新闻、有偿新闻和新闻炒作为特征的"媒介腐败"也在败坏大众媒介的社会公信力和舆论权威，导致部分青年学生拒绝相信媒体的正面宣传和引导，使大众传播媒介的意识形态建构功能弱化。另一方面，随着经济、政治、文化全球化的发展，西方大众文化在中国的传播越来越广泛和深入。西方资本主义国家一刻也没有停止过对中国意识形态的干预和消解，在文化产业、教育等服务贸易开放并与国际接轨的同时，在互联网成了大众文化传播制高点的同时，意识形态领域内取代与反取代的斗争将更加激烈、复杂和艰巨。

保卫社会主义的意识形态就是保卫我们大学思想政治教育存在的理由。思想政治教育是社会主义大学传承、维护和发展社会主义意识形态的主要方式和途径，思想政治教育的核心内容就是向广大师生尤其是作为社会主义接班人和建设者培养的青年大学生有效传播马克思主义的世界观、人生观、价值观和共产主义、社会主义、集体主义、爱国主义精神。如果社会主义意识形态被消解了，那么社会主义大学的思想政治教育也就被消解了，就失去了存在的坚实的理由，因此我们必须保卫社会主义意识形态，坚持并发展思想政治教育。在市场化改革和全球化浪潮的环境中，保卫意识形态成为大学思想政治教育的重要功能和职责。保卫意识形态除了发挥大学文化和大学精神对大众文化的正面引导和改造解释功能外，还必须警惕自由主义思潮的负面影响，破除市场迷信，坚持教育的自主性，坚持以我为主，因为"任何层次的教育都不能被简单地视为一种可以在市场上买卖的商品"，"我们要充分认识到，一切形式的教育不只是一种简单的商品，而是一种文化和一个社会的核心部分，需要将它与市场中的其他部分区别对待"①，否则我们何以保卫我们的意识形态、保卫我们的思想政治教育。

(二) 我们失掉了话语权吗

我们好像没有丧失话语权。大学有"两课"主渠道，有学校主导、学生自主的"第二课堂"，思想政治教育进了互联网，建立了"红色网站"，思想政治教育进了学生公寓，辅导员或班主任住进了公寓，课程设置、教学大纲、教育教学方法还是学校和老师说了算。然而，当我们教师面对的学生懂的比自己还多的时候，当课堂上的学生纷纷打瞌睡、看英语等其他课外书籍甚至缺席的时候，我们还自信拥有话语权吗？

---

① 菲利普·G.阿特巴赫. 作为国际商品的知识与教育：公共产品的消解 [J]. 覃文珍，译. 北京大学教育评论，2003 (1)：37-39，69.

教育主体的话语权有很多资源。话语权的第一个资源就是经验。谁的经验丰富、故事多，谁就有资格讲述。最早的教育者就是经验丰富的人。有了纸质媒介后，经验就不那么重要了，学生可以通过阅读超越老师的经验。但是发展到今天，经验已经成了不可思议的东西。现在，我们生活在一个极其雷同的世界，城市、宾馆、住宅、道路、饮食、休闲等都在趋同，甚至我们在一起讲一个谁也没有听过的笑话都很困难，因为你不是在手机短信息就是在网络上，或者在报纸的娱乐版，或者在某种时尚杂志上看过了，这就是全球化吗？人与人的经验相互渗透了，你中有我，我中有你，独特的经验没有了，经验贬值了。青年学生对特殊的个人化的经验不愿理解，甚至觉得没有意义，他（她）不需要特殊的，需要流行的、大众的。实际上，大众文化或者说消费文化替代或取消了我们的经验，也就是说，我们单凭经验已经不能获得话语权了。

话语权的第二个资源就是知识。培根说"知识就是力量"，是的，曾经拥有丰富的知识就拥有说话的权利，我的知识比你多，我就可以教育你。但是当知识呈几何级数增长，没有人能够完全掌握哪怕一个学科的一个分支的时候，当现代信息传播技术发展到可以数字化生存的时候，知识权威退位了，电脑成了知识权威，电视成了知识权威，互联网成了知识权威。很可能你随便叫起一个学生都知道的比你多或者他们谈论的都是你闻所未闻的，你还能说你有知识、你是老师你就有话语权吗？

话语权的第三个资源就是真理和真相。谁把握了真理，或者说谁把握了世界的真相，谁就获得了话语权。这最早是由哲学家、传教士等拥有的权力，然后是科学家。但当现代大众传播媒介连真理和真相都可以操作的时候，谁还能证明自己拥有真理或真相？我们看到的伊拉克战争是真实的吗？新闻就是真实的吗？因为媒体的立场不同，美国人和阿拉伯人看到的战争是截然不同的。比如，"那个全球传播的伊拉克人民欢呼美军拉倒萨达姆雕像的镜头就是导演出来的，对那个倒霉得几乎是童子军的美国少年女兵的所谓英勇抢救也是导演出来的"①。那些在电视、电影、网络等大众传播媒介的包围下长大的一代青年，对真假判断已经不再关注，如果虚假的和虚构的能给他们带来金钱和快乐，他们宁愿要虚假的也不要真实的，宁愿要虚构的，也不要现实的。看起来，凭着拥有真理或真相就获得话语权也失去了理由。

我们这里所论述的三大话语权利资源的流失，都是大众传播媒介极度膨胀的结果。媒体在西方国家被称作"第四权力"：不但社会的三大支柱权力——立法、行政、司法都受它的牵制，而且它对大众也有强大的影响力。它一定程度上决定了大众对事物的态度，引导他们的消费需求与意识，改变他们的价值观念与生活方式。其实大众文化环境中对话语权的最大挑战，除了大众传播媒介就是市场选择。市场不禁止什么，大众文化也不禁止什么，谁都可以说话，你爱怎么说就怎么说，爱怎么写就怎么写。但是我不看你，我不听你，大众传播媒介也不炒作你，这样你就发不出声音，你的话语权就无法实现。对大学思想政治教育者来说也是如此。看起来我们是法定的老师，我们掌握话语权，但作为受教育的主体——学生说"我不听你"。如果是选修课我就缺席，如果是必修课我能缺席就缺席，不能缺席我就打瞌睡，不能打瞌睡我就记英语单词，或者看小说，或者发短信息，反正我就是不听你。那么，老师的声音发出来了吗？老师的话语权实现了吗？学校的话语权也在受到不断的损害。

如果大学教育完全市场化、产业化，蜕变成营利组织，如果我们的大学生完全是教育商品的消费者，那么社会主义大学的思想政治教育就很可能要被其他更能增强学生的致富能力的课程所代替，思想政治教育主体的话语权很可能就永远地丧失了。其实很多时候是我们自己在主动放弃话语权：有的大学取消或变相取

① 高默波. 控制·自由·倾向·公正 [J]. 读书, 2003 (12)：99-107.

消了"形势政策"课,对"两课"教师的配备低标准低要求,教学手段和方法陈旧落后,对学生的考核低标准宽要求,对思想政治教育的理论研究少投入或不投入,因为这些课程、课时和课题不能实现市场竞争条件下的利益最大化。

但是,在消费主义的大众文化和全球化的背景下,无论争夺思想政治教育话语权的努力多么艰难,无论高等教育怎么改革开放,我们社会主义大学和广大思想政治教育工作者都要以高度的社会责任感和对党的教育事业的忠诚,坚定信心、坚守阵地,创造性地完成新时代的思想政治教育任务。

(三) 在理性与感性断裂的地方开始

消费社会的大众文化从其诞生的那天起就是唯利、唯乐、唯美的,即追求自我利益最大化、快乐最大化、感官愉悦最大化。其价值观恰恰是非理性的,与价值意义世界是断裂的,只注重日常生活中的审美(感性)满足、心理满足、自我满足,或者说它是一种相对主义的价值观,强调的是快乐、满足、宣泄、放松的状态,而不是道德意义上的完美,更不是人的全面发展。

大众文化是如何使人的理性与感性断裂的呢?我们知道,消费社会最重要的特征是生产能力过剩、消费者的需求不足。制造和调动大众需求的过程就是大众文化形成的过程。消费社会是如何制造和调动大众的需求的呢?就是不间断地激发消费者的想象力和欲望。我们把这种"激发"称为"消费的想象"。"消费的想象"的直接产物或自身就是大众文化的主体标志和样式——广告(广而告之)。广告的主体话语空间就是强大的、无所不至的大众传播系统,是广告和媒体在引导、诱发、控制消费者,而不是消费者在控制媒体。"消费的想象"(广告)非常可怕,它颠覆了我们的语言艺术,它把日常生活极度地"文化化"了,仿佛生活不再是简单的安排,而是整个地变成了一个奇迹。日常(消费)生活中仿佛是消费者在选择,其实是广告给消费者提供了"想象的空间",消费者不再是主动想象、自由想象,而是被引导着想象,是广告和大众传播媒体代替消费者想象。在铺天盖地的广告、传媒形象中,"消费的偶像取代了生产的偶像,对社会的民族的理想的追求变成了对个体的审美的理想的追求"①。消费者跟踪着时尚和流行,追逐着自己的欲望和快乐,这种生活方式几乎与任何有深度的思想精神、道德规范、精英文化、生命价值等都没有关联。于是,在大众文化极度开发了人的感性生活的同时,理性被遮蔽了,感性与理性发生了断裂。

这种断裂导致了人的空洞化、空心化。在无节制地追求感性生活的同时,生命的价值被置于"有用价值"的后面,消费社会中的个体变成了单向的人,而不是全面发展的人。这种空心化是怎么发生的呢?当我们跟着"消费的想象"、自己的欲望和快乐奔跑的时候,事实上我们已经不是在感性地、具体地生活,而是在消费"想象"。当想象成了消费品,就意味着我们穿衣、吃饭、居住、出行、沐浴、恋爱不是这些行为本身,而是变成了关于这些行为的想象,现实被虚拟化了,生活被空心化了。消费社会中的"快乐"和"幸福"被成批地制造出来,当快乐和幸福被量化、物化以后,快乐与幸福不是离消费者更近了,而是更加遥不可及,消费者被抛入欲望的焦虑和感性生命的空洞之中不能自拔。

在感性与理性断裂的空洞和焦虑之处,生命的意义、价值问题被重新提出。"真正的问题是信仰问题。它就是一种精神危机。因为这种新生的意识本身充满了空幻,而旧的信念又不复存在了,如此的局势将我们带回到虚无。由于既无过去也无未来,我们正面临着一片空白。"② 当代中国的大众文化深刻地影响着青年大学

---

① 扈海鹏.解读大众文化:在社会学的视野中 [M].上海:上海人民出版社,2003.

② 丹尼尔·贝尔.资本主义文化矛盾 [M].上海:生活·读书·新知三联书店,1989.

生，特别是具有城市身份的大学生。许多大学生都或多或少地遵循唯利、唯乐、唯美的生活准则，拒绝深度、拒绝思想，放纵感官、放纵青春，不要信仰、不要信念，一些人陷入虚无和无聊之中不能自拔，一些人走向文化偏离、偏执，逸出社会规范。"飘一代""读图一族""新新人类"等都是大众文化环境孕育的新的文化人格形象。其实，不仅是青年大学生，青年教师也不同程度地受到影响，表现出不同程度的大众文化人格倾向。

受教育主体的感性与理性的逐渐分离和断裂，给大学思想政治教育有效开展设置了障碍，因为要在拒绝深度、拒绝思想的受教育主体中重建信仰、重建精神支柱是非常困难的。但正是在这种断裂的地方，高校思想政治教育的意义和功能才更加凸显出来，高校思想政治教育的有效性也在这艰难的信仰和精神支柱重建中呈现出来。

面对大众文化对传统文化、主流文化的冲击，面对大众文化对大学思想政治教育存在理由、话语权、教育效果的挑战，大学思想政治教育该如何应对呢？有两种基本的选择：一是无视变化，坚持自我主张，宁愿冒着被边缘化的危险，也要自说自话。二是重新把握思想政治教育的现实环境，重视受教育主体的变化，积极开发利用各种教育资源，突破大众文化的限制，也就是说，要毫不犹豫地创新。但是不管怎么创新，大学思想政治教育必须花大力气坚持开展好辩证唯物主义和历史唯物主义教育；必须坚持知识自主、教育自主，对全球化和大众文化保持一种清醒的理性批判的眼光；必须坚持马克思主义关于实现人的自由的、和谐的、全面发展的价值伦理。

二、道德教育的困境与创新

全球化在本质上是世界各民族和国家相互依赖的增加、不断加强合作的发展阶段，是各民族和国家从狭隘的地域性生存发展到普遍交往的高级阶段，是各民族和国家在经济、政治、文化、社会等全方位相互开放、交流、竞争、融合的过程。这一现实的发展过程必然对我国的高等教育事业产生巨大的影响。社会主义大学的根本任务是培养社会主义的可靠接班人和合格建设者，也就是"成人"教育和"成才"教育。其中"成人"教育是第一位的，也就是说，大学生的思想道德教育是第一位的，但这第一位的教育在大开放的全球化背景中却陷入了困境：德育模式严重滞后，不能适应开放条件下的"成人"教育的需要，德育效果不彰，一些大学生人格扭曲、道德水平滑坡甚至沦丧的事件屡次向社会敲响警钟。因此，道德教育如何才能深入大学生的心灵并转化为大学生的道德自觉，是值得深思的一个重要问题。

（一）大学生道德教育面临的困境

1. 德育模式与品德形成规律的断裂

我国大学现有的德育模式与社会政治经济发展之间存在诸多不适应，表现为缺乏以人为本的理念和精神，缺乏对大学生品德形成规律的科学研究和具体运用，固守已有的德育思维模式和习以为常的工作套路；表现为重视道德观念和道德规范的书本教育和直接灌输，把道德教育文字化、大纲化，忽视道德的实践性和交互生成性，导致大学生道德行为的养成和道德情感的培养失去凭依，使大学德育徘徊于枯燥的说教阶段；表现为重视德育目标的理想性和社会政治功能，忽视德育目标的现实性和科学系统性，导致理想和现实相脱离，成长规律和德育目标相脱离；表现为重视德育工作者的主导作用，忽视大学生的主体作用。由于忽视或不尊重学生的主体性，道德教育常常成为观念的说教、规范的灌输、行为的约束，本来应该生动活泼的德育过程变得枯燥乏味。

2. 道德教育与智力开发的断裂

德育和智育，成人与成才，人文精神教育与科学技术教育，育人与教书，都是一个事物的两个方面，是相互渗透、相互交融的整体，是全面的教育理念和马克思主义的人的全面发展理论的题中应有之义。全球化时代对人的综合素质能力和全面发展提出了更高的要求。但在我国的大学教育中，德育和智育、"成人"教育与"成才"教育、人文教育与科学教育，育人与教书远没有相互渗透、相互交融，而是存在严重的分离状态，也就是笔者所说的"断裂"状态，主要表现为以下三个方面。

首先表现为德育与智育成为两个独立的系统，并且随着市场经济的发展和大学生就学、就业方式的变化，大学在资源配置和管理上也呈现重智育轻德育，重"成才"轻"成人"，这严重制约了高校德育效果的实现和功能的发挥，导致越过道德底线、人性底线的事件时有发生。

其次表现为人文精神教育与科学技术教育日益分离，越来越重视以科学技术为主要内容的专业教育，越来越忽视以世界观、人生观、价值观和民族文化精神为主要内容的人文精神教育。人文教育和科学教育对人的全面发展来说缺一不可，成功的科学教育离不开优秀的人文教育。人文精神对科学有三大作用，一是为科学引导方向，二是为科学提供发展动力，三是为科学开辟原创性源泉。若两者相分离并受到忽视，其后果是非常严重的。

最后表现为教书与育人相脱离，重视教师的知识和技术的传授能力，忽视教师对大学生的品德塑造能力。高等教育大众化的发展和市场竞争，大学人力资源建设的各类评价体系都加剧了这种偏向，导致大学教师重教书轻育人、重自利轻学生，导致高校教师急功近利，在学术上刮起"浮躁、肤浅、浮夸"之风，职业道德和敬业精神出现下滑。

3. 大学文化与社会文化的断裂

"消费社会的大众文化从其诞生的那天起就是唯利、唯乐、唯美的，即追求自我利益最大化，快乐最大化，感官愉悦最大化。其价值观恰恰是非理性的，与价值意义世界是断裂的，只注重日常生活中的审美（感性）满足、心理满足、自我满足，或者说它是一种相对主义的价值观，强调的是快乐、满足、宣泄、放松的状态，而不是道德意义上的完美，更不是人的全面发展。"①

而大学文化或者说大学精神的导向或价值目标是要追求完美的人格和人的全面发展，是理性和情感的协调发展，是对诚实、尊重、负责、同情、合作、自律、坚韧和奉献等品德的养成，是对善与恶、正义与非正义、公正与偏私、诚实与虚伪、光荣与耻辱等基本价值的正确判断。大众文化则是消费社会中社会大众的生活方式和价值取向，是建立在现代信息传播技术高度发展基础上的以大众传播媒介（主要以电子媒介）为载体的，按照商品市场规则运作，以消费者的感性愉悦旨归的日常文化形态。因此，大学文化与大众文化在价值导向上就发生了严重的冲突和对立，在这一意义上，我们说大学文化与社会文化发生了断裂。当然，无孔不入的大众文化正在侵蚀、取代大学文化，以至于逐步遮蔽或取消大学文化对社会主流文化的反哺功能和领衔文化变革的责任与使命，也是大学文化与社会文化另一意义上的断裂。

大学文化与社会文化及与家庭文化的断裂，严重影响了学校德育的有效开展。这种影响主要是负面的，比如说典型的"5加2等于0甚至负数"的公式，即学校5天的道德教育加校外2天的负面影响等于0。对小学生来说，"2"是指校外两天，对大学生和中学生来说，"2"还指上网两次。由此可见，开放的社会的大众文化对青年学生的影响是巨大的。

4. 现实道德与虚拟道德的断裂

现实道德是指我们在现实社会生活实践中形成的关于善恶、是非的观念、情感和行为习惯，以及依靠社会舆论和良心指导的人格完善与调节人与人、人与社会、人与自然关系的规范体系。而虚拟道德是指在虚拟的网络世界调节匿名性存在的网民之间关

---

① 张坚强，杜苏. 大众文化背景下高校思想政治教育的困境与创新［J］. 江苏高教，2004（4）：78-81.

系的规范体系。

以互联网为标志的数字化生活时代对传统道德的冲击是巨大的，由于匿名性存在和虚拟状态，大多数人感到非常轻松随意，表现出很大程度的道德失重感，以为自己可以无拘无束、为所欲为。现实道德与虚拟道德断裂的状态给大学的德育工作设置了新的障碍，提出了新的挑战。大学生经常游离于现实与虚拟之间，在不同的道德面具下采取不同的行为方式，将会在一定程度上导致人格分裂，导致现实生活生存能力的弱化，以及现实道德意识和道德践行能力的弱化和虚拟化。网络文化的异质性和全球性将会影响大学生有效地养成社会主义的道德观念和关系准则。

以上四大断裂或者说四大矛盾和冲突，就是全球化背景中大学生道德教育所面临的困境。但困境就是挑战，挑战就是机遇，抓住机遇、解决矛盾就是创新。大学德育的改革创新迫在眉睫，也只有改革创新才能满足全球化和社会主义现代化建设对高素质创新人才的呼唤和需求。

（二）大学生道德教育的创新

首先，我们要扎实推进德育模式的创新，突破旧的德育模式的制约，积极构筑新的德育模式，增强德育的科学性、针对性和有效性。一是要在科学研究人的品德形成的规律的基础上，科学合理地设置循序渐进的德育目标，使其兼具现实性和理想性的双维视角，形成层次递进、不断完善的德育目标体系。二是要探索实施主体间性德育模式。德育的出发点不是去禁锢人、束缚人，而是以人为本，创造条件发展人。德育的根本目的是构筑精神支柱，开发大学生的创造力、意志力、价值判断力、亲和力和独立人格。这种模式要求我们把大学生当作德育的主体而不是灌输的客体，把德育要求看成是大学生自我生存、自我发展的内在需要而不仅是国家、社会和家庭的需要。教育者与受教育者，以及受教育者相互之间都是主体间的关系，这种关系是民主、平等的，是相互尊重、相互激励的，通过主体间的相互激发，将社会道德要求转化为主体自觉的道德行为。主体间性德育模式的最典型教育方法是对话。对话是一种精神上的相遇，对话的中心就是两个自主的人之间的会晤，他们不想给对方留下印象，或利用这种对话。教育领域是完全对话性的，在对话的交互关系中，教师从不作为知识的占有者和给予者，而是通过对话启迪学生的智慧，因为"对话是探索真理和自我认识的途径"，"对话是真理的敞亮和思想本身的实现"①。这样就进入"快乐学习"的境界了。三是要探索实施情感型的德育模式。因为道德不仅是观念规范，而且是情感行为习惯，所以情感教育在道德教育中具有优先性，道德教育的效果也在很大程度上取决于学生情感的投入程度。只有以情感人，才能以理服人。四是要探索实施渗透型德育模式。道德规范和学生的品德塑造是人的社会关系、社会活动的产物，因此德育不能是孤立、自我封闭的，而应当是全面渗透的，即德育过程是渗透于德、智、体、美、劳等全方面的，是渗透于知、情、意、行等全范畴的，是渗透于人文与科学的所有教育内容的，是渗透于课堂、宿舍、食堂、博物馆、农村、工厂等所有活动场所的，是渗透于教书、管理、服务等所有工作领域的。五是要探索实施氛围型德育模式。环境氛围对人的影响是潜移默化的，是持久深刻的。氛围型德育模式体现在教师的为人师表、高品位的校园文化氛围等诸多方面。

　　其次，我们要扎实推动教育理论的创新，重新审视、选择教育的价值观念，实施素质教育，将德育目标和过程，以及智育目标和过程统一于人的全面发展。在全球化背景中，我们应当重新审视教育的价值。我们必须把道德教育作为教育的核心目标。

　　再其次，我们要扎实推进道德文化传承途径的创新，在全社会形成"做人为本"的共识，建立家庭、学校和社会三位一体的

---

① 卡尔·雅斯贝尔斯. 什么是教育 [M]. 邹进, 译. 北京: 三联书店, 1991.

德育合力网络，使各种力量形成时空交叉影响的德育优势力量。

最后，我们要扎实推进道德教育技术的创新，优化网络环境，将现实生活的道德实践与网络虚拟世界的道德实践整合为一个连续的整体，牢牢把握互联网数字化生存空间的主导权。

三、政治人格教育的困境与创新

"人格是指个人的尊严、价值和道德品质的总和，是人在一定的社会中的地位和作用的统一。马克思主义认为，人格不是超历史、超现实的抽象，本质上是人的社会特质。"[①] 本章所说的政治人格，也叫"政治自我"，是政治社会化过程中形成的比较稳定的心理素质和行为特征，是外在政治行为的内在动力系统。政治人格的形成是个体成员完成和实现政治社会化的重要过程，"对于政治体系中的个体成员来讲，政治社会化是社会成员通过教育和其他途径，获得政治态度、政治信仰、政治知识和政治情感，从而形成政治人格成为政治人的过程"[②]。

当代大学生是未来的建设者和社会主义事业的接班人，是祖国和民族的未来，是党的事业兴旺发达的希望。《中共中央 国务院关于进一步加强和改进大学生思想政治教育的意见》深刻论述了当前加强和改进大学生思想政治教育的重要性和紧迫性，政治人格的培养是大学生思想政治教育的重要内容，探讨当代大学生政治人格的培养是具有理论与实践双重意义的课题。

（一）当代大学生政治人格的主体表现

1. 具有坚定的理想信念
大学生爱党、爱国、爱社会主义，对社会主义建设事业充满

---

① 夏征农. 辞海 [M]. 上海：上海辞书出版社，1999.
② 杨光斌. 政治学导论 [M]. 北京：中国人民大学出版社，2006.

热情和信心。他们努力学习专业知识，踊跃参加社会调查、生产劳动、志愿服务、公益活动、科技发明和勤工助学等实践活动，积极服务社会。

2. 具有个体独立意识和精神尊严

大学生既自尊自爱，又能够尊敬和关爱他人，并能够与他人进行精神领域的平等交流。他们的民主意识比较强烈，在参与班级管理、学生社团组织活动及党组织生活中能够充分发挥民主作用，协调处理好活动中的各种关系。

3. 具有积极正确的参政意识

大学生能够积极参与自我教育、自我管理、自我监督，并在学生组织中能够克服物质和荣誉的诱惑，克服贪欲和功利的心理；能够积极向党组织靠拢，端正入党动机，主动接受组织考察，并以此获得自我实现的满足。

4. 具备一定的理论素质和良好的政治素质

大学生能够主动学习政治理论，努力用先进的理论武装自己，具备良好的政治素质；学生党员能够胜任入党介绍人、联系人的职责，甚至能够胜任党支部书记的职责，带领党支部正常开展组织生活和活动，按时完成组织交付的各项任务。

5. 总体上具有较强的政治意识

大学生政治敏锐性强，政治纪律观念、政治是非观念和政治责任感等各个方面比较明确，反映出他们具有较强的政治意识。

(二) 当代大学生政治人格的差距与不足

1. 部分大学生个体独立意识尚不完全具备，民主意识不够

有些大学生表达自己的思想和观点时比较隐晦，躲躲闪闪，顾虑重重，甚至在公众场合不敢表达自己的想法，个体独立意识缺乏，与人交流时缺乏平等意识，特别是在教师和直接管理的领导面前过于掩饰自我情感。另外，多数大学生虽已具备民主意识，但对如何依据民主的原则从事政治活动，却不甚明了。

2. 部分大学生政治参与热情有所降温，主动意识不够强

"政治参与是普通公民通过各种合法方式参与政治生活，并影响政治体系的构成、运行方式、运行规则和政策过程的行为。"①随着我国高等教育由"精英教育"逐步向"大众化教育""普及化教育"转变，大学生以往的优势感逐渐弱化，参与政治活动的热情在总体上有逐渐趋于平淡的态势。具体而言，当代大学生的政治参与意识又有如下特点：一是文科学生比理工科学生参与意识强烈，师范学生比其他学生的参与意识强烈；二是高年级学生的参与意识显得目的更明确，思想更深沉，愿望更强烈；三是党员、学生干部、团干部比一般学生的参与热情更高。这说明，与20世纪中国大学生在参与各种政治活动上所表现出的主动激进相比较，在政治上做"平常人"，拥有"平常心"正在成为当代大学生思想倾向中一种具有较大影响力的选择。在入党动机上，仍有不少入党积极分子存在"为了个人的发展需要""为了找到更好的工作""为了证明自己比别人优秀"等不正确的入党动机，甚至个别人表达了"因中国共产党是执政党，认为入党可捞'好处'"②这样错误的想法。

3. 部分大学生政治素质不高

部分大学生政治素质不高集中体现为：一是学习政治知识的主动性不够，他们往往认为空洞的理论对自身的发展毫无用处，因此导致缺乏系统的甚至是最基本的政治理论；二是参与政治生活的基本能力和方法不够，包括掌握政治生活的程序、规则，对候选人的"海选"方式、差额选举、秘密写票、无记名投票、班务公开等方面的了解都远远不够。

4. 部分大学生中存在不关心政治、不注重政治的倾向

其主要表现为：个别大学生尚缺乏政治敏锐性和政治责任感，

---

① 王浦劬. 政治学基础 [M]. 北京：北京大学出版社，2005.

② 王梅仙. 世纪导航 [M]. 南京：南京师范大学出版社，2004.

政治追求缺乏热情，政治是非标准模糊，以及在校园生活中组织纪律观念比较淡薄，等等。

(三) 导致部分大学生政治人格差距与不足的原因

影响和制约当代大学生政治人格差距与不足的因素是一个复杂、动态的系统，笔者认为主要有以下几个方面的原因。

1. 社会主义、共产主义运动经受一定挫折的影响

在以资本主义为主导的全球化浪潮下，特别是 20 世纪 80 年代末 90 年代初的东欧剧变、苏联解体，社会主义、共产主义的前途命运作为 20 世纪下半叶最重大的问题凸现出来，少数大学生对马克思主义关于"社会主义必然取代资本主义"的理论产生了怀疑和困惑，个别人甚至不同程度地出现了"信仰危机"。

2. 传统政治人格的影响

中华文明演变过程中君主专制文明长时期处于强势地位，长期延续的封建文化造成了部分人的政治冷漠心理、权力依附心理、宗法等级意识、顺从心理等依然残存，同时又产生了一些顺从依附、官本位和政治本位等思想。这些都对当代大学生政治人格的完善造成了很大影响。

3. 大学生思想政治工作本身存在薄弱环节

比如存在着重行政管理轻思想政治教育的现象，包括班主任、辅导员在内的专兼职政工干部将主要精力放在处理学生的具体事务上，并且更多强调以规章制度来规范约束，缺乏耐心细致的说理、引导和教育，学生深层次的思想认识问题、理想信仰等问题逐渐隐藏起来。

4. 社会转型和价值取向多元化的影响

社会转型期、生活方式多样化、社会思潮涌动、价值选择多元化等都导致大学生的思想比以前更为复杂。一些大学生目光短浅、没有政治抱负、价值取向短期化和功利化，他们往往只是注重专业知识的学习和实际技能的培养，而忽视加强和提高自身的

政治素质、政治修养。

（四）完善当代大学生政治人格的有效途径

《中共中央 国务院关于进一步加强和改进大学生思想政治教育的意见》中明确提出："大学生是十分宝贵的人才资源，是民族的希望，是祖国的未来。目前，我国在校大学生包括本科生、专科生和研究生约有 2000 万。加强和改进大学生思想政治教育，提高他们的思想政治素质，把他们培养成为中国特色社会主义事业的建设者和接班人，对于全面实施科教兴国和人才强国战略，确保我国在激烈的国际竞争中始终立于不败之地，确保实现全面建成小康社会、加快推进社会主义现代化的宏伟目标，确保中国特色社会主义事业兴旺发达、后继有人，具有重大而深远的战略意义。"政治人格的培养是提高大学生全面思想政治素质的重要内容，可从培养内容、环境、主渠道及实践模式等多个方面进行全面渗透和整体推进。

从政治人格培养的内容上看，加强对当代大学生理想信念和政治价值观的教育是完善大学生政治人格的根本途径。以理想信念教育为核心，深入开展马克思主义的世界观、人生观、价值观教育，研究学生对人生价值、理想信仰的基本认识及他们的思想需求和变化规律，有针对性地对学生进行马克思主义人生观和价值观的基本理论教育，帮助他们化解人生道路上遇到的困惑和矛盾，使所有的大学生都明白，党和人民对当代大学生寄予殷切期望，全面建成小康社会和实现社会主义现代化需要大学生去建设，中华民族伟大复兴需要大学生去奋斗。青春只有在为祖国和人民的真诚奉献中才能更加绚丽多彩，人生只有融入国家和民族的伟大事业才能闪闪发光。

从政治人格培养的环境上看，营造良好的政治文化氛围是克服传统政治心理消极影响和完善大学生政治人格的重要途径。实践经验表明，不同的政治文化熏陶会造就不同的政治人格。同一个人，先后置身于不同的政治文化氛围和背景之中，会产生不同的政治态度。因此，要完善大学生的政治人格，就要积极营造良好的政治文化环境。首先，发挥党团组织作用，营造浓厚的校园政治舆论环境。精心组织上好每一堂思想政治理论课，充分展示其生动性和有效性，切实发挥思想政治教育在政治舆论方面的主导作用，使讲政治成为校园政治舆论的主流。其次，充分发挥特定的政治符号和仪式的作用，如国旗、国徽、国歌等，在社会生活中具有重要的政治象征意义，具有最直观的刺激作用，大学生活场景中的仪式更能激发整体的政治向心力。再其次，充分发挥大学文化和大众传播工具的作用，加大在学生群体中的政治内容宣传。通过办好校报、网络论坛、宣传橱窗、表彰先进、组织"辩论赛""文艺晚会"等活动，宣传先进的政治理念、政治态度和政治情感，增强大学生对政治的关心程度。最后，充分发挥课程思政的作用，把教书与育人真正紧密地联系在一起，确保思想政治教育覆盖全部课程群和全部的教学过程，营造一种浸润式的育人氛围。

从政治人格培养的主渠道上看，加强政治理论课教育、内化马克思主义理论教育是培养大学生完善政治人格的直接途径。《中共中央 国务院关于进一步加强和改进大学生思想政治教育的意见》中进一步强调指出："高等学校思想政治理论课是大学生思想政治教育的主渠道。思想政治理论课是大学生的必修课，是帮助大学生树立正确的世界观、人生观、价值观的重要途径，体现了社会主义大学的本质要求。"针对当前高校思想政治理论课普遍存在的教材落后于时代发展、基础理论研究薄弱、教师人数不足、素质不高等问题，必须全面加强思想政治理论课的学科建设、课程建设、教材建设和师资队伍建设，切实改革教学内容、教学方法和教学手段，进一步推进中国特色社会主义理论体系和习近平新时代中国特色社会主义思想进教材、进课堂、进大学生头脑等工作。通过理论与社会实际相结合的培养方式，以实际问题为中心，紧密联系改革开放和社会主义建设的实际，紧密联系大学生思想实际，回答社会现实的重大问题，回答大学生关心的社会热点和难点问题及大学生自身的实际问题，将马克思主义理论内化为大学生分析问题、提高觉悟的思想素质。同时，注意改变思想素质培养的形式，通过多种方式与方法调动大学生的兴趣，增强参与意识，增加大学政治理论课教育的吸引力和说服力，提高针对性和实效性。

从政治人格培养的实践模式上看，着重强化大学生的政治参与意识和政治情感投入，是完善大学生现代政治人格的有效途径。现代政治首先是一种实践参与过程，民主也只有通过民主管理的实践才能真正习得并内化为大学生的政治人格和政治能力。参政意向是产生政治行为的必要前提，因此，要在学生团组织、学生会、各学生社团的建设管理中强化大学生的政治参与意向，加强对各类学生组织的政治引导和教育。通过各种方式和途径特别是各种社会实践活动，走出校园、走进社会、走进乡村、走进社区、走到最广大的人民群众中去，使大学生在政治实践和服务社会服务人民中学习政治知识，在政治实践中培养政治情感和政治意志，提高政治判断力、政治领悟力和政治执行力，进而坚定政治理想和政治信念。积极组织大学生参与增强团员意识教育活动、保持共产党员先进性教育活动、"两学一做"活动及党史学习教育活动，将评奖评优等工作进行公示并在一定范围内进行表彰，鼓励大学生参与各类学生组织的民主管理与监督等。当大学生真正融入政治生活，成为名副其实的民主的"政治人"的时候，是其政治冷漠心理退出历史舞台之时，同时也是当代大学生真正具备政治个体独立意识的开始。

第七章　新时代大学文化治理研究

本章以江苏科技大学为例，探讨了文化治理中的社会主义核心价值观、校园文化与网络文化对于大学治理的重要意义，调查了网络文化治理中的现状，并针对其中存在的问题提出了相应的对策和建议。

一、文化治理中的社会主义核心价值观

建设社会主义核心价值体系，是党的十七大对文化建设提出的一项重大战略任务，也是深入贯彻落实科学发展观对文化建设提出的根本任务。进入新时代以来，面对经济全球化和社会转型的发展态势，深刻理解和把握社会主义核心价值观的内涵，对我们坚定不移地用社会主义核心价值观引领社会思潮，牢固树立马克思主义意识形态具有重要的意义。

（一）基本概念界定

首先要搞清楚什么是价值。从马克思主义的立场、观点和方法来看，价值是事物与主体（实践主体）的相关性，是事物或者说客体对主体的意义，虽然这一意义是因人和主体的不同而不同的，但这种主客体关系是客观发生的。因此我们说价值是客观的，但事物的价值又是因人而异的，离开了人，离开了实践主体，就无所谓价值。那么价值观是什么呢？价值观就是人们或者说实践主体对客观发生的价值关系状态的主观反映，是主观的、观念的东西。价值观念符合客观存在的价值关系，就是有效的价值观念，

就可以引导人、发展人，反之就是虚假的价值观念，就可能误导人、束缚人。西方的传统学术中是不区分价值和价值观的，他们认为价值和价值观是一回事，都是主观的。我们将价值和价值观统称为"价值体系"，是为了强调社会主义社会价值观与客观价值关系的高度一致性，并不是否定两者之间的区别，准确地说，应该叫"价值观体系"。

其次要搞清楚价值体系与意识形态的关系。什么是意识形态？按照马克思主义的观点，意识形态就是阶级社会的统治阶级的价值观念体系，那么在当代中国的语境中，意识形态就是以政治意识为核心的社会价值观念体系。胡锦涛在十七大报告中指出，"社会主义核心价值体系是社会主义意识形态的本质体现"。也就是说，价值体系与意识形态在本质上是一回事，因为任何一个社会的意识形态体系的核心，本质上就是这个社会主体的价值观念体系。

最后要搞清楚民族的价值体系与"普世价值"的关系。有没有"普世价值"呢？如果说有，那就是全世界各民族或者说全人类价值追求的最大公约数，而不是西方发达国家的价值体系。按照马克思主义的观点，在阶级社会，价值主体并不是任意给定的，它总是历史的、具体的，主体的地位、利益、需要和实践能力总是客观的社会存在，是不以人的意志为转移的，而价值和价值观念总是与一定的主体相关的。在"资本逻辑"恣意横行的全球化时代，只有资本的"普世性"而没有"普世"的主体，那么讨论"普世价值"又有什么意义呢？无产阶级阶级觉悟的价值指向，是阶级解放和人类解放，即经济上消灭剥削，社会政治生活中消灭特权和压迫，人人平等。以社会主义取代资本主义，就是为了实现这个理想，而不是为了任何别的、抽象的、超阶级的人权、民主、自由、博爱等"普世价值"。

概括地说，我们可以明确这样几个讨论的前提：一是价值和价值观都离不开主体，任何事物的价值都是相对主体而言的，只有明确了价值主体，我们才能讨论价值问题；二是社会主义核心价值体系本质上就是社会主义意识形态；三是在资本日益强大、无产阶级难以联合起来的全球化时代，空谈"普世价值"是毫无意义的。

（二）社会主义核心价值体系的内涵

1. 党的主张和人民意愿相统一的视角

价值、价值观、价值体系都是相对某一主体而言的，那么社会主义核心价值体系的价值主体是谁呢？是中国共产党和全体中国人民（整个中华民族）。中国共产党带领中国人民团结奋斗，开拓创新，开辟了中国特色社会主义的宽广道路，对社会主义制度在价值层面的探索达到了新的高度和新的境界，形成了社会主义核心价值体系。社会主义是人民当家作主的社会，全体建设中国特色社会主义的人民就是价值主体；中国共产党是中国工人阶级的先锋队，是中华民族的先锋队，是领导建设中国特色社会主义事业的核心力量，因此党是这个价值主体的核心。党和人民是同一主体的不同组成部分。作为马克思主义政党，党同人民的利益和需要是高度一致的，社会主义核心价值体系是充分反映了党和人民作为价值主体的地位、利益、需要和实践能力的，没有也不应该存在党把自己的主张强加于人民，或把自己的价值体系等同于人民的价值体系。

社会主义核心价值体系包含四个层次，即马克思主义指导思想、中国特色社会主义共同理想、以爱国主义为核心的民族精神和以改革创新为核心的时代精神、社会主义荣辱观。这四个层次相互联系、相互贯通、相互促进，既是一个有机统一的整体，又体现了尊重差异、包容多样的层次性。

我们知道，信念、信仰、理想是构成价值观念的主要表现形式，影响甚至决定主体在实践中选择的态度和取向。马克思主义是我们立党立国的基本原则，同时也是人民群众实现根本利益和需要的唯一理论武器，因为马克思主义作为完整而科学的知识体系、科学的信仰体系、科学的行动指南和对人民大众的召唤体系，是完全彻底地为了最大多数人民群众的。马克思主义是党和人民的最高信仰，是我们心灵、思想和实践的归宿。理想就是目标化的信仰，中国特色社会主义理想既是党现阶段的奋斗目标，又是全体人民的根本利益和需要所在，所以说是共同的理想。这个理想用最简洁的八个字表达即"富强、民主、文明、和谐"，既体现了我党的主张，又反映了人民的意愿，是最能凝聚党和人民的具体理想。民族精神和时代精神作为基本的信念同样是党的主张和人民意愿的统一。在民族国家认同不断增强的时代（世界政治行为主体依然是民族国家，在经济全球化和技术进步的浪潮中，民族国家的地位和作用非但没有弱化，反而不断增强），党和人民首先都是爱国主义者，党必须维护全民族的利益，比如党在方针政策层面坚持建立最广泛的爱国统一战线等。经过 40 多年的改革开放实践，党和人民共同形成了以改革创新为核心的时代精神，无论是理论创新、科技创新还是制度创新，都体现了党和人民的共同需要和能力。具有现代立体思维、层次感丰富的社会主义荣辱观则是党和人民在道德基础秩序和行为规范层面的共同需要。

通过对社会主义核心价值体系四个层次的简要分析，我们应当认识到，社会主义核心价值体系的内涵是党和人民现实地位、利益、需要和实践能力的客观反映，是党的主张和人民意愿的高度统一，绝不是党将自己的价值追求简单地等同于人民群众的价值追求。如果用一个主题词来表达党的主张和人民意愿的高度一致性，那就是公平正义。在社会主义社会，对公平正义的追求，不仅是社会成员的个体价值，更是社会群体的整体价值，是党和人民、国家和民族的共同追求。从这个意义上说，公平正义是社会主义核心价值体系的主题词。

正因为从理论上说党和人民的价值追求是一致的，所以建设社会主义核心价值体系就必须将这种一致性贯彻到党的一系列方针政策层面中去，就必须贯彻到制度、体制和机制中去。如果在实践层面不能贯彻这种一致性，那么社会主义核心价值体系就真的成了党一厢情愿的主张和单纯的国家意志了。

2. 捍卫马克思主义意识形态的视角

建设社会主义核心价值体系，就是建设社会主义意识形态，就是捍卫和发展马克思主义意识形态。只有从这个高度来理解，我们才能准确把握社会主义核心价值体系的深刻内涵。

我们是历史唯物主义者，讨论任何一种意识形态或价值体系，都要考虑何时、何地、何种条件。那么当前我们处于什么条件和背景下呢？一是经济全球化，"资本逻辑"恣意横行，仿佛不可打破；二是中国处于巨大的工业化浪潮中，社会转型加速，社会分层加剧，新的阶层乃至阶级不断产生，价值和价值观的多元化日益凸显。

由此带来的意识形态斗争不是淡化了，而是更加激烈和严峻。在当今时代，意识形态领域的斗争，本质上就是社会主义价值体系与资本主义价值体系的较量，是马克思主义意识形态与反马克思主义、非马克思主义意识形态的较量。

我们先来看看当代中国社会意识形态领域的主要构成：封建主义意识形态，主要表现为经济上"不患寡而患不均"、政治上忽视民主法制、文化上貌视主体性、期盼外来保佑的迷信观念；资产阶级意识形态，表现为哲学上的个人主义、政治经济上的自由主义和道德上的功利主义；民族意识形态，表现为注重民族利益、民族共识、民族情感和民族复兴意志；马克思主义意识形态，主要是以马克思主义中国化为基本内容的社会价值观念体系。

根据这个主要构成状态，确立马克思主义意识形态的主导地位就面临巨大挑战，但是，越是意识形态和价值体系多元化，就越需要确立马克思主义意识形态的主导地位。任何社会共同体，都需要主导意识和主导价值来凝聚人心、统一思想，来召唤人民奋斗，甚至超越个人利益而奋斗，来稳定人民的心理，让人民安心于意识形态设置的社会情景和前景。

为什么我国要坚持马克思主义意识形态的主导地位呢？

因为我们搞的是社会主义，是中国特色的社会主义，而不是其他什么主义。在全球客观上存在社会主义和资本主义两种价值体系的历史条件下，我们必须旗帜鲜明地坚持马克思主义意识形态和价值体系，任何淡化和轻视社会主义价值体系的行为都会导致资本主义价值体系的加强。

因为马克思主义是执政党意识，是党和国家历史合理性和现实合法性的观念支撑。我们要深刻总结苏联失败的教训，苏联失败的根本原因在于放弃了马克思主义的主导地位，轻信本质上属于改良主义的民主社会主义，搞意识形态多元化。

因为马克思主义主导地位是对党和国家路线方针政策进行论证、宣传和付诸行动的需要，是关于人民解放和社会进步的唯一科学的社会学说具有其他学说不可比拟的优越性，为全世界工人阶级提供了打破"资本逻辑"的唯一理论武器。而把阶级解放和人类解放的可能性变为现实，则完全取决于工人阶级能否在阶级斗争中觉悟起来，认识到自己的历史使命，联合起来奋起斗争。如果没有马克思主义的指导，没有坚持社会主义道路的共产党的坚强领导，不动用无产阶级政权的力量，劳动者用什么去团结自己战胜对手？社会主义取代资本主义是个长期的过程，我们要毫不动摇地长期坚持马克思主义的主导地位。

社会主义核心价值体系的第一个层次就是"马克思主义指导思想"，这表明，马克思主义是社会主义核心价值体系的灵魂，是社会主义意识形态的主导。

我们说从捍卫和发展马克思主义意识形态的高度来理解和把握社会主义核心价值体系，就是要在社会主义初级阶段始终坚持马克思主义的根本立场和方法，马克思主义的根本立场是始终站在最大多数的人民的立场说话办事，我们党"全心全意为人民服务"的宗旨，"三个有利于""三个代表""以人为本""江山就是人民，人民就是江山"的提出，都是马克思主义的根本立场和根本方法的逻辑延伸；就是要始终坚持人民的利益高于一切，坚持保护劳动人民的劳动权和不受剥削压迫的平等权，充分发挥劳动人民的首创精神和学习创新能力；就是要立足于中国特色社会主义的现实目标，决不放弃共产主义远大目标，决不放弃实现事实平等。

然而对马克思主义、社会主义和共产主义的信仰危机在党内外和大学师生中不同程度地存在着，坚持马克思主义的主导地位遇到来自多方面的挑战。比如，现实社会的状况与马克思主义的矛盾，表现为经济上的资本逻辑的扩张、政治上的自由主义挑战和文化上多种思潮的冲击；由于我们从事的是一项人类历史上前所未有的创造性事业，马克思主义本身存在的批判与建构的不平衡性在现实社会中遇到的困难；马克思主义意识形态工作队伍在理论立场上的不坚定性和应对能力的缺乏；马克思主义宣传途径的单一性和手段的单调性，未能深入社会心理层面和大众文化层面、生活层面。这一切都昭示了建设社会主义核心价值体系和捍卫马克思主义意识形态的艰巨性和紧迫性。

3. 实现中华民族伟大复兴的高度的视角

中华民族伟大复兴是一个历史进程，从 1840 年鸦片战争就开始了，至今已 180 多年。中华民族伟大复兴意味着什么呢？按照十七大报告的概括，那就是完成两大历史任务，一个是求得民族独立和人民解放，一个是实现国家繁荣富强和人民共同富裕。到新中国成立，我们基本上完成了前一个任务，为后一个任务扫除了障碍，创造了条件，说基本上完成是因为我们尚未实现国家和民族的统一。中华民族历史地选择了社会主义道路，在共产党的领导下，为完成第二大任务进行了不懈的探索和奋斗，特别是改革开放 40 多年来，取得了辉煌的成就，但是，这个历史任务尚未完成，而且面临着前所未有的风险和干扰。从中华民族伟大复兴的高度来理解和把握社会主义核心价值体系的深刻内涵，主要有以下两层含义。

第一，中华民族伟大复兴的道路就是中国特色社会主义道路，这条道路是党带领中国人民历经艰辛开创出来的。把中国特色社会主义理想作为社会主义核心价值，表明党和人民不仅从制度层面，而且从价值层面对中华民族伟大复兴的道路做出了明确的规定。

坚持中国特色社会主义道路和理想，我们必须旗帜鲜明地反对几种错误思潮。

首先，要旗帜鲜明地反对打着反思历史的旗号把中华民族伟大复兴的进程归结为现代化和西化的进程，从而以西方的现代化理论取代马克思主义理论。在这种个人主义和自由主义方法论基础上的现代化理论的视野中，殖民主义、帝国主义的侵略是理性的、进步的，落后的、弱小的民族的反抗是非理性的、阻碍历史进步的，丧权辱国、奴颜卑乞、放弃抵抗的卖国贼成了忍辱负重的"民族英雄"，不畏强暴、挺身而出、顽强抵抗的起义者和革命者却成了"暴民"。中国革命的历史是不容颠覆的，也是不可能颠覆的。

其次，要旗帜鲜明地反对打着全球化和发展主义的旗号宣扬社会主义与资本主义趋同论，以新自由主义取代马克思主义。"贫穷不是社会主义"，但"两极分化也不是社会主义"，要警惕新自由主义对社会主义价值的消解。新自由主义代表着资本的利益，资本是其背后极其强大的物质经济支持力量。新自由主义本质上是反民主、反公平、反社会主义的，新自由主义就是为了实现资本对人奴役的合理化和永久化，因此新自由主义本质上也是反自由的，不能导致人的自由解放。

最后，要旗帜鲜明地反对打着反思改革和社会主义建设的旗号在否定苏联模式的社会主义的同时宣扬抽象的民主，以民主社会主义取代马克思主义。民主的要义不在竞争，而在平等参与，集体主义的阶级觉悟的形成，是一种价值理性选择。它不可能通过个人私利的博弈（所谓的民主程序），而只能是在外部共同敌人压力的催化下，才有可能完成。民主社会主义作为一种改良主义，虽然有它的进步性，但它的进步性恰恰来自社会主义革命和建设的高潮，来自工人阶级对资产阶级的斗争，来自马克思主义政党决不放弃最高目标。当国际共产主义运动处于低潮时，它根本抵挡不住新自由主义的进攻。

第二，中华民族的伟大复兴是全面发展、全面进步的事业，是物质文明和精神文明相辅相成、协调发展的事业。在政治、经济、社会复兴的同时，一定包含民族精神和民族文化的复兴，而社会主义核心价值体系就是民族精神和文化复兴的根本和制高点。

胡锦涛同志在纪念党的十一届三中全会召开30周年大会上的讲话中指出："物质贫乏不是社会主义，精神空虚也不是社会主义。人的素质是历史的产物，又给历史以巨大影响。任何时候都不能以牺牲精神文明为代价换取经济的一时发展。我们把社会主义核心价值体系建设作为主线，贯穿到国民教育和精神文明建设全过程，坚持不懈地用马克思主义中国化最新成果武装全党、教育人民，用中国特色社会主义共同理想凝聚力量，用以爱国主义为核心的民族精神和以改革创新为核心的时代精神鼓舞斗志，用社会主义荣辱观引领风尚，巩固全党全国各族人民团结奋斗的共同思想基础。我们积极探索用社会主义核心价值体系引领社会思潮的有效途径，既尊重差异、包容多样，又有力抵制各种错误和腐朽思想的影响。"

习近平总书记在党的十九大报告中指出："文化是一个国家、一个民族的灵魂。文化兴国运兴，文化强民族强。没有高度的文化自信，没有文化的繁荣兴盛，就没有中华民族伟大复兴。""发展中国特色社会主义文化，就是以马克思主义为指导，坚守中华文化立场，立足当代中国现实，结合当今时代条件，发展面向现代化、面向世界、面向未来的，民族的科学的大众的社会主义文化，推动社会主义精神文明和物质文明协调发展。"

只有这样，我们才能实现社会主义文化的大发展大繁荣，才能在世界各民族的文化软实力的竞争中获得优势。

为了实现民族文化的复兴，我们必须旗帜鲜明地反对民族文化虚无主义，树立民族自信心和自豪感。民族精神文化是一个民族在长期的共同社会实践中形成的民族意识、民族心理、民族品格、民族气质的总和。它是一个民族的身份标志。胡锦涛同志指出："民族精神是我们民族的生命力、凝聚力和创造力的不竭源泉。"习近平总书记指出："中国人民在长期奋斗中培育、继承、发展起来的伟大民族精神，为中国发展和人类文明进步提供了强大精神动力。"习近平总书记进一步论述了伟大民族精神具体内涵的四大精神，即伟大创造精神、伟大奋斗精神、伟大团结精神、伟大梦想精神。中华文化生生不息、源远流长，我们没有理由自卑，我们要大力传承与弘扬民族精神和文化，这是社会主义核心价值体系建设的重要内容。

为了实现民族文化的复兴，我们必须旗帜鲜明地反对文化殖民主义，坚持以我为主，扬弃西方资本主义的"普世价值"，弘扬和平、发展、公平、正义、民主、自由的全人类共同价值，促进各国人民相知相亲，尊重世界文明多样性，以文明交流超越文明隔阂、文明互鉴超越文明冲突、文明共存超越文明优越，共同应对各种全球性挑战。全球化、信息化的时代，世界不是充满了爱，而是文化侵略、价值战争愈演愈烈。要在这场看不见刀光剑影的战争中立于不败之地，我们必须亮剑，这个剑就是我们的核心价值体系。中华民族应该而且能够为人类在价值层面做出重大贡献，在资本主义价值体系之外提供一种更合乎人的根本需要的、更具吸引力的价值观体系。

二、文化治理中的校园文化建设

大学作为精英文化的发祥地，理所当然地应该担负起建构新文化和培养新型文明人的重要使命。大学文化作为中外文化首先碰撞、交融的结合部，一方面由于大量输入的各种外来文化信息，形成了不同于社会文化的特殊文化环境，使各种观念、思潮先在这里进行交锋、论战；另一方面，由于生活其中的个体具有知识密集、思想活跃的特点，他们是区别于其他社会成员的相对独立的亚文化群体。他们受着外来文化的熏陶，又置身在民族文化的大背景中。因此，他们总是超前于整个民族，首先建构自己的新理论、新观念，并且不断向社会传播、辐射，对民族文化进行着某种程度的导向。而大学文化的特质也因此不断地积淀、传承、创新。本节以江苏科技大学的文化与精神建设的实践作为案例展开论述。

创建于 20 世纪 30 年代初的江苏科技大学（以下简称"江科大"）在 90 多年的办学实践中，始终以立足船舶、情系国防、肩负使命、奋发图强为己任，扎根于具有浓厚文化底蕴和光荣革命传统的江苏大地，坚持培养德智体美劳全面发展的应用型、开发型、创新型高级工程技术人才，适应服务面向的行业特性，始终把爱国奉献、艰苦奋斗、诚朴务实、团结协作当作人才培养的重要素质要求，矢志不渝，不断探索。经过几代人的艰苦努力，这种素质要求已凝结为鲜明的"船魂"精神，贯穿于整个教育教学全过程之中，发展为大学文化的重要内容，成为社会青睐、用人单位欢迎的大学。

（一）大学文化与精神

大学教育在一定意义上就是一种传承、适应、批判、选择和创造文化的活动。大学文化建设理所当然成为高等学校格外关注的问题。可以说，高水平的大学文化对于大学教育事业的改革与发展起着不可替代的作用。江苏科技大学十分重视学校文化的传承、培植与创新，尤其是近几十年来，学校高度重视江科大精神的培育与弘扬，注重办学理念的凝练与升华，在办学实践中逐渐发展形成了"立足船舶，情系国防"的历史责任感，积淀了"艰苦奋斗，自强不息"的优良传统，熔铸成"肩负使命，奋发图强"的"船魂"精神。这已成为江科大文化最为核心的价值追求和品格特征。这种办学精神成为一代又一代江科大人创造学校发展新辉煌的精神动力。

1. 江科大文化是一种塑造理想与道德情操的文化

"船魂"精神中的热爱祖国、无私奉献等内容是江科大文化建设的核心，也是江科大人坚定的政治方向和历史使命感的集中体现。崇高的理想和高尚的道德情操是为实现国家繁荣和民族振兴而执著追求、矢志不渝为之共同奋斗的精神。可以说，一部江科大校史，就是江科大人为发展船舶工业和国防事业而不懈奋斗的历史。同时，崇高的理想和高尚的道德情操离不开博大的胸怀，我们培育和弘扬"船魂"精神，就是要着力塑造江科大人兼容并包的学术理念和海纳百川的博大胸襟，培养江科大人虚怀若谷的气度。

2. 江科大文化是一种倡导科学与人文精神的文化

"船魂"精神就是要倡导一种崇德诚朴的人文追求和求真务实的科学态度。只有在科学精神和人文理想的共同培养下，江科大人才会既有严谨的科学态度，又有崇高的人文理想。因此，要通过文化建设，培养理工科学生的人文素质，培养文科学生的科学素质，使其成长为一代又一代具有人文素养的科学工作者和具有科学素养的人文工作者。所以我们培养的既有高级工程技术人才，又有知名的作家、画家、摄影家等各类精英人才。

3. 江科大文化是一种磨炼教师精雕细刻治学精神的文化

"船魂"精神就是一种求真务实的科学精神，也是一种严谨的治学精神。这种治学精神就是要求师生具有科学的态度，勇于探索真理；就是办学认真，作风严谨；就是注重实效，不图虚名。精雕细刻不仅是教风、学风，而且是体现在江科大整体风格中，是浸透在江科大人骨髓里的东西。有了这种精神，才有江科大多年的稳步发展。

4. 江科大文化是一种培养团队与合作精神的文化

"船魂"精神中团队与合作的要素，既是过去江科大人创业、创新、发展的真实写照，又是现在和未来培养江科大人同舟共济、团结奋斗、共同致力于全面建设高水平、有特色的多科性大学伟大事业的必然要求。团结协作，和谐一致，相互支持，密切配合，可以说这是江科大人在办学实践中领悟到的成功要诀。船舶工业的产业特征特别要求相互配合、相互协作，发挥团队精神。这种精神要求我们坚持以人为本，调动大家的主动性和积极性，增强集体荣誉感和凝聚力，构建和谐的学习、工作和生活氛围，没有内耗，集中精力努力建设新的江科大。

5. 江科大文化是一种孕育自立与创新精神的文化

"船魂"精神中，江科大人一直有一种"敢于争先，勇于创造"的价值追求。大学文化在民族现代化的进程中，不仅要提供高科技，而且要创造新精神、新文化；培养的人不仅要掌握现代知识、现代技术手段，而且要具备现代人格、现代观念、坚强的意志品质和高尚的道德情操，成为个性鲜明、情趣高雅、知识丰富、政治坚定、思想进步、发展全面的高素质人才。因此，江科大人始终坚持自己的"政治有纪律，学术无禁区"的文化理念，在自主创新精神的旗帜下，繁荣学术，发展科学，丰富个性，培养人才。

(二) 大学文化建设的实践探索

江科大的文化建设渗透了"船魂"精神的育人内涵。江科大人非常重视"做人""做事""做学问"的高度统一。"做人"是江科大人做事、做学问的基本。做人德为先，既是中华民族的优良传统，也是江科大的文化核心。

1. "船魂"精神激发了江科大人立志成才的远大理想和坚定信念

学校以理想信念教育为核心，注重培养爱国主义、集体主义情感及民族自豪感。江科大的核心文化价值经过潜移默化的熏陶、影响，成为学生坚定的理想信念，并转化成立志成才和报效祖国的强大动力。

2. "船魂"精神培育了良好的品德和高尚的情怀

长期的文化灌输，熏陶了江科大人良好的品德和高尚的情操。江科大每年坚持开展校园文化建设月活动，同时坚持开展"风采工程""学习与成才""诚信与做人""警示回馈"等主题教育活动，培养学生"诚朴守信，乐于奉献"的优良品格。在大学生社会实践活动中，江科大每年都有数百支社会实践小分队进社区、进农村、进工厂，在服务社会中受教育、长才干、做贡献。江科大的学生社会实践活动 13 次被评为"全国大学生社会实践活动先进单位"。

3. "船魂"精神涵养了优秀的师德风范

江科大建设发展的每一个时期，广大教师都表现了高度的事业心和责任感，他们爱国奉献，艰苦奋斗，诚朴务实，团结协作，涌现出一大批展现"船魂"精神、精心育人、鞠躬尽瘁的优秀教师。一代代优秀教师展现的"船魂"精神，感染和熏陶着一批又一批的江科大莘莘学子，形成了一股强大的凝聚力，使得学校的各项工作日新月异，实现了跨越式发展。

4. 弘扬"船魂"精神，学子桃李芬芳

长期以来，江科大通过文化建设传承和弘扬"船魂"精神，将之贯穿于全员、全方位、全过程的育人体系之中。这种"船魂"精神大大激发了我们的学子立足船舶、情系国防的情怀和振兴中国船舶工业的信念，陶冶了学子诚朴的思想品德和高尚的爱国情操，造就了学子严谨扎实的专业素养和吃苦耐劳的敬业精神。几十年来的辛勤耕耘，江科大培养了一大批优秀学子，为国防事业、船舶工业和地方经济建设做出了杰出的贡献。

(三) 大学文化创新的思考

大学作为精英文化的发祥地，理所当然地应该担负起建构新文化和培养新型文明人的重要使命。大学文化作为中外文化首先碰撞、交融的结合部，一方面由于大量输入的各种外来文化信息，形成了不同于社会文化的特殊文化环境，使各种观念、思潮先在这里进行交锋、论战；另一方面，由于生活其中的个体具有知识密集、思想活跃的特点，他们是区别于其他社会成员的相对独立的亚文化群体。他们受着外来文化的熏陶，又置身在民族文化的大背景中。因此，他们总是超前于整个民族，首先建构自己的新理论、新观念，并且不断向社会传播、辐射，对民族文化进行着某种程度的导向。而大学文化的特质也因此不断地积淀、传承、创新。

1. 大学文化建设应与时俱进

大学文化作为整个现代化进程中社会文化体系中一个最活跃、最有影响力的"亚文化"，它常常是各种学术思想交流的平台，也是各种文化汇总、碰撞、融合的中心，它不仅可以充当传承文化的中介和接受者，而且可以以它富有时代气息的高品位文化去影响、带动社会文化，对社会文化起示范导向作用，表现出强烈的文化反哺功能。要想在现代化进程中倡导一种先进的与时俱进的文化，就需要提高师生的人文素养，使其既具有基本的人文知识和学习方法，又具有强烈的社会责任感、敬业精神、团队精神和创新精神，以及尊重人、关心人的良好品质。只有这种开放和创新的大学文化，才使校园成为学生喜爱、依恋和维护的家园。

大学文化建设如何与时俱进，非常重要的问题是创新教育理念。新的历史条件下教育发展与现代教育理念的变革是分不开的。教师教育观念又受制于社会的整体教育理念和教育环境。究竟什么是教育，我们应当教给学生什么？这是教育工作者必须思考的问题。真正的创新教育应当遵循的定义是：教给人们必须遵循的这个东西，同时教给人们必须创新这个东西。教育不是工具教育，更不是为了获取学位，它要实现人的完善，使人获得全面发展。教育要教给人学会学习、学会工作、学会生活、学会创造，更要培养人的文化价值观念，使人懂得人类文明的内在多样性和多元性，把人类文明放在一个价值整体的高度去理解。

大学的文化建设应该体现在打破文理分割、重理轻文的教育理念，在教学实践上自觉地将人文教育与科学教育二者并重，强调学校探索多学科综合与交叉的途径。大学是精英文化程度最高、体现最充分的场所，是社会先进文化的中心。

2. 大学文化建设要以学生为主体、教师为主导

大学是知识生产和传播的组织，是偏重学术研究的地方。大学有丰厚的文化积淀，集中了社会最优秀的人才，有很好的学术研究传统和基础，因此，大学应当是文化建设的高地，是将个人的知识和思想情感转化为群体文化的关键场所。大学教育的根本任务就是为社会培养合格的人才和接班人，校园文化活动是育人的一个重要环节，大学文化建设中学生应是实践主体。单靠学生或单靠教师，都不会实现文化建设的最佳效果。只有发挥二者的合力，以教师引导学生，教师和学生都参与进去，大学文化才会得到提升。

3. 大学文化建设要开放校园、加强文化交流

当今世界，全球化的实质是人类新的生存文化选择，教育正是人类文化传承的中介和直接现实。因此，必须重视大学文化的交流，使文化建设与大学功能统一起来。

文化之所以会不断更新、持续发展，在一定程度上是因为获得了文化—情感认同。文化—情感认同是建立社会和谐关系的基础。没有对其文化的科学认识和情感投入，也就不会有对自身文化的深刻理解。大学文化具有特殊性，它的这一特点要求要有对文化共存的认识，避免对其他亚文化的机械排斥和歧视，重视从其他文化中汲取有益的营养，从深入探索"他者"的意义，从

"他者"的立场出发，反观自身，为自身的发展构筑丰厚的基础和可能性。优秀的大学文化必须是开放的文化，文化封闭和文化割据只能使文化没落和消亡。大学文化不能以校园为屏障限制自己，而要不断地吸取其他文化的精华发展自己。发展自己首先就要开放自己，加强与社会沟通，与社会其他亚文化交流，实现学校与社会共建，学校文化与社会文化互动，校园内部不同学科、专业互融的立体、开放的大学文化发展模式，以文化—情感认同促进大学文化的健康发展。

4. 大学文化建设要以人为本，坚持物质环境与精神环境的和谐统一

大学文化建设是以人为本的文化建设，一切为了教师，一切为了学生，是大学的工作目标。大学文化建设有利于人们情操的陶冶、心灵的美化、智慧的启迪，促进综合素质的提高。

人才培养需要有平等、信任、宽容、进取的和谐氛围，这些可以通过有意识的校园文化建设体现在课堂教学、课外活动安排、教风学风、师生关系、物质和精神的校园环境中，并透过这些方面对人的人格发展产生直接或间接的、有意识或潜移默化的持久影响。在校园建设的规划上，要主动考虑自然与人文兼顾，活泼与庄重兼顾，共性与个性兼顾。

校园物质环境是大学文化的重要载体。在加强基础设施建设，为教学和科研工作提供必要物质基础的同时，要高度重视校园文化的美化和文化设施的建设，使优美的校园文化发挥感化、浸润和熏陶作用。当然，物质环境的建设并不能代替精神环境的建设，不能忽视精神环境在文化建设中的根本性地位。因此，学校要注意保持良好学风、教风与校风建设的和谐，保持丰富多彩的课外文化活动内容与课堂内的教学内容的和谐，也就是显性课程与隐性课程的和谐共生，营造优良的文化建设生态环境。

开展大学文化研究和推进大学文化建设是大学一项具有基础性、战略性、前瞻性的工作。江科大人在用自己独特的智慧服务

于祖国与人民的同时，塑造了自己的特色文化。这源于江科大人长期树立为国防建设与船舶工业服务的文化理念，积极为社会发展和经济建设做出自己的贡献；源于江科大人继承发扬中华民族千百年来形成的艰苦创业精神，并自觉地将这种精神转换为自己的办学理念；源于江科大人自觉地将自己的特色文化汇流进我们的民族精神中，并以"自强不息，勇于创新"的姿态融进新时代的现代文明。文化建设任重道远，江科大人将继续秉承优良传统，进一步凝练"船魂"精神，在建设高水平有特色的多科性大学的快车道上阔步前进！

三、文化治理中的网络文化

网络是数字化、信息化发展的直接结果，更是数字化生存的中介和载体，它使人足不出户就成为世界公民。网络正以其不可抗拒的魅力和诱惑吸引中国各个年龄层次的人成为"网民"。在一个更加开放和自由的社会，大学思想政治教育者不可能限制青年大学生上网，只能主动迎接挑战，积极寻找对策。为更好地研究新兴的网络文化对大学生的影响，进一步加强对大学生的思想政治教育以确保培养目标的实现，笔者开展了一次问卷调查。

（一）调查的目的与问卷设计

本项调查的主要目的是了解网络文化对大学生的影响程度，包括正面与负面两个方面。我们具体设计了6个方面共38个问题：一是上网的时间、地点。因为根据上网时间的多少和时段可以了解大学生对网络的迷恋程度，调查上网的地点则可以了解学校周边网吧对大学生的影响程度。二是上网的目的。主要了解大学生主动接受网络影响的情况。主观指标是大学生对上网目的的自我认定，客观指标有经常上的网站类型、网站名称、阅览的网络信息耗时最多的项目等。三是对网络的依赖程度。主要了解大学生依靠网络生存的程度。主要指标有对依赖度的自我认定，对网络作用的评价，电子信箱的使用情况，个人网站的建立使用情况，获取时事新闻的主要媒体和途径等。当然，上网的时间也能体现依赖程度。四是高校网站的影响力。主要了解高校的主页，特别是红色网站对大学生的吸引力。主要指标有对学校主页的态度，经常浏览的高校网站、BBS论坛，对高校网站吸引力的评价，对学校思政网站（红色网站）的态度，经常上的高校思政网站，对思政网站吸引力的评价，对思政网站的希望等。五是海外网站的影响力。主要了解海外网络文化对大学生的影响程度。主要指标有经常浏览的海外网站、网站类型、最熟悉的网站，知晓度，参与度，对哪些内容感兴趣，为什么上海外网站，海外网站与国内网站的差异等。六是网络道德。主要了解大学生在网络世界的行为方式、话语方式和道德准则。主要指标有网络道德与现实道德的关系，在网上是否讲文明礼貌，交网友的情况，网恋的情况，对网络黑客的态度等。

本次调查共发放问卷 240 份，收回有效问卷 234 份，发放问卷的范围仅限于江科大在校大学生，二、三年级平均分布，每个年级发放 120 份。

(二) 调查的基本统计结论

1. 大学生的上网目的

从主观指标看，上网查找资料、扩大信息量的比例最高，占 49% 以上；追求时尚的最少，只占 5%；有 42% 的同学认为网络有利于提升自己的综合素质，有 44% 的同学认为网络有利于全面了解社会和比较中西文化、政治思潮，两者相加占 86%；有 13% 的同学认为网络对个人的学业会产生较大的负面作用。

从客观指标看，浏览最多的是综合性网站，占 59.6%，然后依次是娱乐性的、新闻性的、服务性的等，有 8.7% 的同学经常浏览色情网站；经常浏览的信息依次是新闻（56%）、文化娱乐、相关专业资料、观点言论、文学作品等；耗时最多的网络项目是查找资料（40%）、网上阅读等，其次是游戏、娱乐和聊天；经常上的网站依次是搜狐（54.4%）、新浪（44.35%）、雅虎（16%）、ChinaRen（16%）、163 网（14.8%）、网易（11.7%）、天唐音乐等。

从主客观指标可以判断，江科大学生上网主要有两大目的，即追求知识和娱乐放松，目的基本上是健康的、理性的，但不容忽视的是，有一部分同学对网络的作用没有正确认识，或者说没有全面地、辩证地认识，有 50%以上的同学在游戏、娱乐和聊天上耗时最多，只有 13%的同学担心网络的负面作用，这自然会妨碍他们有效地利用网络学习和交往。

2. 大学生对网络的依赖程度

从主观指标看，有 40.43%的同学认为网络是获取信息的主要渠道，但不迷恋；有 23.48%的同学认为网络很重要，但怕影响学习，上网时间并不多；有 29.13%的同学认为网络可有可无，有时上网看一下；只有 6.96%的同学表示已经离不开网络，很迷恋。

从客观指标看，大学生每周上网 1~7 小时的占 46.96%，每周上网 30 小时以上的只占 6.9，这一比例与自我认定很迷恋的比例几乎相等；有 70%的同学在双休日上网，空暇所有时间用来上网的有 15.22%，只有 3.48%的同学通宵上网；有 91%的同学已有电子信箱，有 9%的同学既没有电子信箱，也没有发过电子邮件；有两个以上信箱的占 54%，但经常使用电子信箱的只有 35%，有 56%的同学不经常使用或很少使用；有 8.65%的同学建立了个人网站，这个比例与表示很迷恋网络的比例也很接近，有 52.6%的同学想拥有自己的网站但目前还没有行动，有 27%的同学不考虑建立个人网站。

以上主客观指标显示：大部分江科大学生的自控能力较强，网络的依赖程度不高，网络生存能力不强，对网络的作用和影响的理解还没有突破传统的观念，对网络资源的开发仍停留在最基础的层面。

3. 高校网站对大学生的影响力

从主观指标看,只有 5.6% 的同学认为高校网站质量很高、很有吸引力,有 21.3% 的同学认为高校网站质量较高、有较强的吸引力,有 51.3% 的同学认为高校网站质量一般,还有 8.7% 的同学认为高校网站质量较差、没有吸引力;只有 3% 的同学认为高校思政网站(红色网站)质量很高、很有吸引力,有 19.13% 的同学认为思政网站质量较高、有较强的吸引力,有 41.74% 的同学认为思政网站质量一般,还有 10.86% 的同学认为思政网站质量较差、没有吸引力;有 36.96% 的同学希望思政网站开通在线视听,有 36.52% 的同学希望思政网站要增加适应大学生需要的特色专栏,有 16.96% 的同学希望思政网站开设各类交互性论坛和聊天室,有 10% 的同学希望思政网站要收录古今中外的思想文化名著。

从客观指标看,知道学校主页的同学有 76.51%,但经常浏览学校主页的只有 5.21%,不知道学校主页的高达 18.7%,还有 24.78% 的同学知道但很少浏览;列举经常浏览的高校主页排在前六位的分别是华东船院、清华大学、南京大学、哈尔滨工业大学、上海交大、同济大学,但比例都不超过 10%;列举熟悉的高校 BBS(论坛)排在前四位的分别是水木清华(16.5%)、江科大航标灯论坛(11%)、西祠胡同(10%,此非高校 BBS,是 e 龙网的论坛社区)、北大三角地(7%);知道江科大思政网站的同学有 65.22%,但经常浏览的只有 6.96%,不知道学校思政网站的高达 29.57%,还有 37% 的同学知道但很少浏览;在自由列举熟悉的其他高校思政网站一项中,大学生列举了很少的思政网站,而且最高比例只有 2%。

以上主客观指标显示:高校主页和思政网站质量一般对大学生有一定的吸引力和影响力,但功能还不全,信息量还不大,还不能适应大学生全方位多层次的需要,这从大学生对本校主页和思政网站的知晓率较高但经常浏览率很低,以及大学生对网站的希望和要求等指标可以看得很清楚。高校网站的影响力急需提高，特别是高校的思政网站，由于担负着思想政治教育进网络的使命，必须加大投入，重点建设。

4. 海外网站对大学生的影响力

从主观指标看，有 8.7% 的同学认为海外网站影响力较大，有 40.43% 的同学认为海外网站影响力一般，有 38.7% 的同学认为几乎没什么影响力。为什么登录海外网站？有 29.57% 的同学渴望更多地了解西方发达国家的情况，有 25.2% 的同学是因为海外网站内容和形式更丰富，更活泼，更有趣，有 13.91% 的同学是为了学习英语或交外国朋友，有 13.48% 的同学是因为好奇、追求时尚或寻求刺激。海外网站与国内网站相比，有 26.1% 的同学认为海外网站内容更丰富，形式更活泼，功能更全面，有 30.87% 的同学认为海外网站内容较丰富、形式较活泼、功能较强，也就是说认为海外网站好于国内网站的有 56.97%，但也有 21.3% 的同学认为海外网站在内容、形式和功能上与国内网站差不多，还有 3% 的同学认为海外网站在内容、形式和功能上比国内网站差。

从客观指标看，大学生对海外网站中最感兴趣的是文化艺术（44.78%），其次是生活方式（23.48%）、思想政治（14.78%），选择其他的占 15.65%，还有 6.96% 的同学对色情图文感兴趣；对海外网站一无所知的有 21.3%，知道 1～3 个海外网站的有 50.43%，知道 4 个以上的有 21.74%，总知晓率达 72.17%；只有 4% 的同学主要浏览海外网站而很少上国内站点，有 13.48% 的同学上海外和国内网站的时间基本平衡，有 53% 的同学主要上国内网站而很少上海外站点，从未上过海外网站的高达 21.3%；浏览过的海外网站类型依次是综合网站（36.52%）、新闻网站（30.43%）、其他专题网站（16.1%）、政府网站（9.13%）、色情网站（8.7%）；最熟悉的海外网站依次是雅虎（12.17%）、enjoy（7.39%）、NBA（6.52%）、ICQ（5.65%）。

以上主客观指标显示：目前对海外网站的知晓率、浏览量、参与程度、熟悉程度等都不及国内网站，大学生主要登录国内网站，总比例高达74%，因此可以判断海外网站对江科大大学生的影响力较弱，大学生登录海外网站的目的基本上是积极的、健康的，大学生主要关注的内容对他们的成长是有利的。但同时要注意两点：一是还有13.48%的学生是追求时尚、寻求刺激的，有近7%的学生对色情图文最感兴趣，色情网站的浏览量亦达8.7%，因此海外网站的负面影响不能忽视；二是总体上对海外网站的评价高于国内网站，这可能表现了江科大学生对新事物的接受能力，但同时预示着海外网站的影响力将越来越强，这要求我们思政网站的建设必须瞄准海外优秀热门网站的水平。

5. 大学生的网络道德水平

从主观指标看，对网络道德与现实道德的关系，只有40.43%的同学认为两者本质上是一致的，区别在于网上对个体的自律性要求更高，有28.7%的同学认为两者不完全一样，网络道德的标准比现实道德标准低，有19.13%的同学认为两者是根本不同的道德，在网上可以无拘无束，有56.52%的同学表示在网上与在现实生活中应一样讲文明礼貌，有11.3%的同学表示在网上经常不讲文明礼貌，常说脏话，恶意攻击他人，还有24.78%的同学表示无所谓，想讲文明礼貌就讲，不想讲就不讲。

从客观指标看，网络交往广度较高，有1个以上网友的同学占75.66%，其中有5个以上网友的占38.7%，还有2.17%的同学没有网友。与网友交往的深度有限，有67.83%的同学仅限于聊天或发电子邮件，没有现实接触，相互仍然是一种匿名的数字化存在，有19.57%的同学与网友有一定的感情并打过电话，只有6.52%的同学与网友友谊很深并见过面；对网络恋爱的参与和信任度都较低，有83.43%的同学表示没有网恋经历，有一次以上网恋的同学有9.56%，对网恋深信不疑的只有4.35%，半信半疑但希望遭遇"网络浪漫"的有25.22%，有60.87%的同学对网恋基本不信，认为是逢场作戏。对黑客的认识存在误区，有18.26%的同学非常想成为黑客，甚至已经尝试过；有 43.91% 的同学虽然还没有尝试，但表示想成为黑客；只有 29.57% 的同学明确表示不想成为黑客，因为这不道德；有高达 41.3% 的同学很欣赏黑客，认为他们是了不起的网络英雄；有 23.91% 的同学认为他们不简单；表示很讨厌，认为黑客是网络幽灵的有 9.13%；表示很反对，认为黑客是网络罪犯的有 21.3%。

以上主客观指标显示：江科大大学生的网络行为方式和道德水准总体上是偏传统型的，虽然有许多新的变化，但基本上是现实的行为方式和道德准则在网络中的延伸和柔性化。比如大部分同学认为网络道德与现实道德基本上是一致的，并不存在一种完全不同的道德；大部分同学仍然信守现实生活中的行为准则，讲文明礼貌；在交往关系模式上，大部分同学仍然保持着传统的模式，对新的网络恋爱方式，绝大部分同学持怀疑和不相信的态度。虽然大多数同学都有网友，但绝大多数同学都不选择见面或通电话，这表明了他们对这种网络交友方式心存疑虑，很可能一是由于不适应新的关系模式，二是由于自身已经本能化的传统道德的警觉，害怕上当受骗，自惹麻烦。

但部分大学生对网络道德的认识仍然存在误区：比如有近 20% 的同学认为网络道德与现实道德不是一回事，有 28.7% 的同学认为网络道德的标准要低于现实道德。正是基于这种错误认识，有高达 36% 的同学认为在网上可以不讲文明礼貌；对网上害群之马的黑客赞美有加，缺乏应有的是非观念，也许接受调查的同学把在网上伸张正义的"红客"与黑客混为一体了，但 60% 以上的同学欣赏黑客并想成为黑客，无论如何都是一个值得重视的问题。

其实无论是匿名交往还是角色交往，无论是虚拟交往还是现实交往，就人类的道德标准来说都是一致的（无论是道德底线还是最高道德追求），只不过虚拟社会的道德环境更宽松、更自由，实现道德目标的方式、方法和途径必然发生改变，这大大增加了道德践行的难度，也大大提高了对人的道德自觉性的要求，更是对人类道德自觉性的考验。

(三) 对策

根据对在校大学生的调查发现，要进一步有效地推动思想政治教育工作进网络，实现素质教育和创新教育的培养目标，必须结合实际，加强三个方面的工作力度。

1. 大力加强学校主页和思政网站的建设，以先进的文化占领网络阵地

江泽民同志在 2002 年 11 月 6 日会见"电视与广播博物馆国际理事会北京年会"与会代表时指出，因特网已成为中国新闻传媒的重要组成部分①。习近平总书记指出，互联网日益成为意识形态斗争的主阵地、主战场、最前沿。在互联网这个战场上，我们能否顶得住、打得赢，直接关系到我国意识形态安全和政权安全。强调互联网是我们面临的"最大变量"，搞不好会成为我们的"心头之患"，"谁掌握了互联网，谁就把握住了时代主动权；谁轻视互联网，谁就会被时代所抛弃"，"过不了互联网这一关，就过不了长期执政这一关"。强调要坚持正能量是总要求，管得住是硬道理，用得好是真本事，科学认识网络传播规律，提高用网治网水平。强调要深入开展网上舆论斗争，严密防范和抑制网上攻击渗透行为，组织力量对错误思想观点进行批驳。要加强互联网内容建设，建立网络综合治理体系，营造清朗的网络空间。笔者这次调查的结果也显示：网络不仅已成为大学生获取新闻的重要途径和手段，而且已成为他们生活方式的重要部分，网络文化的影响无处不在（只有一位同学表示从未上过网）。随着互联网的魅力和媒体功能的愈益凸显，必将对大学生的学习和生活产生更加深刻的影响，因此我们必须迅速、主动地占领这一阵地。

从大学生对学校主页和思政网站的评价及不高的点击率可以

---

① 张勇. 江泽民会见电广博物馆国际理事会代表 [N]. 人民日报，2002-11-07 (1).

看出：学校的主页建设严重滞后，信息资源贫乏，许多部门虽然建立了自己的网页，但内容和形式长时间保持不变；新建成开通的思政网站虽然新闻更新及时、迅速，内容较丰富，也有 BBS 论坛，但由于在学生中宣传不够，加上受客观条件限制，音频、视频等多媒体功能没有开发，点击率也不高。针对这些实际情况，我们必须加大学校主页和思政网站的建设力度。目前学校高标准、高质量的校园网络已建成并通过验收，学校主页和思政网站的建设主要是网络资源的应用开发，因此主要是智力投入、管理投入，关键要配齐、配强人手。

网络建起来了，网站建起来了，网页制作好了，但没什么内容，没多少信息资源，没有学生来浏览、参与，就不能说思想政治教育成功地占领了网络阵地。网络只是手段，内容才是实质。江泽民同志在党的十六大报告中指出："互联网站要成为传播先进文化的重要阵地。"① 这一论述把网站建设的重要性提到了一个前所未有的高度，也为高校思政网站的建设指明了方向。因此，我们要主动出击，用先进的文化占领网络世界，即以面向世界、面向现代化、面向未来的眼光和胸襟，以群众喜闻乐见的、生动活泼的、适应大学生成长发展需要的形式，以民族的、大众的、社会主义的文化来建设我们的网站。

2. 大力加强网络文化的宣传教育，提高大学生运用现代信息技术获取知识的能力

基于知识经济时代的呼唤，江泽民同志在党的十六大报告中鲜明地提出了"教育创新"的思想。要"造就数以亿计的高素质劳动者、数以千万计的专门人才和一大批拔尖创新人才"，就必须

---

① 江泽民. 在中国共产党第十六次全国代表大会上的报告 [M]. 北京：人民出版社，2002.

坚持教育创新，全面推进素质教育①。在 2002 年 9 月 8 日庆祝北京师范大学建校 10 周年大会的讲话中，江泽民第一次集中阐述了教育创新的思想。他在讲到教育创新的手段时指出，教育创新"必须充分利用现代科学技术手段，大力提高教育的现代化水平。要通过积极利用现代信息和传播技术，大力推动教育信息化，促进教育现代化"。2018 年 4 月，习近平总书记在全国网络安全和信息化工作会议上的讲话中指出："要加强网上正面宣传，旗帜鲜明坚持正确政治方向、舆论导向、价值取向，用新时代中国特色社会主义思想和党的十九大精神团结、凝聚亿万网民，深入开展理想信念教育，深化新时代中国特色社会主义和中国梦宣传教育，积极培育和践行社会主义核心价值观，推进网上宣传理念、内容、形式、方法、手段等创新，把握好时度效，构建网上网下同心圆，更好凝聚社会共识，巩固全党全国人民团结奋斗的共同思想基础。"

高校思想政治教育作为教育创新体系和素质教育的重要组成部分，应当积极利用现代信息和传播技术对其进行创新。由于素质教育的根本目标已转变为创新人格的塑造与创新精神和能力的培养，因此，判断高校思想政治教育是否成功的标准主要是看其是否有利于大学生创新精神和实践能力的培养和提升。

根据我们的调查，大学生对网络文化的理解和认识还滞留在最基本的层次，对网络文化的深远意义和巨大影响缺乏深刻的认识，对网络资源的利用还较滞后，网络生存能力较弱，运用现代信息和传播技术获取知识和创造知识的能力较弱，校园里与网络相关的学习活动、文化活动较少，总体上表现为校园网络文化"欠发达"。

既然作为现代信息和传播技术产物的网络文化对思想政治教

---

① 江泽民. 在中国共产党第十六次全国代表大会上的报告 [M]. 北京：人民出版社，2002.

育创新与大学生创新精神和能力的培养具有如此重要的意义，大学生参与网络文化的意识和能力都较弱，网络文化"欠发达"，那么我们当然要大力加强网络文化的宣传教育，提高大学生运用现代信息技术获取和创新知识的能力。我们要在大学生中广泛开展正确认识互联网的巨大影响和深远意义的宣传教育，要举办各类网络资源应用开发的培训班，要进行网页制作大赛和最佳网站评选，要积极适应多校区的办学格局推行网络教学、网络会议、网络文艺活动、网络直播等，从而营造一种积极健康的新型校园网络文化。

3. 大力加强校园网络制度和基本规范建设，提高大学生的网络道德水平

社会的文化价值通常很难跟上技术革命的迅猛发展，世界的数字化、电子化必然会为人类带来正、负面的影响。我国在抓住信息化机遇的同时，也必然要付出社会道德降低的代价。事实上，我们不可能彻底消灭这种负面影响，只在于如何将这种负面影响控制在最低限度内①。网络时代对传统道德的冲击是巨大的。由于网络的匿名性和虚拟性，大多数人感到非常轻松随意，表现出很大程度的道德失重感，以为自己可以无拘无束。根据调查统计，有一定比例的学生已出现这种道德失重感，其行为方式和话语方式与现实道德偏离或相悖。其实，如果每个人在网络世界都无拘无束，那网络世界根本就无法维持。任何游戏都是有规则的，也就是说，虽然全球性的网络规范还没有形成，但网络世界的正常运行必须有一整套基本的、普遍的道德行为规范。

我们无法为其他互联网站制定规范和制度，但我们可以在校园网范围内根据现实道德要求和网络传媒的特点，制定师生员工遵守的基本规范，并在网站和现实的校园生活中大力宣传。同时，

---

① 扈海鹏. 解读大众文化：在社会学的视野中 [M]. 上海：上海人民出版社，2003.

还要加强网站管理制度建设，比如 24 小时值班制度、信息发布制度、论坛注册参与制度等；加强技术监控和网络安全工作，要从多方面、多层次、多途径来维护网络道德秩序。道德律令归根到底要通过行为主体的自律来实现，网络带来的道德失重只有通过广大"网民"的共同实践和共同参与才能解决。

习近平总书记 2021 年 11 月 19 日在致首届中国网络文明大会的贺信中为我们的网络文明建设指明了方向和途径："网络文明是新形势下社会文明的重要内容，是建设网络强国的重要领域。近年来，我国积极推进互联网内容建设，弘扬新风正气，深化网络生态治理，网络文明建设取得明显成效。要坚持发展和治理相统一、网上和网下相融合，广泛汇聚向上向善力量。各级党委和政府要担当责任，网络平台、社会组织、广大网民等要发挥积极作用，共同推进文明办网、文明用网、文明上网，以时代新风塑造和净化网络空间，共建网上美好精神家园。"

第八章　新时代大学数字治理研究

人工智能时代的到来对大学治理提出了新的要求，本章界定了数字治理的内涵与主体，剖析了数字治理效能的影响因素，探讨了高校通过数字治理实现数字赋能的途径。

一、数字治理的内涵与主体

（一）数字治理的内涵

数字治理是数字技术发展和普及到一定程度后，出现的新型治理理念和方式，它主要表现在两个方面：一方面，数字治理将互联网思维、大数据思维用于治理，精准研判、模拟趋势；另一方面，数字治理以数字分析、数字挖掘、流程再造等各类信息化技术手段作为工具应用于现有治理体系，提升治理效能。

围绕数字治理，衍生出两类哲学探讨。一是数字生态下的经济、社会、文化发展中的问题和风险，如数字霸权、数字垄断、数字鸿沟，以及智能化带来的情感、暴力甚至仇恨等伦理问题；二是数字技术及其运用产生的问题和风险，比如数据的泄露篡改、信息污染、网络病毒、网络黑客等网络安全问题，以及平台自身的生态系统问题等。从治理范围来看，数字治理涵盖了从宏观、中观到微观的全域范畴，全球治理、国家治理、社会治理等属于宏观层面，行业治理、产业治理等属于中观层面，平台治理、企业治理、社群治理等属于微观层面。数字治理不仅仅是技术问题，更是治理问题；不是数字和治理的简单叠加，而是两者之间的融合转型；既需要大数据、互联网、人工智能等前沿数字技术的赋能，更需要治理手段、模式和理念的创新。

党中央大力推进国家治理体系和治理能力现代化，由人治向数字治理转变，集数成智，最终实现智慧治理。智慧治理的内涵在于：在充分运用大数据、通信技术等信息化手段基础上，对治理体系各项核心信息进行监测、收集、分析与整合，准确捕捉各种需求，并进行智能化响应，及时提供个性化服务，回应多元化需求，实现公共利益最大化。采用智慧治理模式的意义在于：一是提高治理能力，有利于增强服务性和公信力；二是构建全民参与决策局面，提升决策质量和效率。

在数字治理中，创新发展是动力，以人为本是基石，应当构建以人为中心的"有温度的数字治理体系"。数字治理应重视建构"人技共生"的理想化生态，将"以人为本"理念贯穿于数字治理的顶层设计中，注重"人技共治"的重要价值内核，推动技术文化与基层文化相融合，提升基层治理的凝聚力，推动价值互联的社群关系的建立。这一切都离不开数字公民素养的提升。在数字社会场景下，数字治理必然要借助多元主体和技术互构的协同关系结构，建设价值耦合的高质量数字治理。在数字治理体系中，应当充分调动不同成员的积极性，借力新兴技术（如区块链技术本身所具有的链接机制），破除信息传播边界，建立共同信仰，推动构建共建共治共享的数字治理新局面。

（二）大学数字治理的内涵和外延

大学数字治理以信息社会的高阶发展及高等教育治理数字化转型为背景，运用数字技术广泛收集高等教育治理信息，采取有效的数字算法确保数字治理的实施效果和价值最大化，最终实现大学的善治追求。大学数字治理不仅处于高等教育的特定环境中，而且受到高等教育既有组织和制度的影响。数字技术嵌入大学治理，使其场域结构发生变化，并生成新的网络关系，促使大学治理既有制度做出新的调整。

大学治理的数据化就是通过数字技术把高等教育治理场域的问题转换为结构化的数据，将现实场域映射到数字信息所构成的虚拟空间，形成数字镜像。数字技术本身即是支持大学治理主体的协助工具。从本质上讲，数字技术的嵌入是对大学治理结构的重构，通过搭建数字平台，协调各个机构之间的灵活性，实现治理主体之间的信息共享和实时互通。数字技术凭借其强大的数据化、虚拟化手段，为大学治理主体建立跨时空、跨机构、跨层级的信息交互模型和协调决策场景，将分布在不同时空的物理实体转换为大数据的形式，进行集中储存、传递和分析处理。这不仅仅为大学治理主体协同决策提供了跨时空的信息资源，更将大学治理主体引入更广阔的数字空间中。大学治理是一个整体关联、动态平衡的系统工程，包含体制机制、治理决策、实施监督等综合性问题。大学数字治理着眼于数字系统与治理体系的双向适配，使数字技术和大学治理机制相得益彰。

大学数字治理的要义不仅仅在于以信息供给为目的的数据收集、分析和处理等一系列数字化转型，更在于如何将数据转化为信息、将信息转化为知识、将知识转化为决策，进而建立一整套数字自动化的机制，全面提升信息生产效率，服务于大学治理机制创新。在大学数字治理实践过程中，数字算法并不只是一套编码程序，而是一整套"议程设置"的人工智能系统架构。算法通过对个体及群体所产生的"数据流"进行数据化生成和结构化计算，促进治理主体与算法信息进行互动，在挖掘信息资源的基础上进一步强化数字技术对大学治理机制的影响。数字系统的运行依托于大学治理机制。数字治理嵌入高等教育并非单向干预抑或是高等教育领域的被动吸纳，而是数字技术与大学治理相互融合、相互依赖的过程。数字系统在运作过程中与大学既有的治理机制产生关联，一些技术甚至因为这些治理机制而产生。数字技术在赋能大学治理领域的同时，大学治理机制也需要对被接纳的技术产生新的制度安排，这样就形成了数字技术与大学治理机制的双向适配。

大学治理问题在全面而清晰的数字系统中表现出来，成为现实治理问题的数字孪生体。大学数字治理要保障数据资源的开放和安全，在技术层面搭建相应的平台重构大学治理流程并促进多元主体协同治理，在理念层面坚持以人为本的价值取向，在制度层面完善数字治理规则，为大学数字治理提供制度保障，全方位推进大学治理数字化转型。

（三）数字治理的主体

数字公民是数字治理的主体，它是信息技术渗透人类生存和发展而产生的概念，目前已有不少学者、组织探讨了其定义。笔者认同并采用美国国际教育技术协会（International Society for Technology in Education，ISTE）的定义：数字公民是能够践行安全地、合法地、符合道德规范地使用数字化信息和工具的人。

数字公民教育以培养信息时代的合格数字公民为目的，是信息时代公民教育的一个重要组成部分。数字公民教育的具体内容包括九大要素：数字准入、数字通信、数字礼仪、数字法律、数字商务、数字素养、数字权责、数字健康和数字安全，是美国数字公民教育之父瑞布（Ribble）提出的，得到了业内普遍认同。另外，联合国教科文组织通过"安全负责任地使用 ICT 培养数字公民教育"项目小组提炼了一个更加简化的临时数字公民教育框架，包括四个基本领域：数字素养、数字安全、数字参与和数字情商。

伴随着数字公民和数字公民教育研究的深入，数字公民素养开始被提及。关于数字公民素养的概念，很多学者进行了相关研究。例如，阮高峰认为数字公民素养包括数字安全、规范交往、数字生存、数字学习四个维度。周丽妲等人认为数字公民素养指的是在应用数字技术的过程中能够参照相应的标准、遵循一定的规范、恰当负责地使用技术。王佑镁等人认为数字公民素养就是在数字网络环境下公民能够掌握各种数字工具，并批判性、创新性地利用数字工具的更高层次的个人能力修养。笔者认为数字公民素养是信息时代下合格数字公民所应具备的素养，包括公民利用各种数字技术进行学习、工作和生活所需具备的关于安全、合法、符合道德规范地使用技术的价值观念、必备品格、关键能力和行为习惯。

关于数字公民素养，有两点需要补充说明：（1）国外学者并没有正式提出数字公民素养的概念，但从当前研究来看，他们强调数字公民身份/数字公民权/数字公民标准，长期以来被定义为"技术使用行为规范"。他们的数字公民身份核心理念与数字公民如何规范地参与数字社会息息相关，个人或群体在数字社会中体现的数字公民水平的高低也就反映了其数字公民素养的优劣。因此，国内的数字公民素养，可以理解为国外的数字公民身份/数字公民权/数字公民标准。（2）数字公民素养不是传统公民素养的简单扩展和直接迁移。随着全球化、智能化的不断深入，很多问题是数字社会特有的（例如，解决网络冲突不能像制止传统聚众斗殴那样依靠增派警察或动员围观群众）。传统的公民素养不足以应对瞬息万变的数字世界，唯有从数字世界的问题出发，基于数字世界的特点对公民所需具备的品格和能力进行重新凝练、重新赋能，方能适应时代的变化。

二、数字治理效能的影响因素

（一）数字公民素养助力数字治理

1. 数字公民素养提升有助于人类数字化发展

数字智商（Digital Intelligence Quotient，DQ）一词最早出自DQ Institute 的报告，指的是个人数字能力的商数，是衡量个人数字能力的标准。它包括三个核心组成部分：数字公民素养、数字创造力和数字竞争力。DQ 没有以数字公民素养、数字素养等作为核心，是因为它们无法完整地体现人们数字化生存与发展中必不可少的要素——对技术的正确与合法使用，公民的公共事务参与，以及与数字公平、数字道德相关联的数字社会责任与担当等。数字公民素养是 DQ 的核心和首要环节，只有具备了数字公民素养，才能进阶到数字创造力，进而拥有强大的数字竞争力。

2. 数字公民素养提升有助于建立健康的网络文化

数字公民素养的缺失将对网络文化和网络文明带来严重的负面影响。试想一下，倘若个体不负责任地使用技术，在网络上处处挑起争端，不明真相的群众推波助澜，网络谣言就会迅速被放大，真相可能被扭曲或淹没，极易引发各种网络暴力。长此以往，将会产生畸形、不健康的网络氛围，形成粗暴、低俗的网络文化，进而腐蚀原本健康的网络意识形态，影响人们的"三观"，阻碍网络精神文明建设，最终对人类文明带来负面的冲击。

3. 数字公民素养提升有助于促进教育公平和教育国际化

通过提升数字公民素养，可有效提升公民核心素养，避免第二层次数字鸿沟的加剧，从而真正实现教育公平。同时，培养合格的数字公民，使公民关注数字健康和数字礼仪，具备国际眼光与全球意识，有利于顺应世界教育改革发展趋势，大力提升我国教育国际化水平。

4. 数字公民素养提升有助于提高智慧治理的自觉意识

政府工作人员在智慧治理的过程中应培养自身智慧治理意识，自觉学习有关大数据的理论知识，自觉学习应用信息化平台，提高在工作过程中政务处理的精准性。在各个领域的发展过程中，能否高效应用信息化平台已成为影响办公、生产和治理效能的重要因素，政府有关部门的工作人员要提高自身素质，打破传统治理思想对自身的束缚，提高公务人员的职业素养。这可以大大提升公务人员的执行力和服务水平，提升群众的满意度。

5. 数字公民素养提升有助于市民获取智慧城市公共服务

在大数据的背景下，网络时代快速发展的今天，公共信息的传播和公共服务的提供越来越多地借助互联网进行。数字公民素养的提升助力市民主动接纳信息技术的发展，让市民在充分了解理论知识的前提下，运用新技术享受到智慧城市公共信息服务的便捷性。

（二）大学如何通过数字治理实现数字赋能

大学数字治理要保障数据资源的开放和安全，在技术层面搭建相应的平台，重构高等教育治理流程并促进多元主体协同治理，在理念层面坚持以人为本的价值取向，在制度层面完善数字治理规则，为大学数字治理提供制度保障，全方位推进大学治理数字化转型。

1. 优化数字生态，保障治理场域的有序运行

营造开放、安全的数字环境、规范数字治理伦理、明确数字治理的价值追求，是高等教育数字治理有序运行的前提。

第一，平衡数据资源的开放与数字安全的保障。开放的数据资源旨在为大学数字治理提供公开透明的信息支持，并不断修正和完善数据开放的环节和领域，让数字生命周期更有效地基于开放共享的原则运作。然而，数据资源越开放，隐含的风险因素就越多。因此，在数据资源开放的过程中，应进一步加强数字技术对数据资源的追溯能力，确保数据在有效、充分流动的过程中体现价值，最大限度地规避、防范和约束数字安全风险，为大学数字治理构建数据开放和数字安全的良性循环。

第二，规范数字技术与治理主体的伦理关系。人与技术之间的应然性伦理关系主要表现为主体与客体、目的与手段的二元关系。数字伦理源于人们对自身与技术应然性关系的探讨。数字技术是高等教育治理的工具和手段，具有伦理意向性，是高等教育伦理价值的负荷体。高等教育数字治理过程中的数据安全、数据

隐私、数据权利等诸多问题都涉及道德价值、行为规范、权力边界，需要进一步规范数字治理伦理。

第三，明确大学数字治理的价值追求。数字技术将大学治理的现实场景与真实个体抽象为符号、数字和图像，进而通过算法程序和智能分析做出决策和管理。然而，数字技术不能完全替代高等教育领域中每一个生动的个体，更不能本末倒置用技术约束和限制个体。在目的论意义上，人是最高目的，不应该被当作可估算、可估价的工具性物体。大学数字治理应立足于个体的价值权益和现实需要，用以人为本的价值理念引领数字治理，将技术置于高等教育价值体系中进行评判。

2. 搭建数字平台，促进治理主体的实时交互

数字平台将数据收集、算法处理、数据流通等过程进行系统化组织，成为促进不同主体进行互动的基础设施。大学数字治理要构建集教学、科研、管理、后勤保障等多功能于一体的数字平台，在多元治理主体之间形成共建共治共享的协作关系。

第一，通过数据集成消除多元主体信息不对称。在大学治理数字化转型过程中，数字平台通过集成先进的信息通信和自动控制技术，构建数字空间中人、物、信息、环境等要素相互映射、适时交互的复杂系统。通过数字平台对同一个数据生命周期内的数据进行聚合、分析、治理和应用，实现数据在不同主体之间的可用性、通用性、常用性，促进大学多元主体建立高效协同、多方协作的数字治理模式。

第二，形成分布式组织促进多元主体民主治理。大数据、区块链、物联网等信息技术的分布式特征正在强化民主、共享、协作等治理价值。通过建设数据集成、互联共享的枢纽平台，大学治理的纵向层级结构得到有效压缩，横向的部门数据孤岛和协作壁垒被打破，总体呈现出去中心化、扁平化、交互化的趋势。治理主体成为治理网络中的独立的节点，可以与其他节点进行多方位、动态化的交流互动，从而极大提升多元主体通过数字平台民

主协商、协作共治的能力。

第三，以全触点数字化赋能多元主体理性感知。大学数字治理通过科学高效、可操作性强的数字技术激发治理主体的多维潜能。数字平台通过对高等教育领域海量数据的收集、分析和研判，以云端汇聚的方式建立跨部门、跨时空、跨功能的数字服务系统，将大学治理问题进行可视化、综合化的多元整合。这样不仅能够动态监测治理场景、及时反馈治理效果、全领域记录高校治理大数据，而且能为治理主体提供对治理问题的数字化判断和理性感知，进而做出精准判断和类型化分析。

3. 完善数字规则，引导大学治理结构的数字化转型

通过建立科学合理的规则来规范协调数字技术运行，是提升大学数字治理效能的制度保障。大学数字治理要从数字技术的单向调适转向多元治理要素的深度融合，充分完善数字治理规则，全方位促进大学治理结构的数字化转型。

第一，兼容大学治理结构对数字技术的想象空间。数字技术在大学治理中的广泛应用必须有相应的规则制度与之相适应，实现对智能化、复杂化数字技术的兼容。任何嵌入高等教育领域的数字技术都需要治理主体在一段时间内对其进行接纳和消化。因此，要建立有效的大学数字治理规则，就必须不断提升大学治理结构对数字技术的接纳程度，以及数字技术赋能大学治理带来的结构性变化。

第二，实现大学治理结构与数字技术的双向调适。大学数字治理是一个不断自我完善的过程，以技术逻辑为支撑，根据数字技术在治理实践中的反馈进一步改进数字治理结构。一方面，数字技术的嵌入倒逼高等教育治理规则调适，需要相应的制度规则支持数字技术对传统治理组织结构的改造。另一方面，数字技术的快速迭代升级使大学治理结构始终处于技术优化循环中，需要不断吸纳新的技术并对技术本身进行调适，形成能够适应技术嵌入并推动技术升级的数字治理规则体系。

第三，促进大学数字治理与数字技术的价值趋同。数字治理不仅仅是大学治理的范式转换，更是大学治理的价值载体，需要继承和传递大学治理的道德价值。技术治理以制度为秩序载体，以公共价值为道德标准。引导大学数字治理与数字技术的价值趋同首先要将数字技术的价值理性以治理规则的形式确定下来，并将大学数字治理的价值理念实现于组织结构的运行过程中，即在整个大学数字治理过程中将治理价值与规则制定协调统一起来。

4. 驾驭数字技术，形塑需求导向的治理机制

数字技术赋能大学治理是一个从"e浮"到"嵌入"的过程，也是大学数字治理从吸纳技术到驾驭技术的过程。大学数字治理应以大学治理的实际需求和真实问题为出发点和落脚点，避免数字技术的强行替代和刚性嵌入导致新的治理问题。

第一，以技术化解蔽大学治理数字化座架。海德格尔认为，现代技术的本质是一种"座架"（Gestell），也是一种解蔽的方式。信息技术的快速发展正在以人工智能、虚拟技术为代表的数字技术剥夺人们的思考能力，数字化正在座架着一种势不可挡的系统性愚昧。高等教育数字治理不是要沉浸于数字化带来的高速处理表象，使治理主体面临主体性被消解、意识贫瘠化的后果，而是要厘清各种新兴数字技术的效用和潜在风险，使无主体性的技术成为治理主体的"驯化之物"，这一过程即为"技术化归"。

第二，以普适性技术升华大学数字治理机制。当技术上升为普适方法时，就成为人类改造社会的强大力量。在数字技术驱动下，大学治理呈现出平台化、智慧化、生态化等新趋势，不断丰富着大学数字治理的内涵。数字技术赋能大学治理不仅仅是纯粹的技术问题，更涉及大学治理体制机制、权力运行、治理理念等。高等教育数字治理应上升到价值理念层面，将数字治理逻辑紧密嵌入高等教育治理组织、程序和管理运行中，进一步推动大学数字治理体制转型。

第三，以人的技术化重构大学数字治理机制。异化的过程和

反异化的过程就是人与技术的交互过程，也是技术的人化和人的技术化的过程。在这个意义上，大学数字治理过程可以理解为是治理主体行为与数字技术行为相结合的过程，治理主体要转变自我身份，实现自我技术化，从掌握传统的治理职能延伸到对数字技术的使用和控制。只有治理主体有效地运用数字技术参与大学治理，才能与数字技术成为相互建构的动态融通关系。

三、大学数字治理的应用场景

（一）以江苏科技大学为例的数字治理水平评估分析

1. 江苏科技大学数字治理的各项指标评估内容与数据统计

江苏科技大学数字治理水平的具体评估内容包括：战略地位与保障、网络与硬件基础设施、教学与科研信息化应用、综合管理服务信息化、网络安全保障5个一级指标，以及管理部门与人才力量、信息化发展系统规划、校园网、信息化设备配置、资源建设状况、数字资源建设机制保障、综合办公管理信息化、信息安全建设8个二级指标。

表8-1和表8-2是江苏科技大学在各分项上的得分情况，以及普通高校平均水平与最高水平，数字治理水平领先高校、全国参评高校平均水平的得分情况。

表 8-1 数字治理水平一级指标各单位相对得分情况

一级指标	江苏科技大学得分	普通高校最高得分	普通高校平均得分	数字治理水平领先高校平均得分	全国参评高校平均得分
战略地位与保障	12.53	17.57	12.04	14.22	12.87
网络与硬件基础设施	9.40	15.10	7.28	11.18	8.76

续表

一级指标	江苏科技大学得分	普通高校最高得分	普通高校平均得分	数字治理水平领先高校平均得分	全国参评高校平均得分
教学与科研信息化应用	11.28	20.12	12.75	17.89	14.71
综合管理服务信息化	15.56	21.00	13.94	19.01	15.87
网络安全保障	7.72	7.78	4.49	6.07	5.09

表8-2　数字治理水平二级指标各单位相对得分情况

二级指标	江苏科技大学得分	普通高校最高得分	普通高校平均得分	数字治理水平领先高校平均得分
管理部门与人才力量	5.80	10.20	5.45	7.14
信息化发展系统规划	6.00	6.00	5.72	5.78
校园网	5.40	11.10	4.77	6.29
信息化设备配置	4.00	8.00	2.51	4.89
资源建设状况	3.00	11.28	5.34	7.74
数字资源建设机制保障	5.40	9.00	4.61	5.67
综合办公管理信息化	5.20	9.64	5.91	7.98
信息安全建设	7.70	7.77	4.49	6.07

2. 江苏科技大学数字治理水平指标评估分析

雷达图分析法是综合评价中常用的一种方法，尤其适用于对多属性体系结构描述的对象做出全局性、整体性评价。因此，本研究主要采用雷达图来直观分析江苏科技大学数字治理与普通高校、领先高校及全国平均水平在数字治理水平各项指标之间的相对优劣势及存在的差距，进而明确地分析出江苏科技大学数据治理水平进一步提升的重点。利用雷达图进行综合评价的基本思想是：

首先，根据需要确定评价对象的评价指标及相关评价数据。

其次，以评价值的最大值为半径画圆，并以评价指标数 N 等分圆周，从圆心出发画 N 条坐标轴，每条坐标轴表示一个评价指标。

最后，将每个测评指标的评分结果标注在相应的坐标轴上，并把各轴上的点连成一个封闭的多边形。为了使评价结果更具综合性和客观性，在绘制雷达图时，首先将各评价指标的数据进行标准化处理，以消除定量评价结果在各评价指标间的数量差异，并且取评价的平均值为参考，直观比较被测评对象哪些方面较好，哪些方面较差。

雷达图可以将高校信息化建设中的多个指标在平面上形象图示。指标取值、变化趋势一致的情况下，系统对应的雷达图面积越大，其综合水平也越高。

（1）总体数字治理水平对比分析

江苏科技大学总体数字治理水平与其他高校的对比如图 8-1 所示：

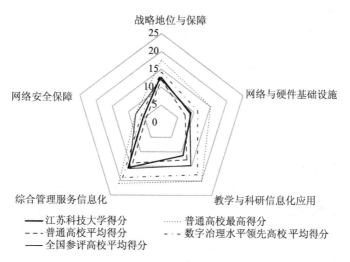

图 8-1 江苏科技大学总体数字治理水平与其他高校的对比

从图 8-1 可以看出：

① 通过比较不同层次学校对应的雷达图面积，可以直观地看

出不同层次学校之间的差异。

②江苏科技大学的五项指标所围成的五边形面积大于普通高校平均得分的五项指标所组成的五边形面积。因此，江苏科技大学的数字治理整体处于中等偏上水平。

③通过分析数字治理各指标取值情况，可得出江苏科技大学在综合管理服务信息化、战略地位与保障、网络安全保障三方面得分较高。其中，在综合管理服务信息化方面表现尤为突出。而网络与硬件基础设施、教学与科研信息化这两方面得分相对较低。

为进一步分析江苏科技大学在五项一级指标中哪些指标上的提升的空间较大，本书以数字治理水平领先高校平均得分为基准，绘制了江苏科技大学数字治理各一级指标得分比与其他高校的对比的雷达图，如图 8-2 所示：

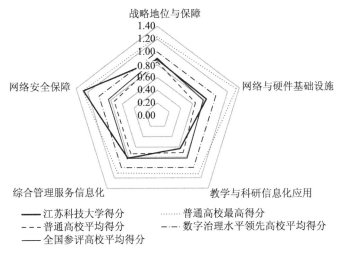

图 8-2　江苏科技大学数字治理各一级指标得分比与其他高校的对比

从图 8-2 可以看出：

①江苏科技大学网络安全保障处于普通高校最高水平，高于领先高校的平均得分，提升空间较小。

② 战略地位与保障、网络与硬件基础设施、综合管理服务信息化这三项处于全国高校平均水平，可向数字治理水平领先高校学习。

③ 江苏科技大学在教学与科研信息化应用方面，目前还稍微低于普通高校平均水平，还有很大的提升空间。

（2）数字治理二级指标建设水平比较分析

江苏科技大学数字治理二级指标与其他高校的对比如图 8-3 所示：

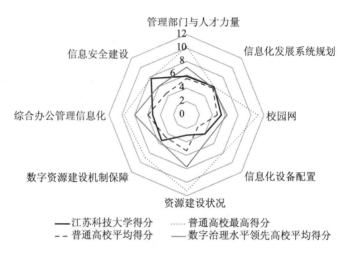

图 8-3　江苏科技大学数字治理水平二级指标与其他高校的对比

从图 8-3 可以看出：

江苏科技大学数字治理二级指标对应的雷达图面积，处于领先高校与普通高校平均水平之间；信息安全建设、信息化发展系统规划处于最高水平；数字资源建设机制保障处于领先高校平均水平。管理部门与人才力量处于普通高校平均水平；综合办公管理信息化、资源建设状况低于普通高校平均水平，其中资源建设状况差距较大，应进一步加强建设。

为进一步分析江苏科技大学数字治理各二级指标建设的提升空间，本书以数字治理各二级指标中普通高校最高得分为基准，绘制了江苏科技大学数字治理二级指标得分比与其他高校的对比的雷达图，如图 8-4 所示：

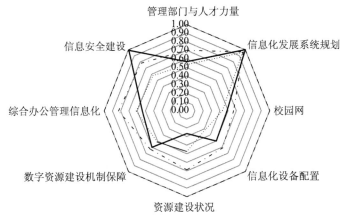

图 8-4　江苏科技大学数字治理二级指标得分比与其他高校的对比

从图 8-4 可以看出：

江苏科技大学的信息安全建设和信息化发展系统规划已达到最高水平，提升空间最小；数字资源建设机制保障处于领先高校平均水平，可向普通高校中的最高水平者学习。江苏科技大学数字治理二级指标中提升空间较大的为资源建设状况、管理部门与人才力量、信息化设备配置、校园网这四项。其中，资源建设状况、管理部门与人才力量提升的空间很大。

（3）数字治理子项对比分析

为进一步分析影响战略地位与保障、网络安全保障、网络与硬件基础设施、教学与科研信息化应用这四项一级指标中的关键因素，本章绘制了战略地位与保障子项对比图（如图 8-5 所示）、网络与硬件基础设施子项对比图（如图 8-6 所示）、教学与科研信息化应用子项对比图（如图 8-7 所示）。图中以各一级指标为分类，分别比较各个一级指标中包含子项的建设水平，找出针对每个一级指标建设的重点子项，为江苏科技大学数字治理推进提供方向。

战略地位与保障建设一级指标包括管理部门与人才力量、信化发展系统规划两个二级指标。从图8-5可以看出，管理部门与人才力量是江苏科技大学数字治理中的薄弱点。

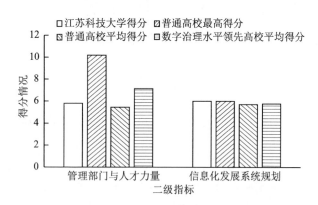

图8-5 战略地位与保障子项对比图

网络与硬件基础设施一级指标中包含校园网和信息化设备配置两个二级指标。从图8-6可以看出，江苏科技大学的校园网与信息化设备配置水平接近领先高校平均水平。

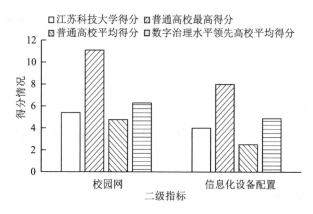

图8-6 网络与硬件基础设施子项对比图

教学与科研信息化应用一级指标中包含资源建设状况和数字资源建设机制保障两个二级指标。从图 8-7 可以看出，资源建设状况是江苏科技大学数字治理中与其他高校差距较大的地方，应作为下一步建设工作的重点。

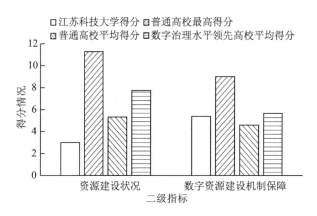

图 8-7　教学与科研信息化应用子项对比图

（二）关于大学数字治理水平提升的方向

笔者认为，大学数字治理水平提升，可从以下几方面着手。

1. 加强战略地位与保障方面

（1）进一步加强首席信息官（Chief Information Officer，CIO）体制建设。

（2）扩充信息化工作人员数量。

（3）将信息化评价纳入部门和干部考核指标。

（4）保持信息化经费按年 8% 左右的增长率投入。

（5）落实信息化设备维护及更新的相关规范。

2. 加强网络与硬件基础设施方面

（1）宿舍区实现校园网全覆盖，无线网实现全校区覆盖。

（2）主干带宽升级的同时，增强校园网利用率。

（3）增加终端设备，尤其是平板设备等。

（4）公共计算机的更新频率要跟得上信息技术的发展。

3. 加强教学与科研信息化应用方面

（1）重构现代教育技术中心，由其统一负责教育资源、教学平台的建设与管理（建设学校自己的现代教育平台，丰富平台内容；在内容显示方面尽量以网页形式展现，采用 Adobe Acrobat、PDF、Adobe Postscript、Word 和 PPT 等格式）。

（2）出台激励政策，鼓励教师制作、使用各种信息化教学资源。

（3）建立科研共享平台，提升科研服务的数字治理水平。

（4）网上发布科研成果，提升江苏科技大学的学术影响力和共享水平（鼓励教师开展学术交流，比如公开发表文章后将文章放在学院网站或其他接受客座作者文章的网站和电子杂志上等）。

4. 加强综合管理服务信息化方面

（1）加强二级部门网站建设，扩充内容和扩大影响力（比如在制作学校及其下属机构网站时对网站结构和规模提出明确要求，尽量用下层网页显示代替本层网页上的链接下载）。

（2）给专任教师分配域名，鼓励教师建立个人主页，鼓励教学团队、科研团队自建网站并互相链接。鼓励教师将教学成果和科研成果在学校机构网站和个人、团队主页上显示出来。

（3）加强社会化网络媒体的使用度，加强网络文化的宣传推广。

（4）搜索引擎的地域性和商业化目的会对搜索结果产生影响，但使用英文网站会有更好的效果。因此，建议江苏科技大学的英文网站不能简单制作了事，必须和中文网站一样有一定的建设策略和具体要求，对英文网站的规模、内容（字节数）和链接都要有准确定义。

5. 加强网络安全保障方面

（1）通过培训、讲座、政策引导等方式，提升教师和管理人员的信息素养。

（2）引进网络监控软件及系统。

（3）要绝对排除有多个不同的域名、废弃域名仍在使用、共享域名的情况。在制定域名分配制度时，建议适当放宽条件，让更多域名能在搜索引擎中被检索到。

（三）关于大学数字治理指标体系的构想

综上所述，数字治理已经不是单纯的技术问题，更是管理问题和制度问题。因此，构建一个彰显办学特色、符合技术主流、立足学校实情、引领高质量发展的数字治理指标体系，不仅有助于江苏科技大学高水平治理，更能推动江苏科技大学早日实现数字赋能这一目标。

1. 江苏科技大学数字治理指标应包含的考察方向

（1）客观评价江苏科技大学数字治理的基础条件。

① 评价基础设施建设水平，主要包括信息化设备拥有水平、校园网建设水平和网络与信息安全建设水平。

② 评价应用系统与资源建设水平，主要包括基本应用系统、信息系统建设水平、各类信息系统的整合和电子资源的建设水平。

（2）准确评价江苏科技大学数字治理的应用条件。评价信息化基本应用水平，主要包括基本应用情况、学校网站应用水平、图书馆电子资源的应用水平和应用集成环境；评价教学信息化应用水平，主要包括教学资源的建设和应用、教学过程的信息化支持、科研信息网上发布共享水平和科研项目的信息化支持环境；评价信息化管理应用水平，主要包括管理系统的应用水平和信息共享水平。

2. 科学评价江苏科技大学数字治理的保障体系

（1）评价信息化战略地位，主要包括信息化制度保障、信息化资金保障和人员信息化技能保证。

（2）评价组织机构与管理水平，主要包括信息化组织保障和信息化标准与管理规范。

3. 江苏科技大学数字治理指标体系的评价目标

江苏科技大学数字治理指标体系如图 8-8 所示，该指标体系具有以下几个特点。

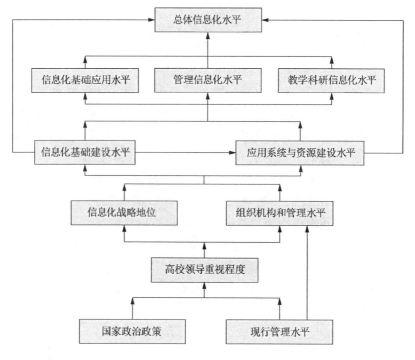

图 8-8　江苏科技大学数字治理指标体系

（1）指标体系应该既全面，又简便、可操作。

（2）指标的设定应该将定量和定性相结合，但是尽量将指标量化，便于考核。对于不能量化的指标，应该由专家根据相关的资料来评定。

（3）指标体系应该突出江苏科技大学信息化建设后的应用情况和应用后所取得的绩效，既能促进信息化的应用，又能体现指标体系的指导性。

（4）高校信息化的应用主要体现在教学、科研和管理上，因此指标体系应从这三方面来考察高校信息化取得的成效。

（5）指标体系应反映领导对信息化的重视程度，这在一定程度上保证了高校信息化建设的有效实施。

（6）信息化系统建立以后必须要得到技术的支持、维护，资金的持续保障，以及在制度下规范运行。

4. 江苏科技大学数字治理指标体系的实践探索

目前，高校基本都已形成了从"人、财、物"为服务对象的各种业务/应用管理系统，也因此积累了以"人、财、物"为核心的业务数据。但这些系统在建设时间、建设厂商，甚至开发技术都不同的情况下，凸显出了数据库不同、信息标准不统一、数据冗余、数据孤岛分享难、数据录入质量低、使用价值受影响等负面问题。为解决孤岛数据的统一汇集问题，满足高质量数据共享需求，江苏科技大学开展了数字治理，搭建完成了江苏科技大学教育生态系统共享数据平台。

（1）共享数据平台的建设背景。

教育生态系统需要数据的交互共享、需要对校级代码使用进行统一、需要高质量的数据沉淀、需要纵向的历史切片数据、需要丰富的数据服务来打破长期依赖 ETL（Extract‑Transform‑Load，抽取、转换和加载）的共享方式，这才是高校教育生态系统在数字治理建设过程中充分闭环的数据生态。

（2）共享数据平台拟解决的问题。

① 数据库管理不规范，缺乏数据定义的整体掌控。

② 数据权责不明确，数据权威性低。

③ 数据标准不统一，数据交换困难。

④ 数据共享方式单一。

⑤ 历史数据的丢失。

⑥ 数据质量不高。

（3）共享数据平台的建设框架（见图8-9）。

高校教育生态系统的共享数据平台由元数据管理、信息标准管理、主数据管理、集成工具、数据快照管理、数据质量管理、数据服务管理、运行监控等一系列工具组成。这些工具将充分结合数据集成、数字治理的实施方法，为学校的基础数据建设提供完善的闭环体系。

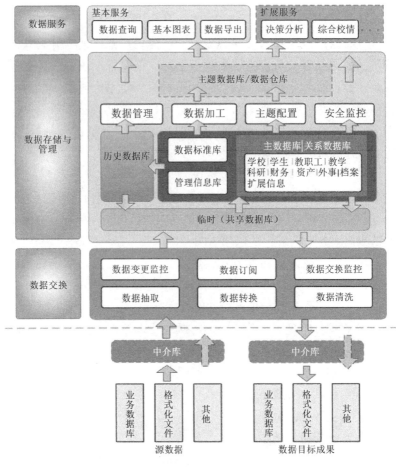

图8-9　共享数据平台的建设框架

（4）共享数据平台的平台运行环境。

① 服务器端：

操作系统：Windows 2000/XP/7/8/10、Linux 等；

数据库：Oracle 10g/11g；

Java 运行环境：JDK 1.6 及以上；

应用服务器：Websphere 7 及以上、Tomcat 6.0/7.0、Weblogic 11g 及以上。

② 客户端：

操作系统：Windows 2000/XP/7/8/10；

浏览器：IE/Chrome。

（四）大学数字治理的伦理反思

首先，要规范数字技术与治理主体的伦理关系。人与技术之间的应然性伦理关系主要表现为主体与客体、目的与手段的二元关系。数字伦理源于人们对自身与技术应然性关系的探讨。数字技术不仅是大学治理的工具和手段，而且具有伦理意向性，是大学教育伦理价值的负荷体。大学数字治理过程中的数据安全、数据隐私、数据权利等诸多问题都涉及道德价值、行为规范、权力边界，因此需要进一步规范数字治理伦理。其次，要明确大学数字治理的价值追求。数字技术将大学治理的现实场景与真实个体抽象为符号、数字和图像，进而通过算法程序和智能分析做出决策和管理。然而，数字技术不能完全替代高等教育领域中每一个生动的个体，更不能本末倒置地用技术约束和限制个体。在目的论意义上，人是最高目的，不应该被当作可估算、可估价的工具性物体。大学数字治理应立足于个体的价值权益和现实需要，用以人为本的价值理念引领数字治理，将技术置于高等教育价值体系中进行评判。

在数字社会中，信息高度共享的特征使得很多数据暴露在网络中，隐私保护和信息安全遭到冲击，逐渐上升为困扰数字治理的秩序风险。一是基层治理与上位治理数据联通困难。基层治理的数据开放范围有待拓展，对一些社会需求度高的领域如教育、医疗等的数据信息资源开放力度较弱，仍然存在上学难、看病难等民生问题。同时，基层治理的开放数据更新频率较低，其开放形式多为静态的数据表达，应实施实时性、动态性的信息开放。二是数据联通后基层治理信息共享困难。基层治理法治化薄弱，不少因信息公开而导致的隐私泄漏问题悬而未决，一些不法分子侵害社会公众隐私权的手段也趋向隐秘化，遵循法治原则对这些信息侵权行为明确责任、予以法律制裁存在很大困难。三是技术尚未达到保证基层社会公众信息绝对安全的水平。基层治理因基础设施不完善、资金短缺、人才资源支撑力不足等短板问题，致使数字治理的技术创新更迭较慢，其技术水平不足以在第一时间确保基层社会公众信息安全。因此，在数据联通后，部分社会公众因信息安全问题不愿将自己的信息共享于数字治理的网络中，进而造成数字治理的信任危机。

除了信任危机，大学还面临需要解决的两大困难：

一是部分大学师生信息化意识素养不足。培养信息素养就是让师生通过熟悉信息搜集处理流程，在办事效率、人文关怀、社会责任等方面都得到潜移默化的提升。大学师生作为大学信息化改革的重要参与者，其信息化意识素养水平将直接关系到信息化建设的成果。面对当前日益复杂的校园信息环境，大学需要提高自身利用信息解决问题的综合能力和基本素质，以此来提高课堂实践、科学研究、工作生活等各方面的效率。但是，伴随着数字化转型加快，部分大学师生在信息素养上的不足也逐渐显现，主要体现在两个方面。首先，部分师生信息更新意识薄弱。部分大学师生没能快速转变教学思路及学习方式，面对校园数字化设施的不断更新换代，部分师生因循守旧，不愿接触、探索新的数字化教学模式。其次，部分教师的信息知识储备不丰富，信息应用能力不足。面对新型数字化设备的更新，大学难以统一组织有规划的数字化设备学习，以致部分大学教师不能充分利用数字化设备。

二是大学信息孤岛现象依然严重。大学治理模块应遵循稳固搭建、环环相扣的原则。但在当前大学信息治理发展阶段中，部分大学的数字化治理系统产生了分散且不互动的问题，数据标准的差异性带来了系统分散和不兼容等问题，导致大学数字化改革出现信息孤岛现象。综合概括，出现信息孤岛的原因有以下三点：

首先，信息孤岛形成的根本原因是部分高校治理的数字化标准紊乱。目前，高校数字化改革开始不久，没有形成较为完善的改革标准，以致不同的部门组织只根据自身需求开发和升级数字化应用系统，最终导致数字化体系下的各个部分难以较好地衔接。

其次，导致信息孤岛形成的重要因素是部分大学管理部门条块分割。部分大学现今所采用的依旧是条块分割类型的管理体制，也就是由上至下的管理模式，如果各职能部门之间或师生之间的合作意识较弱，统筹协调难度就很大。

最后，信息孤岛会导致教育数字化资源的重复采集，以及部门信息传输低效化与跨系统信息整合松散化。信息孤岛间缺乏业务功能交互与信息共享，会导致大学难以与瞬息万变的社会发展及时接轨，这会阻碍大学在教育革新、校园安全、人才建设等领域的治理能力提升。加之大学治理数字化改革刚开始不久，部分大学重硬件轻服务，偏重基础设施建设，较少更新教学科研软件，这在一定程度上阻碍了教学质量的提升和学生的个性化发展。

弄清楚了大学数字化治理的困难和问题，就意味着找到了工作的重点和方向。数字赋能、数字统一和数字决策应该是大学数字治理的重点任务。

第九章　新时代大学治理师生关系研究

　　本章旨在合理总结社会转型期高校师生关系的现状与危机，客观分析现状与危机所产生的根本原因，提出有效的化解危机的路径，重新调节和优化师生关系。

一、社会转型期大学师生关系现状

　　师生关系是一切教育活动的基础，也是学校教育中最基本的人际关系，师生关系就是教育的直接现实。好的师生关系往往能激发高校师生的积极性、创造性，使师生更加专注于教与学的活动，有助于顺利有效地完成教育教学任务。在社会转型期，外部环境及社会存在、社会意识的变化，必将影响到师生关系。两千多年来，儒家所倡导的"一日为师，终身为父"的师生关系一直被作为定义师生关系的基本准则。顽固的"教师中心论"忽视了师生关系中学生的主体性，是一种不民主、不平等的师生关系，在当前的市场经济条件下，必然受到各种因素的冲击和学生的消极对待。市场经济强调平等、独立和寻求利益最大化，市场经济倡导的平等竞争原则与教师支配学生的传统思想相悖；市场经济提倡的创新、个性、独立与学生绝对服从老师的做法背道而驰。现代社会独特的家庭、社会、知识环境，使学生具有知识面开阔、社会敏锐性强、个性张扬的特点，市场经济的竞争环境和未来严峻的就业形势亦增强了他们的功利主义思想。学生对信息社会新潮事物的高度敏感性与教师接受新鲜事物的滞后性间的悬殊差距，让师生的共同语言减少。所有这一切，都使得学生看淡了师生关系，疏远了自己的老师，让社会转型期的高校师生关系面临危机。

(一) 师生关系概念

大学师生关系是一个由多个层面和多种意义构成的复杂关系体系。良好的大学师生关系有多方面的评价标准与基本要求，正确把握大学师生关系的内涵及其基本要求，是建立良好师生关系的基础和前提。师生关系至少包含教学关系、社会伦理关系和情感（心理）关系三个层面。

从教学的角度看，大学师生关系主要表现为大学师生在教育教学过程中，为共同完成教育教学任务而建立的一种工作与学习关系。师生教学关系存在三种情况，即以教师为中心、以学生为中心和教师主导学生主体。以教师为中心的师生关系，表现为课堂是教师的一言堂，教师是主体，学生是客体和倾听者。在这种教学模式下，课堂教学成为教师单向的灌输过程，教与学处于分离的状态，师生双向互动被阻隔。以学生为中心的师生关系，表现为教师在教学中不再起主导作用，而是起一种从旁协助学生活动的助手作用，只有当学生的学习活动出现困难时，教师才去帮助他们。教师不能忽视学生的实际需要，也不能强加给学生要求。在教师主导学生主体的师生关系中，教师的主导作用和学生的主体地位是和谐统一的。教师的主导作用体现在教和学的矛盾中，教是矛盾的主要方面，教是国家社会对学生成长的需求表达；学生的主体地位体现的是教学是一个生命成长过程，在这个过程中，作为成长者是有自身发展规律和要求的，教学关系不是主被动的关系，而是主体间的关系，是一个心灵对另一个心灵的相遇和成全，是一种和谐统一的关系。

从社会伦理的角度看，大学师生关系体现着师生双方应各自履行道德义务的关系。师生社会伦理关系也存在三种状态，即专制型、放任型和民主型。专制型师生关系表现为师生关系成了单一性的"长辈对晚辈"的说教关系。教师成为知识的垄断者，是

"传道受业解惑"的权威，学生只能是"洗耳恭听"，师生界限不可逾越。放任型师生关系表现为教师对学生一味纵容，对待不求上进和违反纪律的学生从不批评，只要学生不捣乱，相安无事就行。民主型师生关系表现为教师对学生的尊重和对学生成人成才高度的责任感，忠实地履行教书育人的职责；学生对教师的劳动和人格的尊重，自觉地维护教师的声誉和威信。

从情感的角度看，大学教师与学生常常因志趣、性格或特长等因素的碰撞，形成具有非正式色彩的个人关系，这种关系具有更鲜明的情感特征。师生情感关系可分为紧张型、冷漠型和亲密型三类。紧张型的师生关系表现为师生间存在对立冲突，甚至出现极端行为。冷漠型的师生关系表现为师生间缺乏交流与热情，互动频率下降，出现心理隔阂。亲密型的师生关系表现为师生间可以无拘无束地流露真情实感，进行较为深入的双向沟通，教师成为学生的良师益友。

（二）师生关系现状分析

1. 世俗化下的部分溃败

近年来，大学师生关系中的负面新闻多次登上各大媒体，弑师、学术抄袭、违规录取、不正当关系等众多高校师生关系的负面新闻一次次冲击社会观感，令媒体发出"高校师生关系渐行渐远，沦为利益与金钱关系"的感叹。这些现象虽然不能代表整个大学师生关系群体，但也确实说明大学师生关系出现了问题，在社会转型期受功利之风冲击，呈现部分溃败的现象。

大学长期以来作为社会崇高精神风尚的引领者，是被人津津乐道的一方净土。大学师生关系应该是人际关系中最纯洁、最真诚的。然而，受到市场经济浪潮和社会风气的侵袭，现在大学部分师生的关系变得世俗化、功利化，日益扭曲。一是利益寻租在一定范围内流行。大到保送深造、发展党员，小到评奖学金、通过考试，都成为一些师生进行潜规则和利益寻租的空间。部分学生为获取机会，向老师请客送礼，甚至不惜牺牲自身。部分教师也乐得利用手中掌握的涉及学生利益的权力，与学生进行交易，或是通过特殊对待"官二代""富二代"等特定学生的方式，获得自身的利益关照。二是部分教师直接从学生身上攫取利益。如近年来流行的研究生对导师的"老板"称谓，即是因为一些教师招收大量研究生，将之作为自己的学术"打工仔"，通过发放低廉学术补贴的方式，利用学生为自己做课题、做项目、做实验，甚至直接占用或剽窃学生的学术成果。这种任务的分配，与其说是为了培养和教育学生，毋宁说是把学生当成赚钱或完成任务的工具。三是涉及大学师生关系的极端案例频发。大学师生作为高级知识分子，理应是法律与社会道德最坚定的坚守者，其行为理应具有高度的理性与修养。然而近年来，一系列弑师、师生冲突、师生不正当男女关系等极端案例在高校频发，在社会大众看来，本应是崇高纯洁、令人仰止的大学教师与大学生两者之间的行为互动，与普罗大众之间的世俗纷争已无多少分别。这种社会观感虽然有以偏概全之嫌，但无疑显现出大学师生关系至少在部分意义上呈现跌下神坛的溃败趋势。

2. 表面和谐下的整体冷漠

持平而论，若说大学师生关系已丧失道德性而全面溃败，未免有些危言耸听。从整体上看，大学师生关系仍保持着较为和谐的局面。这种和谐局面主要体现在课堂的表面相安无事，实则互不关心、互不了解，彼此关系变得陌生化。一是师生缺乏互动。与中学相比，大学教育有其自身特点，要求大学教师像中学教师一样能认识每个学生，显然不切实际。大学教学多采用大班上课，尤其是公共课程，动辄百人以上，很难要求大学教师对每个学生都认识与了解。大学师生互动的缺乏，主要表现为师生间交往集中于教育、教学等方面，上课之外几乎没有联系。师生见面主要在上课时间，而课堂又以"师讲生听"的传统模式为主，往往一节课由教师讲满，学生无须开口。下课之后，老师、学生各行其是，也鲜少交流，形成了一门课循环往复，而师生间竟从未有过任何双方意义上互动的怪异局面。至于课堂之外，师生互不亲近，互不了解，漠不关心，形同陌路。二是师生课堂潜规则的形成。即便在课堂之上，师生上课之时也形成了一些看似和谐的"潜规则"。在老师方面，部分老师对课堂教学只是平淡地照本宣科，仅仅满足于学生不在课堂上捣乱，平安渡过每一堂课，至于上课效果及学生反应，则无暇也不愿顾及。随着各大学对教师的考评权力扩大到学生，部分老师会刻意迎合学生心态，上课信马由缰"说段子"，天南海北"神侃"一通，只要哄学生开心就行。在学生方面，以考试不挂科为第一要务，往往通过出勤率高、上课不闹事的形式来博取老师认可，在课堂上则玩手机、看闲书，完全无视课堂内容。这样便形成了师生双方面的"默契"，或者说是潜规则，即教师在课堂上尽量"睁一只眼闭一只眼"，至于课程成绩的评定，教师往往也是投桃报李，会让那些到课率高但未必用心上课的学生不挂科。如此一来，便形成了一种师生之间表面安定和谐的局面，看似大部分教师与大部分学生都在课堂上认真上课，实际却是双方互相敷衍塞责，双方都在认真地"混课"，而非真诚地尊重对方，师生关系在表面的和谐下日渐疏离与冷漠。

如果说师生间的功利、极端行为属于师生关系的非主流、属于少数行为，那么师生间的互动缺乏、情感日益冷漠、互不关心，则已经日益成为大学师生关系的常态，是大学师生关系最为常见的一种形式。

3. 神圣感与敬畏感的消解

我国历来有"师道尊严"的价值传统，在传统价值观中，无论是教师还是社会大众，均认为教师这一职业是神圣的，肩负着教书与育人的双重职责。教师自身会有职业神圣感，学生会对教师有敬畏感。

但随着时代发展，大学所承载的职能已经不止于教书育人，而且同时承担了科学研究、服务社会等功能。作为大学办学的主体，教师的本职工作相应地也不只有教书育人，而必须承担科研任务等内容。在现行高等教育体制下，大学都实施量化考核，而不少大学在考核中严重向科研倾斜。对教师个人的自身发展如职称评定、提升收入而言，科研与教书育人相比，更能够提升个人发展空间，这就使得教师在自身的工作选择中，更多地倾向于付出精力到科研上而非教书育人上。"得天下英才而育之"的神圣感，已普遍让位于发论文、做课题等更为有利于个人发展的现实利益选择。

即便从"教书育人"这一视角来审视（"教书育人"指的是既培养学生的专业知识与技能，又完善学生的世界观、人生观和价值观，是专业教育与人格教育的统一），当今大学的教师也更多的只是在课堂上传授专业知识与技能，形成了一种仅仅传播冰冷的知识却忽视整体人格精神教育的"物化教育"，基于人情冷暖的师生之间的人际交往日益减少，更多的只是如机器流水生产线一般的知识授受。如此一来，教师的人格力量相对减弱，其职业神圣感也相应减弱。

从学生方面说，以往的学生见到老师毕恭毕敬，对老师崇拜有加，而当下大学生对老师的敬畏感是不断降低的。原因之一即如上所述，由于"育人"一环的缺失，教师的人格魅力影响对学生日渐减少，学生仅仅在老师那里获取知识。更重要的原因是，在信息传媒时代，老师已经不是学生获取知识的唯一渠道，学生可以通过网络等多种渠道获取自己想要的知识，其知识含量甚至高于老师所授。原因之二是当今大学生独立自主的个性，使得他们敢于彰显自我，对待老师持一种平等的态度。

二、师生关系变化的原因分析

对于大学师生关系的种种变化乃至乱象，探究其原因，显然并非大学教师或者学生本身所能左右的。我们甚至可以发现，无论大学师或生，双方都并非刻意追求冲突、制造矛盾，但大学师生关系仍然走向了异化，推动这种异化的，是社会转型的深层原因。

（一）师生关系发生变化的主要原因

1. 不断深化的市场经济对师生关系的影响

新世纪以来，我国社会主义市场经济已初步建立和逐步完善，市场在社会资源配置中逐步占据主导地位，经济活动主体按照市场活动的规则和规律进行商品生产、分配和交换，对个人利益更加重视。不断深化的市场经济深刻地影响着社会意识、社会价值和道德观，大学、大学教师、大学生也受到市场经济的影响，从而对大学师生关系也产生深刻影响。

对大学而言，受市场经济影响，大学在输出公共产品的同时，本身也成为一种利益共同体。大学之间在生源、资源方面的竞争日益激烈，出于对学校声望和学校利益的追逐，大学管理者更多地使用市场、竞争、效益、需求等市场经济管理理念来管理大学，具体表现即是将科研放在首位，并为此设立硬指标，将其作为考核教师工作成就的主要指标。大学的市场化管理方式流变显然与大学作为知识生产与传播组织的自身逻辑相冲突，这就导致大学教师必须把大部分时间精力投入科研，对教学就不能倾注足够精力，师生关系必然受到影响。

对大学生而言，一是国家已实现免费高等教育向以"成本补偿"为基础的学费市场化制度的转变和高校后勤社会化改革，学生付费上学、付费享受后勤服务，接受高等教育已成为学生及其家庭的一种消费行为。学生上课是花钱买老师的服务，师生关系在一定意义上变成市场交易行为，感恩心态自然被消解。二是随着市场经济的发展，大学取消了毕业统一分配工作而变为市场双向选择就业，就业成为大学生涯最重要的目标。巨大的就业压力使学生忙于考证等就业准备，对平时上课及师生关系的态度相对冷漠。

对大学教师而言，一方面，教学与科研相比，科研在职称评定和经济待遇方面的价值显然大于教学，加之学校对于科研的倾向性更重，重科研轻教学已成为大学和大学教师的普遍认识。另一方面，随着市场经济的发展，教师也有诸如科研转化、开办公司等更多的空间谋求自身的利益，因而对本职工作倾注的努力越来越小。时间和精力是有限的，各主体自然将宝贵的时间和精力投入可使自身利益最大化的事务中，这就使得大学教师对师生关系的重视程度也日益萎缩，大学里的各类治理主体对师生关系的治理始终处于悬置状态，客观上放任自流。

2. 政治民主化、社会法治化对师生关系的影响

"师道尊严"是我国长期以来的文化传统，"师"可与"天地君亲"并列，"一日为师，终身为父"，在师生伦理中，教师在学生面前具有绝对的尊严，师生关系是师高于生的。然而这种传统的师生关系是不平等的，老师处于绝对权威地位，具有强制力，学生则缺乏独立的对等人格。受"师道尊严"的思想文化惯性影响，一些大学教师将自己视为"施教主体"，将学生视为"受教主体"，将课堂教学交往发展成为一种教师单向的演讲或"独白"，往往只注重自身的表达，忽略了学生的意见表达。这类师生关系，显然仍是定位在教师高于学生的不平等关系之上的。

随着政治民主化和社会法治化发展的加深，大学生的自我主体意识、维权意识、民主意识不断觉醒。在强调个体平等、独立的现代民主法治社会里，无论是师生关系还是父子关系，所有关系中的个体都是现代国家的平等公民，具有独立人格和行动自由，平等地享受权利和履行义务，师生之间的关系应当是平等的。又如上文所述，大学生交费读大学、交费享受后勤服务，对自身的消费者身份意识普遍觉醒，从而大部分学生是将师生关系定位在消费与服务这一对等关系甚至学生高于教师的地位之上的。随着民主观念的深入，大学生普遍敢于发表独立的意见，在师生交流

中，更加注重维护自身话语权。由此，也就不难解释学生对老师敬畏感降低的原因。

3. 高等教育普及化对师生关系的影响

按照国际通用的划分标准，高等教育毛入学率为 15%~50%，即标志着一个国家步入高等教育大众化阶段，超过 50% 即进入普及化阶段。按照这个标准，2019 年我国高等教育已步入普及化阶段。随着高等教育从"精英教育"向"大众教育""普及教育"的转变，不少高校迅速扩招，高校在办学层次和规模上都有了较大发展。据教育部数据，2013 年全国高考报名人数为 915 万，录取率为 75%，即录取 686 万人左右。2022 年，全国大学毕业生高达 1076 万人，首次突破千万大关。

入学人数增多，生师比日益扩大，动辄百人以上的大班上课成为大学授课常态。面对众多的学生，有效组织课堂秩序尚且不易，遑论教师与学生之间的沟通交流。不断扩大的学生规模，使师生仅能维持简单的教与学的关系，无力深入沟通交流。而各地各校的大学城、新校区的建设入驻，使师生多奔波于途、拎包赶路，也成为师生交流的无形障碍。

又如上文所述的大学生就业问题，同样因高等教育大众化、普及化，就业人数连年递增而成为大学生面临的最为艰巨的挑战，如何获取更多的资源以利就业，早已取代知识获取成为学生更关注的点。学生愿意花更多的时间和精力去获取自己想要的东西，而不是向老师求教。屈服于现实功利，也成为导致师生关系冷漠的原因之一。

4. 大众文化对师生关系的影响

大众文化是消费社会中社会大众的生活方式和价值取向，是建立在现代信息传播技术高度发达基础上的以大众传媒、主要是电子媒介为载体的，按照商品市场规则运作，以消费者感性愉悦为旨归的日常文化形态。因此，大众文化也可以认为是现代通俗文化、传播文化、消费文化、商业文化的集合体。

随着市场经济的快速推进，我国主要经济区域逐步迈入消费社会，表现为生产过剩、需求不足，消费者成为指挥棒。消费社会的生活方式已经成为一种时尚和流行，消费文化也成为大众文化最具代表性的一面，高校师生毫无例外地成为流行的追逐者。

大众文化语境，对大学生的影响主要是行为影响，即行为的"市场选择"性（这一性质显然来源于消费行为的选择性），换言之即学生作为教育的消费者，自主掌握选择权力。市场不禁止什么，大众文化也不禁止什么，你可以提供，但选择权在我。这一影响映射到大学师生之间，便是学生对于教师话语权的消解。学生会以自我的喜好和利益得失来自由选择对老师授课的态度，甚至认为交钱上学就是一场交易，教师就应该让学生满意，你的课我不满意，我就"不听你的"，从而选择玩手机、看小说之类自行其是。

大众文化语境，对教师的影响主要是观念影响。消费社会的大众文化，追求自我利益的最大化、快乐最大化，其价值观是非理性的，强调的是快乐、满足、宣泄，而不是道德意义上的完美和人的全面发展。这一系列观念，恰恰与传统的追求理性、道德的大学价值观背道而驰。在大众文化的冲击下，一些思想不坚定的大学教师容易放弃对道德理性的坚守，转而追逐个人财富与利益，陷入功利主义和拜金主义泥沼，师生之间的关系模式陷入利益交换的深潭。

在大众文化的消极影响下，一些学生自行其是，一些教师不务正业，师生关系冷漠也就不足为奇。

5. 网络文化对师生关系的影响

计算机网络和多媒体的普及标志着数字化时代的到来，网络文化对高等教育领域产生了深远影响。网络为师生提供了一种全新的沟通机制、学习方式和海量的知识资源。

网络文化对大学师生的影响主要体现为，在网络上可获取的知识资源大大增加，呈现"只有想不到，没有找不到"的趋势，以往那种学生不知而只有教师知，知识话语权完全由教师掌握的知识信息不对称的格局被打破。在一些前沿和时尚知识方面，有时甚至出现学生通过网络所掌握的知识与观念越来越新，反而超过老师的知识积累，形成学生对老师的"反哺"现象。通过网络，学生能够掌握更为符合自身个性发展的知识资源，这既使得学生有了更为独立自主的学习方式，也使得老师在学生心目中的敬畏感降低。

另一方面，教师可运用的现代化的教学手段越来越多，对电脑、网络、多媒体等设备和媒介的依赖性越来越强，致使有的学生上课仅仅为了拷贝教师课件，甚至学生即使逃课，通过课件也可自学。这种现代化授课方式的可复制性也减少了师生之间真正交流的机会。

在疫情的影响下，虽然网络视频课程弥补了不能进行线下课堂教学的问题，但是线上的隔空对话交流其实是极不充分的。最极端的事例就是，到毕业季，班级的同学都没有认全，很多专业课老师对学生都"只闻其声不见其人"。作为大学生活中直接现实的良好的师生关系成了一种奢侈品，情何以堪！

6. 社会转型对师生关系影响的作用机制

我们可以将当下的大学师生关系界定为"失范"状态。所谓失范，是社会学理论的重要概念，又称为失序，是指社会缺少规范和丧失整合的一种状态。在这种状态下，旧的规范正在或已经失去制约功能，而新的、与社会发展相适应的新规范尚未建立，或虽已建立但不具备制约人们社会行为的能力。人们在这种"真空"的状态中，既可以遵循原有的规范，也可以遵循新的规范，还可以遵循自己创造的规范，但无论遵循哪一种规范，其结果都会受到其他规范的排斥甚至制裁。

然而值得重申的是，检视大学师生双方，我们发现，其实双方都没有刻意制造这种失范的主观意愿，双方都没有主动挑起冲突，但双方关系就是渐行渐远。原因何在？笔者认为，是快速的社会转型造成了师生之间关系的失范。

尽管大学被誉为不受污染的象牙之塔，但作为社会个体的大学师生，不可能不受到社会发展变化的影响。在社会转型期，大学的教师与学生群体，一方面继续着固有的"授业—受业""师道尊严"等传统教育模式与价值观念；一方面又不可避免地接受以经济利益与效率至上为追求的市场经济的洗礼，自身的利益主体意识不断觉醒、现实生活压力也不断增强，情感矛盾和焦虑持续放大。正是在这种社会转型之下，大学师生各自面对现实环境所做出的应对，共同屈服于社会现实与功利，才造就了今日大学师生关系的复杂状态。

三、系统论视野下构建新型师生关系的策略

(一) 新型师生关系的内涵

正如前文所述，我国正处于社会转型的关键时期，社会面貌和人文素质都得到了很大的改观，尤其是政治民主化和社会法治化意识深入人心，这种变化进一步促使个人权利意识的觉醒。考察当代的师生关系，必须重视社会转型所带来的种种变化，建立新型师生关系至少包含以下四层含义：

一是平等。中国的传统社会中，讲究"天地君亲师"，教师的社会地位和天、地、君、亲一样处于高处，更有"一日为师，终身为父"的严格教诲，所以，传统社会的师生关系，更多强调的是学生对教师的尊重与服从。当代社会已经进入法治化阶段，进入大学接受教育的学生绝大多数都是成年人，从法律意义上而言都是权利和义务统一的公民。师生之间必须是平等的，这种平等尤其表现为人格平等。尊师重道作为中华民族的优良传统，必须得到发扬，学生对老师的尊重是天经地义的。另一方面，学生的权利与尊严同样需要得到尊重。教师应该把学生当作成年人来看

待，把学生作为有独立人格的个体来对待，要求教师以心换心，摈弃"师尊生卑"的偏见，这样才能达到教与学的统一和谐，这也是中国问学传统的精神追求。

二是民主。随着法治社会的建立和民主思潮的影响，师生关系不再束缚于传统模式，逐渐向着民主化方向发展，主要表现在教学和管理两个方面。教学民主是指教师在传播知识的实践过程中，采取对等、开放的方式与学生互动，尤其在遇到与学生意见不一致的情况下，仍然能够耐心讲解甚至主动采用与学生的知识体系相适应的教学模式。传统社会下学生对教师唯命是从的模式已经不适合当今信息爆炸的时代。当代社会是真正意义上教学相长的年代，教师应该采取民主的方式进行授课。管理民主指教师采取民主的方式对学生进行管理，进一步激发学生自我管理的兴趣和能力。管理民主化要求教师放下高高在上的身段，倾听学生的要求和意见，在这种模式下，教师和学生都是治理—管理的主体，最终目的是实现学生的自我管理和自我发展。

三是沟通。良好的沟通是新型师生关系的重要内涵，沟通必须以平等、民主为前提，以共同兴趣为切入点，以相互"理解"作为重要方式。所谓相互"理解"，即教师和学生都要具备"同理心"和"同情心"，需要换位思考。教师和学生之间的冲突是不可避免的，系统论认为，冲突并非是坏事，日常沟通中的冲突是一种合理存在。运用"同理心"的方法和"同情心"的态度，可以增进教师和学生之间的了解，改善师生互动，从而达到良性沟通的效果。

四是合作。合作是指教师和学生相互协调、相互帮助的一种关系，不仅包括课堂合作，而且包括课外合作。网络社会导致知识生产方式的大众化，教师不再因其对知识的占有而成为唯一的权威，学生因为运用网络教育而掌握了更多的知识，教学的过程成为教师和学生通力合作、相互完善知识体系的过程，这种合作也就是教—学共同体形成的过程。

综上所述，新型师生关系是以平等、民主为前提，以师生合作共同发展为最终目的，以良性的沟通交往为手段的，是我国社会转型时期大学教育教学改革的必然要求。

（二）德育交往中的师生关系结构与功能分析

德育交往是教师与学生互动的重要形式之一，德育在今天的大学中最常见的方式就是授课，高校主要通过一系列的德育课程来实施思想道德教育。但德育其实是一个实践和示范的过程，是训练和纠错的过程，所以本质上是一种主体间的交往过程。因此在这种模式下，师生关系拥有自身的结构与功能。

1. 师生关系的结构

一是课堂设置的结构。首先是时空的固定性，通过学校教学制度的安排，教师和学生集中在教室这一共同空间，共同完成以45分钟为单位的授课过程。这种模式是固定的，也是强制的。其次是知识的传输固定性，在授课过程中，教师向学生传输的知识结构和内容是固定的。甚至，某些教师的教学内容几十年都未发生任何改变，知识结构严重老化，根本不能激发学生的学习兴趣。最后是教学任务的强制性，教师和学生会在相同的时间到达相同的地点开展教与学的实践活动，但是开展这种活动很大程度谈不上两相情愿。教师只是为了完成管理部门安排的教学任务，学生只是为了拿到课程的学分。双方都是为了规避某种惩罚才共同出现在课堂。

二是教学方式的结构。随着高等教育大众化和普及化的发展，进入课堂的学生越来越多，但是教师的增长速度远远比不上学生的增长速度，一位教师往往面对几十名甚至上百名学生。加之时空的固定性及教学任务的强制性，导致教师必须采用"一对多"广播的方式传播知识，进而导致主要采用"填鸭式"的教学方法，教师将知识广而告之，而忽视了每个学生对知识的接受效果。

三是师生关系的偏正结构。通过对课堂设置和教学方式结构的分析，不难发现，在教育大众化的背景下，传播知识的主体是教师，管理学生的主体也是教师，教师明显处于师生关系的主体地位，学生明显处于似乎也乐于处于被动的地位，师生关系形成了以教师为主体、以学生为客体的明显偏正结构。

2. 师生关系的功能

一是教师的功能。根据对师生关系结构的分析，不难看出，在师生互动中，教师的主要功能包括以下三个方面：首先，教师作为一种职业，也是通过劳动获得报酬的，所以，教师最优先的功能是为了满足个体甚至家庭生存的需求。当教学无法很好地满足生存需求的时候，教师必然会通过科研等其他渠道扩大收入来源，从而忽视与学生的沟通，德育交往多表现为"完成任务"。其次，学校职能部门定期对教师进行考核，考核的主要内容是：是否完成教学任务，是否发生教学事故。因此，教师的另一大重要功能就是顺利完成教学任务，尽量避免发生教学事故。这一功能是由教师的角色所决定的，是教师的管理系统对教师的评价标准，因为这一标准并没有计算"学生对教师的评价"这一指标，所以学生成为教师教学的"功能需求"。最后，从主客观上讲，"以广播的方式灌输知识"也是教师的功能之一。由于制度的安排，教师与学生不得不在同一时间和空间下进行教学实践活动，同时在偏正结构的师生关系中，以教师的教学为主，以学生的活动为辅，所以传播知识也是教师的功能体现。

二是学生的功能。师生关系结构中，学生的功能主要体现在完成个体学习任务和构建专业知识体系两个方面。事实上，学生在师生关系中处于客体地位，学生接受课堂教学，很大程度上是受到学生管理部门的强制，也是学生的角色要求。如果学生违反规定，经常逃课，就会遭到扣学分、重考甚至重修等惩罚，所以学生听课，既是完成自己的学习任务，避免惩罚，也是配合老师完成教学任务。在构建专业知识体系方面，在师生结构中，从知识传播的逻辑看，学生的确完成了对知识的接受的过程，从而构建起专业知识的诸多体系，也可以完成对知识体系的完善。这种功能更多以考试、答题等方式强制实现，鲜有建立在兴趣的基础上的。

就教师与学生的功能的性质分析而言，通过以上论述可以总结如下：目前的师生结构中，教师的功能可以概括为满足生存需求、完成教学任务及传播专业知识；学生的功能可以概括为完成学习任务和构建专业知识。教师完成教学任务，学生完成学习任务的同时，知识就完成了对自身的复制和传播。这是师生结构的正功能，也是最明显的功能。

目前的课堂设置和教学方式不能保证知识被最大化吸收，也不能保证师生关系向着良性的方向发展，更不能激发教师和学生对知识的讨论，因此从知识生产的角度看，目前的师生关系结构不利于新知识的生产，甚至抑制新知识的生产，起到了负向功能。

但是最关键的是，德育不只是知识的传播，现在的师生关系中，教师传播知识只是完成了教书的功能，对育人的功能没有或极少分配时间去履行。如果师生之间没有实质性的交往、没有思想情感的交流，没有建立在具体的道德伦理情景中的实践行为，没有教师的示范，那么实际上就取消了德育。此外，当前的师生关系结构也存在隐性功能，即不断隔离教师和学生，淡化两者的交流与沟通，使得教师和学生形成各自的系统，最终导致师生关系溃败。

(三) 系统论视角下新型师生关系的生成路径

1. 师生关系的复杂性和差异性

师生关系所处的整体环境是复杂的。教师和学生是师生关系的组成要素，教师和学生分别属于大学内部"教"和"学"两大系统，系统内部有着严格的规范和制度约束。"教"和"学"这两大系统又只是大学这个庞大系统的一部分，从更广阔的角度看，大学只是社会系统里的一个网络节点，所以讨论师生关系所处的环境是复杂的。这一关系不仅受到大学内部各个子系统的牵制，也受到社会转型的影响，尤其是市场经济和大众文化的盛行对其商品化、消费化、利益化的影响。

师生关系内部并非是紧密的而是松散的。师生关系的结构某种程度上是制度强制安排的，极少是自愿形成的。连接两者的纽带是教学任务，其次才是趣缘、情感等。这种强制性并不要求教师与学生组成正式的组织，所以，师生关系又是松散的、非正式的关系，得不到师生双方和管理部门的重视。客观上的关系联结若没有主观上的持续投入和经营，良好的师生关系只能是镜花水月，可望而不可即。

教师和学生所处系统的复杂性和松散性，导致两者的差异性非常大。从个体而言，教师和学生的经历明显不一样，教师心智成熟，社会经验丰富，但是接受新事物的动力不足，知识结构相对固化；学生精力旺盛，社会经验不足，但是接受新事物的动力强烈，更能接受新生事物，知识结构建构和更新速度较快。教师的生活重心包括工作和家庭，一定条件下，工作是服从于家庭的，所以教师可能没有更多的精力顾及学生的发展状况；而学生的生活重心就是学习和就业，学生所属的子系统是学生群体和学生组织。教师和学生在系统所属上就存在天然差异性。教师和学生上完课就离开了，教师参加教研活动，学生参加社团活动，各自隔离。所以，新型书院制的师生交往模式就成了深化师生关系的有效探索和实践。

2. 关注师生关系的自我制造性

自古以来，中国就是尊师重道的社会，由于受到传统观念的影响，学生对教师有着某种天然的畏惧感。

随着网络社会的发展，个体生活碎片化、原子化倾向越来越明显，学生宁愿沉浸在自己的虚拟世界里，也不愿意和老师沟通，造成和教师的心理距离不断拉大。这种隔阂撕裂了原本就脆弱的师生关系纽带，使得教师和学生各自的系统不断自我强化，进而陷入缺乏沟通的恶性循环。

从积极的方面讲，一旦教师和学生建立了稳定的关系，也就形成了基于教师—学生的相对稳定系统，该系统具备自我指涉和自我制造的功能，起到自我巩固的效果，反过来又增强教师—学生关系的紧密度，促进关系系统发展。

3. 承认师生关系的冲突性，增强包容性与沟通

卢曼认为，冲突是不可避免的。冲突不一定指向激烈的形式，仅仅可能是知识、价值观上的不一致。美国学者多伊奇认为，组织内"冲突经常有助于使现存的规范恢复活力，或者有助于新规范的出现"。沟通系统只需与时俱进地调整好自己的偶变选择，对于双方的偏差、冲突、误解做出适当处理就可以了。任何组织或者系统，都不可能永远处于和谐状态，都会不可避免地发生冲突。因此，教师和学生都应该意识到：当师生关系遇到冲突和矛盾时，正是建立交往规则的良好时机，也正是建立深度契合关系的良好时机，更应该以包容的心态看待冲突，从而建立有效沟通。有话好好说，有事好商量。

4. 构建创造型、发展型师生关系的有效方法

（1）制度建设：调整制度安排

如前所述，课程设置和教学任务等制度安排成为连接教师和学生的强制纽带，但是若要进一步促进师生之间的沟通交流，就需要改革现有制度，打破仅以论文和科研为指标的评价、晋升体系，增加师生沟通在教师评价体系中的权重，赋予教学型教师以晋升的机遇。在这一方面，江苏科技大学已经执行具体的措施，并取得了良好的效果。建立健全教师—学生的互评制度。目前，高校中虽然建立了学生对教师的评价制度，但是在执行上严肃性不够，在效用上权重不足。完善的师生互评制度是增进师生沟通的良好促进剂。

（2）观念修正：双主体的教育观

传统社会，教师的功能在于"传道、受业、解惑"，对于经验

知识的占有，让教师成为权威，另外，传统社会下的教师往往都是礼仪和道德的传播者和践行者，这更加使得教师的权威不可挑战。这种传统的知识传播的方式强调教师主动传授的主体地位和学生被动接受的客体地位，其结果是导致学生缺乏创造性思维。当今社会，随着互联网的发展和网络社会的崛起，知识生产和传播的主体不再只限于教师，而是呈现多样化特点，学生可以通过网络了解到当代前沿的专业知识，也可以成为知识的生产者和传播者。教师只是知识生产的主体之一，不再是绝对的权威，与学生处于平等的地位。因此，教师必须树立双主体的教育观念，充分重视和关注学生在课堂上的主动性及创造性思维。学生更应该正视自身作为知识生产和传播的主体地位，主动发挥自身特质，提升学习的自主性。目前的翻转课堂、自主学习教室，都是将教和学作为双主体的一种教学方式。

（3）非制度建设：培养初级群体，重塑师生角色

初级群体是由美国社会学家库利提出的，是指"具有亲密的面对面交往和合作等特征。这些群体之所以是初级的，主要是指它们对于个人的社会性和个人理想的形成是基本的"，包含家庭、邻里等。就生理特征而言，大学生都已经成年，但是就社会化角度看，大学生的心智尚未完全成熟，需要不断加以引导和修正。在这种情况下，教师要增强师德建设，在学生中不仅树立知识权威的形象，更要树立人格权威的形象，成为学生的"重要他人"，从而与学生建立关系和睦、行之有效的初级群体。学生要从自身发展的角度，本着对自己负责的态度，避免沉溺于网络世界，避免陷入生活娱乐化、碎片化的陷阱，以个人的知识能力和思想修养发展为中心，主动加强与教师的沟通，实现自我价值和目标。

（4）方式改变：基于知识生产和传播逻辑，拓宽交往渠道

构建创新型、发展型师生关系，必须回到知识生产和传播的逻辑上来。一要构建师生教学共同体：在知识生产和传播面前，师生是平等的，无论知识生产和传播的方式怎么变化，师生都是

共同的主体，师生都应该相互激发、保持信心。既然是主体间的关系，教学效果就离不开双方的共同努力。师生建立学习共同体是最有利于双主体知识能力和道德修养的提升的。二要为创新型、发展型师生关系营造适合的场景：大学治理主体和各组织单元要从制度、文化、环境、平台等各方面创设师生良性互动关系发生的场景，要加大投入，从精神和物质层面加大建设力度。三要改进教育方法和学习方法：改变灌输式、填鸭式的教育方法，发展以兴趣和人文关怀为指导思想的教育模式，在冲突和碰撞中激发学生的求知欲。同时，教师也应改变一成不变的教学方式，探索个性化的教学方法，努力发现学生的兴趣点，通过趣缘和情感交流深入了解学生的需求，从而进行有针对性的培养。既然是共同体中的主体，大学生也必须改变被动接受、消极应付的心态和学习状态，主动学习、主动作为、主动参与各种师生交往活动，甚至深度参与教师的科研工作，在知识生产中学习掌握新知识、新方法。创新型、发展型师生关系一旦形成氛围，也会自我复制放大效应，蔚然成风。

　　今天的师生关系必须有一场大的改变，今天的大学生活必须重塑。心灵是需要激发的，情感是需要点燃的。当大学的教师、学生及管理人员都自觉投入时间、投入精力，付出爱与同情，共同创造一种良好的师生关系时，这样的大学生活就是幸福美好的，这样的大学也是美丽并值得终身眷恋的。

第十章　新时代大学治理的实践

新时代对大学治理提出了新的要求，本章探讨了大学治理机制、大学治理党建工作实践、大学治理的执行力与成效，并提出了大学治理方法的建议，以期为大学治理的发展做出一定贡献。

一、大学治理机制的探讨与实践

要系统分析研究学校面临的发展形势，坚定不移走跨越式发展、内涵式发展之路，树立崇尚创新、注重协调、倡导绿色、厚植开放、推进共享五大发展理念。关于改革，改革有创新式和循序渐进式两类，创新式改革是跨越式发展的必由之路，循序渐进式改革是科学发展的必由之路。笔者认为，对学校改革创新，要有积极、正确的心态，说积极是因为学校总是要发展的，老的做法、老的结构总有一部分会失效失灵，必须不断研究新问题，制定新方案，建立新结构；说正确是因为改革创新要解决问题，不会一蹴而就，要考虑历史、考虑现实、考虑可行性，会采取分步分层等方法。当然，对认准的（符合学校发展、真正解决问题）改革，要大胆快速实施。总之，大家应以积极、成熟的心态来面对改革创新。

工作机制，是工作程序、规则的有机联系和有效运转。工作机制是一个相辅相成的整体，贯穿于工作的各个环节。建立健全工作机制，对于推进工作科学化、民主化、制度化具有十分重要的意义。

大学的工作涉及面广，既有科技创新、学科发展等高精尖工作，又有人才培养等基础性、根本性工作，还有后勤等日常保障工作。要使众多工作运行有序、主次协同，需要对工作运行机制进行创新设计。根据大学工作实际，设计了三项工作机制，一是重点工作牵引的工作机制，二是决策、推进、督查的工作机制，三是重大专项决策的工作机制。

（一）重点工作牵引的工作机制

重点工作牵引是从工作本身性质的角度对工作进行设计，着眼点在于"事"。

1. 合理区分重点、常规两类工作

对学校的工作应当进行分类，分类要根据一定的原则和标准进行。在千头万绪的工作中，明确哪些是重点、哪些是突破点，区分哪些是重点工作、哪些是常规工作，这是一种工作方法。学校工作分为两类，一类是发展性、重要性工作，如学科建设、科技工作等；一类是基础性、常规性工作，如后勤、保卫等。常规性工作主要保证学校正常运行，工作要求主要是确保无差错，工作方法是在以往经验方法的基础上照常推进，积累更为有效优化的经验，有问题的加以改进。更关键的是，要在做好常规工作的基础上，集中精力解决发展性工作和重点工作。强调重点工作，并不排斥常规工作；重点工作要加快发展，并不排斥其他工作的发展。二者有偏重，但不可偏废。

重点工作与常规工作在做法上有不同标准、不同方法。区分重点工作与常规工作，是做好工作的起点。

2. 重点与牵引

重点工作是对学校发展具有全局性、战略性影响的工作。重点工作应当是将五年规划的目标分解为每年度应完成的工作，从而形成重点工作指标体系。如何提炼重点工作？应当寻找规律，例如将几年的重点工作进行统计，看分别来自哪里、提出的依据是什么。

确保完成重点工作。在做好日常工作、不影响学校正常运行的情况下，关键要保障重点工作；以重点工作为抓手，着重解决制约学校发展的瓶颈问题，实现对学校发展有拉动力、有战略意义的发展核心指标的突破。学校要形成导向，确立高水平、引导性指标，根据指标建立考评体系，要明确任务目标、时间节点、责任部门，进行重点攻关，以成绩说话，考核指标完成情况。机关部门和学院要根据指标明确重点工作，具体谋划，把能做的工作做足，确保完成指标。

重点工作的牵引作用主要是指以重点工作为关键点，通过紧抓某一项重点工作，把其他所有工作都带动起来，做到由一项工作牵引一批工作，纲举目张，一举多得。要想让重点工作起到牵引带动其他工作的作用，就要对重点工作积极谋划，谋事在先，从更高层面上、从综合的角度推进，多寻找工作的结构与系统关联，多抓提纲挈领、纲举目张的事情。牵引作用与组织愿景、使命、目标导向相关。要形成牵引机制，确定哪些是重点工作，以及如何用重点工作去牵引带动其他工作。

正确的发展观与发展思路。要推进学校的快速发展，就必须有正确的发展观、科学的发展思路、大家共同认可的发展之路。发展的目的是实现组织目标，正确的发展观要体现过程与目标的一致性。日常工作是基础，重点工作是学校加快发展的保证。在基础性工作中，善待学生是所有教育工作者的天职，安全稳定是学校运转的基本保障和发展基础，教书育人和安全稳定时刻都是重点。

3. 学校与部门两个层面的重点工作牵引

提炼重点工作的另一个关键是划分学校层面、部门层面的重点工作，划分总目标与分目标，寻找二者的互动与关联。

学校层面：一是要制定重点工作。学校制定的重点工作，是那些事关学校发展的全局性问题、关键性问题，以及制约学校发展的瓶颈性问题，尤其是那些对学校发展有拉动力、有战略意义的核心指标。根据跨越式发展的要求，学校结合实际状况初步确定重点工作，同时充分听取各部门的意见和建议，最终形成学校决策、学校意志。二是要以重点工作带动其他工作。在凝练学校重点工作时，要对学校主要工作进行横向、纵向的集成，要不断寻找各项工作之间的关联与结构，不断深入提炼发现更高层面的问题。其目的在于，通过凝练确定一项重点工作，来带动一批相关工作的推进，达到重点工作的"牵引"效果。

部门层面：部门要贯彻落实学校重点工作。各部门的首要任务就是围绕学校重点工作，明确自己的重点工作任务，高效贯彻落实，对重点工作进行重点攻关，集中精力谋求突破，确保重点工作各项任务、各类指标按时保质高标准完成。部门也要谋划自身的重点工作。各部门要在确保高效完成学校重点工作的基础上，充分运用以学校重点工作为牵引的思路指导部门工作。一方面，部门要完成学校重点工作任务；另一方面，部门要谋划除学校重点工作之外的自身重点工作，通过抓好两个层面的重点工作，带动做好本部门的常规工作。

4. 重点工作牵引的完善

牵引机制的具体化：抓关键、明结构。

强调绩效。绩效管理注重的不是把事情做多，而是把事情做对。不能看起来忙了很多事情，最后却看不到效果。

强调按重点工作的规划进行资源配置。重点工作规划中支持的项目，就要重点扶持，加大投入；重点工作规划中不支持的项目，就要减少投入甚至不投入。要通过资源配置发挥杠杆作用、导向作用。

强调制度设计与管理创新。在管理中，要从更高的角度进行制度设计，要推行一些"特区"政策，允许施行一些管理试点。各学院部处可以在办学体制、学校管理、制度机构设计等方面大胆试验，率先改革。

（二）决策、推进、督查的工作机制

决策、推进、督查是从人如何开展工作的角度对工作的运行进行设计，着眼点在于"人"。

1. 决策、推进、督查的内涵

决策：方向性决策是对学校办学方向、办学定位等重大问题进行决策。专题性决策是根据学校发展需要，提炼学校一段时间内的重点工作，对事关学校发展的重大问题进行决策。政策性决策是根据重点工作任务，制定政策或对现行政策进行调整，形成政策导向，为重点工作的有效落实提供政策保障。

推进：形成强大的工作统筹力量。要制定工作推进落实的具体方案，明确工作目标、任务、时间节点、责任部门、责任人，实现任务可操作、可量化、可考核，形成强大的行政调度力量。要保证决策得到有力的、有效的执行，形成强大的资源配置力量。要保证决策执行中的人财物资源得到及时、有效的跟进。

督查：研判工作态势，监督学校工作任务如何贯彻、贯彻的程度与效果。建立预警机制，通过监督及时发现工作中存在的问题、困难，及时报告规划组与推进组。研判干部状态，全面监督工作过程中的干部作风、工作状态。通过监督及时发现干部身上存在的问题，如精神状态等。对工作不力的、状态不好的干部进行分等级预警处理，从提醒、谈话、批评、通报，直至组织处理。

2. 建立三个机制，成立三个工作组

建立民主、科学的决策机制。要集中全校智慧，系统谋划学校未来，科学决策重大事项。要建立智库系统，广泛调查研究，为决策提供参考。

建立高效、快速的执行机制。要对决策进行任务分解细化，工作任务要可检查、可量化，限时、限期完成。工作任务的责权利要清晰，统筹调配资源。对困难工作要打攻坚战，对重要任务、紧迫任务要跨部门、跨学院组织人力物力。

建立有力、具体的监督机制。要对工作任务落实进行全面监督，通过监督发现问题。要突出过程监督、阶段监督，建立预警机制。

与三个机制相对应，学校成立三个工作组。重点工作规划组，决定干什么；重点工作推进组，决定怎么做；重点工作督查组，看做得怎么样。通过这三个组系统全面地推进学校重点工作。成立三个工作组，是对学校工作程式的创新和重大调整。规划组对学校在某一段时间的重点工作进行决策；推进组利用学校的资源执行、实施重点工作；督查组起到提升执行力的作用，专门发现问题、分析问题，是从保障的角度来关心整体态势、研判形势。规划组要做到科学系统地谋划决策；推进组要做到迅速高效地推进落实；督查组要做到及时有力地监督管控。

3. 三个工作组的工作方式与工作协同

规划组：校党委常委会确定重点工作内容。专题研究，专门听取重点工作专题调研论证报告。校党委常委会进行重点工作专题研究与决策。

推进组：校长办公会制定重点工作推进方案。校长办公会审定重点工作月度工作计划。部门执行重点工作任务。校长办公会听取重点工作完成进度。

督查组：调研重点工作落实情况。形成月度重点工作督查报告，内容包括重点工作内容与举措、工作难点分析、工作成效、问题与不足。召开月度重点工作推进通报会。

三个工作组协调统一、紧密关联，规划组将充分考虑工作任务的明确性，利于推进、便于督查；推进组根据规划决策，分阶段按月度推进重点工作；督查组进行全程监督，定期通报各项工作进展情况，对倾向性、苗头性的问题及时给予指导。

(三) 重大专项决策的工作机制

重大专项决策注重的是点上发力，集全校之力，一个点一个点地突破，解决制约学校发展的关键性、瓶颈性问题。

重点工作与重大专项的区别是：重点工作是年初决定的一年的工作；重大专项是基于对变化的环境的适应所提出的专题性工作，是重点工作的提升，其完成时限不局限于一年。

1. 重大专项决策的内涵

纵横集成：对党政工作要点与重点工作任务进行横向、纵向的集成，对集成的问题进行系统决策，从而避免政策的矛盾。

把握关键节点：把握重点工作的工作节奏与关键时间点，关注关键节点的工作，强化"临门一脚"的工作效果，注重成果获取。

提炼更高层面的问题：不断寻找各项工作之间的关联与结构，随着工作的不断深入而提炼或发现更高层面的问题，进行决策。

搜集问题、梳理问题、决策问题：对学校发展过程中出现的各类现象、困难，在搜集、分析和梳理后，提炼出问题，进行决策。

破解一个个的工作难点：专题研究，强调一项一项抓工作，一个一个解难题，破解那些需要进行具体决策、回答问题、调整政策、确定资源配置的重点、难点问题。

2. 通过专题决策形成党委意见，作为重大专项推进

常委会首先进行前期研究，对问题进行集成、提炼和梳理，形成需要决策的专题，明确破解问题的初步方向。职能部门再对专题进行详细研究，形成具体意见。

在部门具体意见的基础上，通过常委会决策，就每一专题形成党委的工作意见，对该专题的工作思路、工作路径、重大举措形成指导。

（四）工作机制的实践与成效

实施重点工作牵引机制的三个层级：第一个层级是学习了解，达到"知"。首先要建立起"重点工作牵引机制"的意识。能够合

理区分常规工作与重点工作，将引领性的、影响学校发展的关键性的工作确定为重点工作，举全校之力推进，并以此带动其他工作。承担重点工作的部门，以学校重点工作推进为中心，并完成其他常规工作。没有重点工作的部门，除运行保障外，也能提出自身的重点工作。第二个层级是实践领会，达到"行"。在"知"的基础上，关键还是"行"，要真做。要想获取一项成果，必须有基础、有准备、有投入、有能力、有跟进，缺一不可；要丢掉一项成果，只要放松一个环节即可，好比一条串联的电路。第三个层级是结合创新，达到"悟"。要在"行"的基础上悟，从做、真做到会做。工作千头万绪，同时学校受外部环境的影响又很大，如何提炼重点工作，如何表述重点工作，如何通过重点工作牵引其他工作，细究这些问题，靠校领导或几个职能部门是不可能完成的。怎样才能使重点工作牵引这一机制真正地落地开花？关键是干部，关键是干部的意识和能力。重点工作牵引机制的最高境界是，使大家的头脑中深深地植入悟重点、抓重点、以重点工作牵引各项工作的意识。

2014年下半年开始，江苏科技大学实行重点工作牵引机制和决策、推进、督查机制。学校成立了由党委常委、发展规划处、党办校办等部门组成的重点工作规划组，由校长副校长、党办校办、人事处、研究生院、教务处、科技处、国资处、信息化中心等组成的重点工作推进组，由纪委、监察处、审计处、组织部、党办校办、机关党委等部门组成的重点工作督查组。重点工作规划组将学校的本科教学改革与质量提升工程、学科建设与研究生教育改革、高质量人才队伍建设、数字化校园建设、新校区建设、党的群众路线教育实践活动整改方案落实6项重点工作明确为23项重点工作任务。

2015年，规划组制定了学科建设提升工程、人才培养质量提升工程、科技创新提升工程、"深蓝人才工程"、内部管理改革提升工程、新校区建设推进工程、"十三五"规划编制7项重点工作和 17 项重点工作任务。2016 年，规划组制定了学科内涵建设、教育教学水平提升、本科教学审核评估、"533"人才工程、特色文化建设、教育国际化、新校区建设与办学资源集聚优化、基层党组织作用发挥与干部能力提升 8 项重点工作和 15 项重点工作任务。2017 年，规划组制定了学科建设工作、人才培养工作、科技管理创新工作、师资队伍建设工作、综合改革工作、党建思想工作 6 项重点工作。

重点工作推进组组织编制重点工作月度计划，将重点工作全年任务具体分解到每个月，明确任务指标、完成时间、责任部门，确保重点工作可操作、可落实、可检查。

重点工作督查组通过重点工作督查、专项督查、专题督查等方式，每月发布督查报告，指出工作推进过程中的成绩、经验和发现的问题，并对部门和各级干部的工作状态做出真实的评价，且记入干部业绩档案。

2015 年，学校党委开始进行专题决策重大专项，先后就党的建设、学科建设、"深蓝人才"、对外合作、高质量人才培养 5 个专题进行决策，形成了《关于进一步加强和改进党的建设的实施意见》《关于全力推进学科建设工作的行动计划》《江苏科技大学"深蓝人才工程"计划》《关于全面提升本科人才培养质量的若干意见》，围绕意见推进重大专项工作。

重点工作牵引强调工作的系统性，决策、推进和督查强调工作的科学性，专题决策重大专项强调工作的突破性。工作机制的设计，不仅着眼于具体的工作推进，同时着眼于在全校上下践行一种工作理念，培育一种工作文化，即每个部门、每个人既要完成好上级部门交办的重点工作任务，又要对自身工作进行规划；既要清晰地认识到自身工作中的重点，又要做好各种日常性、常规性的工作。

决策、推进和督查是重点工作的重要环节，也是重点工作闭环上最为重要的三个部分，三者相互推进，螺旋上升。通过三大工作机制的实施，努力在学校工作中形成围绕中心奋发向上的工作氛围，形成三环互动、重点牵引、重大专项突破的工作模式。

二、大学治理党建工作实践

（一）党建工作的塔式结构

如何厘清学校的领导体制和治理结构，如何界定学校组织中各条口、各部分、各成员的位置和功能作用，并表述这些关系，这些一直让大学的治理—管理者们困惑。

党的工作视角下的学校工作呈宝塔形结构，由三部分组成，塔顶、塔身和塔基。塔顶是学校发展的战略目标和发展中的重大问题决策，是统领性的构件；塔身由党的建设与业务工作两部分组成，是主体；塔基是基层组织、党员与组织成员。其中每一部分的功能和作用是：

学校党委负责制定发展战略和进行重大问题决策，实行集体领导分工负责，承担塔顶部分的任务。学校发展战略和总体工作推进大体分两部分进行，一是党建工作，为学校的战略实现和重大决策提供政治、思想和组织保证；二是发展的业务工作，主要通过行政系统的组织落实、人财物资源配置和制度政策进行保障。这两部分完成塔身所对应的任务。基层组织的功能作用：一是职能作用，系（教研室）、处要在职责范围内贯彻落实好学校的重大决策；二是思想政治保障，基层组织善于通过学习统一思想、凝心聚力；三是团结带领大家攻坚克难。党员的先锋模范作用体现在三方面：一是政治意识，准确学习领会上级组织的要求和意图（党的路线方针政策、学校党委行政的战略决策和部署）；二是岗位意识，按照岗位职责要求，不折不扣地完成工作任务；三是示范意识，要带头学习宣传学校的决策意图，主动做好群众的思想政治工作。通过基础组织和党员的作用的充分发挥，完成塔基的相应任务。

在这一体系中，要特别强调的是：第一，统一的目标和价值取向；第二，系统观念，善于从全局、大局想问题、协同解决问题；第三，围绕具体业务工作，各司其职、各尽所能，朝着统一的目标前进；第四，充分的信息交流，决策基于信息、执行提供信息、评价反馈信息，在信息交流中统一思想，在信息交流中完善集体决策制度。

在学校党组织体系中，有四个层级，即校党委、二级党组织、党支部和党员。学校党委要发挥集中领导作用，具体是把方向、议大事、管全局、作决策、抓关键、给保障。二级党组织要发挥政治核心作用，首要是落实党的路线方针政策和学校重大决策部署，进一步完善学院重大问题党政联席会议决策制度，为各项工作推进提供强有力的思想政治保障，注重审视本单位的发展态势，做好教职员工的思想工作等。

学校党委要重视论证三个方面的工作：一是对校党委的整体工作体系进行全方位、系统性建构，通过梳理建构学校党的建设工作模块，明晰党的工作内容，建构各工作模块的关联，努力达到有序、协同和高效工作的目的。通过研究梳理，设计不断提高党委对学校发展大局的领导能力和掌控能力的路径，拟订决定改革发展稳定的重大事项和基本管理制度，完善牵引机制、决策机制、协同机制等重大工作机制，建立各项工作的联通关系，全面快速地推进全局工作协同发展。二是在广泛学习研讨的基础上，对二级党组织的工作内容进行系统分析和描述，努力做到二级党组织的工作明晰、具体、好考核。在此基础上，还要进一步梳理明晰校党委对二级党组织的指导和主要关联关系，不仅在制度层面，更要在工作层面给出校党委和二级党组织的工作关联，促进更好地发挥党委的领导核心和政治核心作用，全面提升党的工作的管理水平。三是对一些重要的专项工作进行系统研究，努力给出从工作理念、工作内容、工作思路到具体要求的工作范式，在总结已有的好的做法的基础上，不断创新改革。

学校党委构建党建工作塔式结构，提出形成党委统领、二级党组织协同指挥、基层党支部和全体党员带头实施的"一喊到底"的工作格局，形成六项重点工作，其中党建和思政工作有两项。一是扣紧党建主题，使党建工作从校院党委到党支部、到全体党员横触到边、纵触到底、着重落实；二是提速基层党组织建设，增强基层党组织的看齐意识、贯彻意识、进取意识和自我发展意识。学校党政决策部署要进支部，要对党员提要求。

（二）加强两个作用的发挥

加强自身建设，发挥党支部的战斗堡垒作用和党员先锋模范作用。机关党的建设是提高决策执行力的保证。机关党的建设不但是学校党建的重要组成部分，而且是机关部门能否真正发挥好学校事业发展的参谋部和作战部作用的一个核心问题。机关各级党组织必须切实加强自身建设，使党的基层组织成为坚强的战斗堡垒，通过党员的先锋模范作用把群众紧密团结在党的周围。

支部工作要围绕学校事业发展这个中心，紧密结合机关的工作实际开展。机关党委和各支部除去学习了解党的路线方针政策外，还要紧紧围绕学校事业发展，紧密结合机关的工作实际。要把党委和各支部的工作融合到业务工作中去，做到目标同向、安排同步、工作同力、责任同担，发挥好保证作用，真正达到"围绕业务抓党建，抓好党建促业务"的目的。要把党支部建设成为团结带领周围群众共同推进学校跨越式发展的重要阵地。支部书记既要懂业务，又要带队伍。学校要加强支部书记队伍建设，要对支部书记给予相关的政策支持，要保证支部书记能够有一定的时间和精力抓党的建设工作，抓党员的教育工作，抓党员先进性体现的工作。

全体党员要增强政治意识、保持党员先进性，提升工作胜任能力。党员一定要做合格的管理者。机关的党员分布在很多的部门、很多的岗位上，党员在岗位上不能胜任工作的话，还何谈发挥先锋模范作用。党员要有政治意识，保持先进性，最基本的是要胜任工作，所以笔者提出党员要提升自己的胜任力。说得通俗一点，就是拿了这份工资就要干好这份事情。这个简单的道理，也是党员先锋模范作用当中重要的组成部分。大家要提高自己的胜任力，尤其是一些年轻的同志，要用更高的工作标准去要求自己。机关要搞业务大比拼，要打造一支高水平的管理队伍，就要从抓业务能力开始。相关的部门要严格要求年轻同志，带好队伍。开会的会风不好、干部的基本工作状态不佳和工作执行力不强，这些是重要问题，但是真正重要的问题是管理当中缺少一批水平高的、能够很好地认识问题、分析问题，在关键时刻为学校出谋划策的参谋队伍。我们真正少的是这样一批同志。

三、大学治理的执行力与成效

（一）如何提升执行力

提升执行力主要有两个重点：一是改进干部作风。干部作风是执行过程中的重要环节。广大领导干部一定要切实转变作风，要亲力亲为，要带领带动大家；要能够以高昂的斗志和务实的作风，多投入、多奉献，扎实推进工作；要真正转变工作作风，使各项重点工作有布置、有落实、有检查、有实效。二是要有促进执行力提升的科学机制。督查组要起到提升执行力的作用。督查组的工作，一是研判工作态势，了解工作推进中有什么问题和困难；二是看干事的人和部门思想认识到不到位、支持到不到位、工作状态到不到位。督查组就是超脱具体工作，以"旁观者"的身份专门发现问题、分析问题，是从保障的角度来关心整体态势、研判形势。

机关的管理水平是整个学校管理工作的缩影。到一个大学校园里走一走，就能很快感受到这个学校的管理水平，最明显的就是看校园整不整洁、马路干不干净，还有很多细微之处，都反映后勤的管理水平。与管理部门的员工说几句话，就能大概看出这个员工乃至学校的管理水平。所以说，机关是学校的窗口，每一个人都代表着学校，机关执行力反映了学校整体的管理水平。只有切实提高管理和服务效能，才能顺利完成学校跨越式发展的艰巨任务。

机关要坚持服务学院、服务人才、服务师生。一是树立正确的服务意识。机关既是学校事业发展的作战部，又是参谋部。机关有两大功能，一个是服务，另一个是管理。一方面，机关要定好位，要认识到学校所有的核心指标与成果都不是出现在机关。高水平的论文、高水平的项目和高水平的获奖都来自学院，具体说是来自一线的人才，所以机关要服务于学院，尤其要服务于人才，满足学院、人才提出的各种合理需求。机关部门一定要强化服务意识。这个服务包括，学院在发展过程当中遇到问题时，机关的同志要主动去了解，去研究，去帮助解决。同样，服务人才也是这样。我们的一些人才，尤其是一些杰出的人才，需要各种各样的支持。另一方面，我们要服务学院、服务人才、服务师生，但不是说一味地迎合学院，学院怎么提，机关就怎么做。机关代表学校执行管理职能，参与学校的政策制定，所以机关又要代表学校对学院的目标与需求进行规划、审核和指导，要在符不符合学校发展大方向、符不符合学校方针政策、符不符合学院长远发展等方面把好关、出好主意。二是提高服务质量。提高服务质量要以机关工作全面提速为主线。建议在机关建立一个请示报告限期答复的制度。也就是说，对学院的报告或请示要有明确的意见。机关正在加强服务型党组织建设，这要和我们的办事作风、工作效率、管理水平结合起来。还建议要有首问负责制，在机关部门中，第一个接到来访、来电、来信等办事、咨询即"被问"的人，有责任把落实这个问题负责到底。当然，负责到底并不是一定要把这个问题解决完。如果这个问题不属于你的工作范围，你有责任把来访的人带到相应的工作人员面前；如果属于你的工作范围，则需要做到落实到位。提高服务质量主要是指办成事、办完事，要努力使提出问题的职工和学生满意。我们要真正地养成服务学院、服务学校发展的好意识、好态度。学校就好像一个完整的机器，任何一个人都是机器当中的某一个零件、某一个螺丝钉，这个机器要正常运转，每个部分都要处于正常的工作状态。只有每一个人都能正常地履行职责，学校才能正常运行，才能加快发展。

（二）坚持成果导向，强化绩效管理

绩效管理就是成果导向，简单讲就是做对的事情，选择重要的、紧迫的事做，做出成绩来。学校层面要考虑到底做哪几件事情，举全校之力把这些事情做好。比较科学的考核是按绩效说话，尽可能量化，且绩效评判主要是看做的业绩是否能促进学校的发展。学校重点工作任务做好了，完成了绩效指标，就应该是优秀。工作投入、服务态度这些方面可通过大范围的投票看大家的评价，但只占部分权重。绩效管理十分符合目前的发展需要。

绩效管理强调根据组织的愿景和战略确定做什么，依据对愿景和战略实现的贡献度进行评价。但在实际操作时，往往忽略了对过程的考核。比如，没有考虑哪些事情是该做但没有做的，某个部门花时间和精力去配合另一个部门工作该如何考核等。依此思路，学校要加大重点工作的推进力度，建立有力的工作部署、控制和考核制度，做到有目标、有任务、有措施、有时间节点。

要制定严格的绩效管理制度，保持应有的工作压力，凭成绩说话，凭绩效说话；还要制定过程性指标、阶段性指标，加强控制。如：考核学院的时候，要把学院院长、书记工作是否协调作为考核指标；把一些专项的工作任务作为考核指标。

要建立干部绩效档案。干部考核标准应具体、明确、能操作；组织部门要建干部绩效和复杂问题处理档案，让关键时候起关键作用和默默无闻、勤勤恳恳工作的同志不吃亏、能进步。日本作家渡边淳一写的《钝感力》开卷有段话："在各行各业中取得成功的人们，当然拥有才能，但在他们的才能背后，一定隐藏着有益的钝感力。钝感就是一种才能，一种能让人们的才华开花结果、发扬光大的力量。"钝感力不是迟钝，是一种坚守，是一种奉献，是一种扎扎实实能做具体事情的能力。

促进学校又好又快地发展，必须加强绩效管理，抓重点工作就是体现绩效意识。学校把重点工作一项一项列出来，就是体现工作的重点、关键点，再举全校之力把它们一项一项加以具体落实。加强绩效管理，必须强化成果意识。按现在抓重点工作的思路，要求把一项重点工作分解成月度计划，分阶段布置、推进。那么工作推进得好不好，成效如何度量、评价，这里就有成果的概念。所以，我们在对重点工作进行时间分解的同时，还要对重点工作进行阶段性的成果度量，要尽可能列出阶段性成果的度量指标和标准。不仅要善于集小成果为大成果，还要会把期望获得的大成果分成阶段性的小成果，这样就能使重点工作的推进始终在自己的掌控之下。成果意识，就是要获取一切可以获取的高质量成果，有项必报，有奖必争。有质量的成果越多越好，只要方向定好，扎扎实实的工作越多，质量也就会越高。

当然，注重绩效和成果，总体上是广义的概念。要强化有很高显示度的成果，但也不能忽略许许多多带有综合性、基础性的工作，所以，我们在表扬取得显性成绩的同时，也要特别关注为学校稳定和正常运行而辛勤工作的同志所做出的成绩。笔者的管理理念是：尽可能将各种管理工作梳理和表述成可度量、可评价的工作，有更多的数量表述，使大家享受更多的可见可说的发展成果。

例如，对干部的调整，大家的期望很高，希望能调出创新点，调出积极性。这也是党委的预期和追求的目标，即让合适的人到合适的岗位上，做到人岗相宜。调整得好不好，要看新岗位同志的实干实绩怎么样，半年、一年后再来评价这一次的聘任好不好。

(三) 对高校去行政化的思考

去行政化，即学校要逐步摆脱不符合教学规律的行政手段和措施。有同志提出，从处于发展阶段的大学的实际来讲，不是要去行政化，而是要加大行政化的力度。笔者对这句话的理解意思是，在学校发展的特殊阶段，我们要建立学校决策和管理的权威，加强学校的领导和控制。"去行政化"是个复杂问题，提出多年也没有实质性进展。在学校和学院间，哪些应强化行政管理，哪些应弱化行政管理、强化服务，值得思考。机关部处要服务发展、服务学院，这个提法非常好，因为所有的教学成果不是来自教务处，科研成果也不是来自科技处，而是来自学院，来自一线的教师。管理部门要服务学校的发展、服务学院，职能部门要经常审视管理政策和制度，分析它们是否有利于调动人的积极性、创造性。当然，提服务学院并不是任听学院的摆布，学院只是学校整体中的一部分，如果其要求不符合学校整体发展，那么部门就不能满足学院的这个要求，就要协调、指导，通过行政手段调整。

(四) 正确认识和处理基础性工作与重点工作的关系

我们要正确地认识和处理学校的重点工作和日常工作之间的关系。日常工作就是基础性的工作。一个大学就好像一个家庭，柴米油盐酱醋茶，只要家庭运转，就一样都不能少。学校的各项工作，不是说没有被列为重点工作就不是重要工作。日常工作如同空气，因为习惯和熟悉，往往会被忽略。要正确认识重点工作和日常工作的关系，日常工作是基础，重点工作是学校加快发展的保证。我们提出要跨越式发展，其间除了要比重点工作，也要比基础性工作，比正常运转的工作。

安全稳定工作十分重要。在做好各项工作的同时，还有一项工作要重视，就是安全稳定工作。这是学校发展的基础，安全稳定时刻都是重点。必须要强化这样一个意识，安全稳定工作是学校发展的"1"，后面做的工作越多，获得的成果越多，就等于在"1"后面加"0"。

(五) 解决学校管理中的"内卷化"问题

学校管理，要通过党委领导下的校长负责制、学校全年重要安排、学校日常运行规范、常委会校长办公会等进行科学安排和设计。加强学校管理的科学化水平，是不断提升学校管理绩效的基础。

内卷化是发展学的一个概念，指的是一个系统长期处于封闭状态，日复一日、年复一年，虽然看似在进步，也在增长，但其实是在内部不断增加复杂度、提高精细化，而且随着自身的不断完善和加强，形成一种刚性，丧失了跃迁到新的发展态势的能力。内卷化一词源于美国人类学家吉尔茨（Geertz）的《农业内卷化》（Agricultural Involution）。根据吉尔茨的定义，"内卷化"是指一种社会或文化模式在某一发展阶段达到一种确定的形式后，便停滞不前或无法转化为另一种高级模式的现象。比如，几个人开始创业，目标明确，啥事都干、啥事都商量着干，大家的目的只有一个——做成事。因此，想做的事就能做成，事业也能成功。创业成功后，摊子大了，几个人忙不过来，就要吸纳新成员，人多了，要分部门、分机构，有部门机构，就要有做管理的。总的来说，人越来越多，机构部门越来越大，专门化和专业化越来越强，各类问题（含有可能出现的问题）都有人管，还有各类制度。等到这些东西越来越完善的时候，发现协调难了、运转慢了、做事的效率低了、做成事的能力弱了，这就是内卷化。解决这一问题的办法就是不断调整、不断改革和不断创新。

解决内卷化的途径：一是强化目标认同，使组织的成员及每一部分都能认同目标。二是有强烈而且统一的成果意识，成果是统一的，但贡献各不相同。如获国家科技进步奖，获奖人、团队、学院、相关人与学院、科技部门、相关部门、分管领导、后勤辅助部门、制度及管理贡献都有贡献，但贡献度不同。三是各尽其职，从各专业层面研究合规合法的方法路径。四是不断改革，比如进行交流培训，提出新的管理举措，进行激励与表彰等。

四、关于大学治理方法的建议

（一）调查研究的方法：重在总结提炼

在学校管理中会遇到一些困境，比如，科研的方向或学科的方向怎么确定，好像哪个部门都说不清楚；学校的各类报告和材料，缺乏权威性、规范性的提炼，从理念思想到具体部署再到成效都思考不够。"大学不能有知识而没文化"，对学科、科研和学校方方面面的工作都要认真总结提炼，有了丰厚的积累才能写出好的材料和高质量的报告。要把材料写好，不仅要会描述现状、总结问题，而且要挖掘问题的原因，陈述问题的实质和症结。我们对有些问题调查研究不够，理论研究也不深入，这本身就是影响有效治理的大问题。

笔者认为，调查研究和总结重大的工作要注意六个要素：一是理念和思路，二是内容和举措，三是成效和效果，四是经验与教训，五是问题与不足，六是展望与建议。不仅要总结做了什么事，还要问为什么做这件事，分析做这件事的整体思路、成效、经验、问题和不足，最后要提出建议。做好总结提炼工作的真正意义，是提高我们的领导水平。

（二）分类指导的方法：坚持重点论

大学的各项工作纷繁复杂，要学会分类处理，要坚持分类指导建设的方法。只有合情合理的分类，坚持重点论，不是平均用力，才能发挥有限办学资源的作用，实现有效的治理。大学的学科建设是龙头，它代表大学的最高水平。学科建设就是要在分类指导的基础上，坚持重点论，集中优质资源把特色学科、优势学科做好做优，早日达到国内一流水平；要着力建设好一些有基础、有潜质、有前景的学科，按"围绕特色、协同发展"的建设方针，努力形成一批入主流、有特色、高水平的学科群；要在梳理学校所有学科、科学谋划学校学科布局的基础上，明确回答哪些学科是重点建设的，哪些学科是创新发展的，哪些学科是重点改造的，哪些学科是过渡性建设的；要构造以学科群为元素的学科关联结构体系。这就是学科结构图、学校发展战略的关系图。

（三）结构化方法：发现工作的系统性与关联性

结构化就是构建各项工作之间的关联性与系统性。工作之间的关联是什么、结构是什么？简要地说可以分为四类：一是具有纲领性作用、基础的，体现大学基本功能的，如人才培养、教学科研；二是围绕标志性成果，确保学校快速发展的，如杰出人才引进、高水平项目和成果奖励工作；三是保障服务性工作，如后勤、保卫、资产管理等；四是协调协同校院之间、部门之间，甚至同事之间良好运转、良好合作的，如体制机制改革工作、管理工作、思想政治工作、协调工作。我们要在管理实践中努力思考，寻找工作之间的系统性与关联性。

突出几个作用。从条线上、条块上把握几个大的关系、关联，注重突出几个作用，即强调突出学科的龙头作用、人才的决定性作用、人才培养的根本性作用和管理的基础性作用。有人就有论文，有论文就有项目、有成果，一切都是靠人来完成的。大学的根本任务是育人，人才培养是大学安身立命之本，要时刻挂在心上。另外，所有工作的完成都要有资源配置，要有服务保障，这就要靠管理。这些重要的点是相互关联、相互保证的，既要充分认识到学科、人才、人才培养和管理的重要作用，又要处理好它们之间的重要关联。工作头绪较多，要知道关键点在哪里，哪些是重心，哪些是保障，哪些是基础，要做到心中有数。

对许多尚模糊不清的问题要从结构上进行梳理。比如关于学科专业的问题，怎么去动态调整、布局优化，要按照当下的发展思路把结构好好理一理，并进一步优化。学科和专业的问题是结构性的问题，涉及学院（系）课程专业的设置，一旦调整就是系统性的工程，涉及改革，将对学科专业的建设产生很大影响。建一流大学要有大布局的概念，要有指导思想，但并不是要全方位发力，要讲规律、讲条件，要做到有重点、有特色地发展。大布局是学校发展的顶层设计，也是各项工作的决策依据。从发展布局的角度出发，认准了目标就要朝这个方向去做，有条件要做，没有条件创造条件也要做，但方向要明确、思路要清楚。

理想很美好，理想的大学各有各的美丽，但现实很骨感，现实是错综复杂、瞬息万变的。大学的良治善政需要众多的利益相关方和命运所系方有商有量，同向发力，共同治理。众人齐心划桨，才能开大船。

参考文献

［1］习近平．决胜全面建成小康社会 夺取新时代中国特色社会主义伟大胜利：在中国共产党第十九次全国代表大会上的报告［M］．北京：人民出版社，2017．

［2］习近平．习近平谈治国理政：第 1 卷［M］．北京：外文出版社，2017．

［3］习近平．习近平谈治国理政：第 2 卷［M］．北京：外文出版社，2017．

［4］中共中央宣传部．习近平新时代中国特色社会主义思想学习纲要［M］．北京：学习出版社，人民出版社，2019．

［5］中共中央党史和文献研究院．伟大建党精神：中国共产党的精神之源［J］．求是，2021（14）．

［6］裴泽庆，王凡，韩宏亮．论坚持和加强党的全面领导［N］．光明日报，2018-08-13（6）．

［7］康凤云．党的根基在人民 党的力量在人民：学习习近平总书记关于群众路线的重要论述［N］．光明日报，2019-10-25（6）．

［8］刘光明．大力弘扬理论联系实际的马克思主义优良学风［J］．党的文献，2021（3）．

［9］坚持新时代党的组织路线：一论贯彻落实全国组织工作会议精神［N］．人民日报，2018-07-05（2）．

［10］刘琅．大学的精神［M］．北京：中国友谊出版公司，2004．

［11］党的二十大文件汇编［M］．北京：党建读物出版社，2022．

［12］汪民安．现代性［M］．桂林：广西师范大学出版社，2005．

［13］唐晋．领导干部大讲堂：文化卷［M］．北京：国家行政学院出版社，2008．

［14］马尔科姆·沃特斯．现代社会学理论［M］．北京：华夏出版社，2000．

［15］刘克选，方明东．北大与清华［M］．北京：国家行政学院出版社，1998．

［16］季广茂．意识形态［M］．桂林：广西师范大学出版社，2005．

［17］俞可平．社群主义［M］．北京：中国社会科学出版社，1998．